U0336138

图书在版编目（CIP）数据

蜡烛图方法：从入门到精通（原书第2版）/（美）斯蒂芬·W. 比加洛（Stephen W. Bigalow）著；王列敏，朱真卿译 . —北京：机械工业出版社，2019.1（2023.1 重印）
（华章经典·金融投资）

书名原文：Profitable Candlestick Trading: Pinpointing Market Opportunities to Maximize Profits

ISBN 978-7-111-61637-5

I. 蜡⋯　II. ① 斯⋯　② 王⋯　③ 朱⋯　III. 股票投资 - 基本知识　IV. F830.91

中国版本图书馆 CIP 数据核字（2018）第 282282 号

北京市版权局著作权合同登记　图字：01-2018-3814 号。

蜡烛图方法：从入门到精通（原书第 2 版）

出版发行：机械工业出版社（北京市西城区百万庄大街 22 号　邮政编码：100037）

责任编辑：黄姗姗　　　　　　　　　　　责任校对：李秋荣

印　　刷：涿州市京南印刷厂　　　　　　版　　次：2023 年 1 月第 1 版第 6 次印刷

开　　本：170mm×230mm　1/16　　　　印　　张：23.75

书　　号：ISBN 978-7-111-61637-5　　　定　　价：60.00 元

客服电话：（010）88361066　68326294

华章经典·金融投资

蜡烛图方法

从入门到精通

（原书第2版）

PROFITABLE CANDLESTICK TRADING

Pinpointing Market Opportunities to Maximize Profits

[美] 斯蒂芬·W. 比加洛 著　　王列敏 朱真卿 译
STEPHEN W. BIGALOW

机械工业出版社
China Machine Press

在蜡烛图中找到属于自己的 "金钥匙"

工欲善其事，必先利其器。要做好投资，就需要熟练掌握一些投资工具。在这些工具中，蜡烛图技术恐怕是少不了的，它几乎占据着我们每个交易日的电脑和手机屏幕。无论是股票、期货、外汇，还是债券，几乎所有交易品种的价格走势都是用蜡烛图呈现出来的。任何一个行情终端软件，主图呈现出来的也基本都是蜡烛图。市面上零敲碎打地研究蜡烛图技术的资料很多，但能系统、全面地传授蜡烛图之道的经典却少之又少。还好斯蒂芬·比加洛先生做到了，他把长期研究蜡烛图的智慧成果都凝聚在书中，使本书当之无愧成为一本投资经典。

你在阅读本书时，也许会感受到蜡烛图的一大特征就是直观。相较于那些复杂、烦琐的交易策略，投资者完全可以通过 "阅读" 蜡烛图，来研判价格走势和市场情绪，进而完成买入、持仓、止损、止盈等一系列交易动作。蜡烛图的这种优越性恐怕是其他任何一种图表都无法替代的，这也是其风靡全球交易市场的主要原因。

本书归集了几乎所有价格走势的模式，均是由三五根蜡烛图呈现出来的。

不仅如此，作者还利用蜡烛图对价格反转、介入时机、何时持有、离场信号、仓位控制等进行了详细深入的讲解，由浅入深、层层递进。对于投资者，特别是对使用技术分析的投资者而言，本书不仅授人以鱼，讲解剖析了大量的实战案例；也同样授人以渔，教授大家使用蜡烛图信号进行投资的方法。本书这种"鱼渔兼得"的内容设计，不仅利于理解，而且能帮助读者熟练掌握，融会贯通。

尽管像蜡烛图这样的技术分析系统对价格的反应十分灵敏，但它也绝非万能。作者对此也并不隐瞒，并对这类情况做了比较全面的说明。市场始终都有不确定性，总有一些行情走势与我们的预期背道而驰。投资者能通过蜡烛图分析在第一时间捕捉到交易信号，但是有时也会出现假信号。所以，任何工具都是双刃剑，关键在于学精学透，并能灵活运用。

投资者能在本书中找到打开蜡烛图宝库的"钥匙"。静静地阅读，深入地思考，认真地实践，不断往复，以求达到"知行合一"。静读细思才能拿到宝库"钥匙"，等拿到"钥匙"以后，再去投资实践中不断磨炼，结果也许很顺，也许会碰到困难，产生困惑，这时不妨再来翻翻此书，磨磨"钥匙"，也许会有新的启发。

蜡烛图的智慧起源于东方，本书作者是位不折不扣的西方技术分析实战家。东西合璧，理论智慧与投资实战相融合，尽在这本经典之作里。此次翻译，收获颇多。在此，感谢作者，感谢出版社，也感谢家人，希望大家有个愉快的阅读体验，找到属于自己的"金钥匙"。

译者
2018 年 10 月

　　日本蜡烛图分析是技术分析领域中最有效的方法之一。自从多年前本书出版以来，得到了业内的广泛认可和支持。但仍有些问题，使得蜡烛图方法至今未得到投资者的广泛认可和使用。多年来，精通蜡烛图分析的人为数不多，但仍有一小部分的蜡烛图技术投资者，他们不断改进技术，使蜡烛图信号在预测股票走势方面更有效。近 40 年来，使用这些信号让我们意识到两点：信号非常准确，而且该信号的使用者不多。

　　Candlestick Trading Forum 在教育投资者和向他们展示如何正确使用蜡烛图信号方面发挥了十分重要的作用。十多年前，蜡烛图被证明是最强大的投资技巧之一，但它并没有像人们预期的那样受到欢迎。对蜡烛图交易有一种固有的成见，通常投资者认为需要很长时间才能熟练使用这一技术，这是大多数投资者远离这一方法的主要原因。这种误解使得本书的作者认为有必要对之前的版本进行更新，好让更多人认识到这一技术所能带来的好处。Candlestick Trading Forum 已经成为投资者快速学习该方法的主要网站之一。在过去的十多年中，蜡烛图信号的准确度有了很大的提高。这本书的最初出版促进了一个投资者团体的形成，他们工作得很好，并在继续研究和确定一些指标，以提高蜡烛图分析的准确性。关于这个话题还有些书籍大约是 30 年前写的。这些书信息丰富，写得很好，但是都未出版。倘若将其正式出版，投资者阅读过后便会知道其中的精妙之处。许多投资者在初次接触蜡烛图方法后，很不以为然。这些方法在美国都是新鲜的，若有投资者对其感兴趣，也很难找到专业人士加以指导。

在过去的40年里，大多数投资者都知道了蜡烛图，但常常是"知道蜡烛图，只是不知道该如何加以运用"。在图表的追随者中，大部分都在使用蜡烛图，这是由于其良好的视觉效果：蜡烛图图表的特征简单易懂。

日本米商持续了400年的研究，构成了统计分析的开端。现在借助电脑我们只需用一个下午就能完成日本的米商在几个世纪里完成的研究，即用明确的定义来解释这些信号。蜡烛图信号交易员能够描述信号背后暗藏的投资者的情绪。这使得蜡烛图技术成为一种非常强大的工具，可以利用它从任何涉及人类情感的市场中获利。

利用蜡烛图信号，我避开了许多交易陷阱。日本的蜡烛图分析绝对不是昙花一现，它有效地保护和创造了交易利润——为那些愿意花费时间去熟悉蜡烛图思维过程的人带来利润。

学习这一方法，不仅能了解什么样的图表走势能够获利，还能了解这个信号背后的心理学常识，为投资者提供了一个看待投资的全新视角。有人在市场上赚了大钱，但并不是遵循传统的买入并持有策略。最大的赢家是那些已经找到方法来确认最佳买入/卖出点的人。蜡烛图分析就是能够帮助你找到最佳的买入/卖出点的方法。认真研读这本书，你的投资能力将会得到提升，不仅会超越市场的平均水平，而且能够积累起巨大的利润。

一旦你学会了日本的蜡烛图技术，你对投资市场如何运作的理解将会改变你的投资心理。利用蜡烛图技术，创造巨额利润的概率总是对你有利。学习蜡烛图技术，收获价格运动规律的知识，这一方法已经成功地指导交易达几个世纪之久。

当你读完本书后，还要继续学习如何使用交易技巧。这本书中的内容应该对于提高读者的投资能力会有所帮助。在蜡烛图分析中有意识地培养一些习惯性的思考逻辑能够使学习这项技术变得容易。Candlestick Trading Forum 是在这本书最初出版时建立的，在线持续培训让投资者能够完全清楚信号从产生到盈利的过程，每周四晚上免费的培训课程可以帮助读者巩固在本书中所学到的知识。

在过去的十多年里，蜡烛图交易技术有了一些非常关键的改进。无论是交易股票、期权、货币还是大宗商品，对投资者情绪简单直观的描述都将会显著提升你的投资能力。

斯蒂芬·W.比加洛

休斯敦，得克萨斯州

致　谢

这本书是受到许多人的影响和启发写出来的。在此，我很难决定应该先感谢谁。

我首先要感谢我的母亲 June Bigalow，她一直在默默地支持我，给我鼓励。同时还有我的家人，伟大而又支持我的兄弟姐妹。对他们的支持我心存感恩。

我会永远感激给过我鼓励的朋友和业务人员，当然他们也已经成为我的好朋友，在写作这本书的过程中，他们的角色无可替代。Drew Vickers 和 Dee Vickers，Dan Dubose、Daryl Thompson 和 Barbara Thompson 的精神激励着我。Wally Peckham 和 Rose Ann Peckham 为我提供了指引，帮我理清思绪。多年来，Mark Storey 一直为投资程序的发展提供创新的思路和流程。Ken Melber 耐心地根据实际交易程序的经验，整理归纳出优秀的交易策略。Dave Goddard 无论何时都能将他在统计学上的才华与你分享。

尽管通常认为 Steve Nison 是将蜡烛图技术引入美国市场的人，但 Greg Morris 也针对这一问题写过几本书，他的著作和研究为进一步探索蜡烛图分析提供了有力的证据，同时他也成为我的一个和蔼可亲、慷慨大方的朋友。

感谢我的朋友和在美国得克萨斯州休斯敦安然公司的同事们。对 Mike Roberts 所付出的工作表示衷心的感谢。他的许多编辑建议我将永远不会忘记。如果没有他的大力协助，我不知道会做出什么。Vince Kaminski 和 Gary Hickerson 对交易的概念和研究的整合提供了宝贵的经验，同时也给了我鼓励和支持。在写作这本书的过程中，我与安然公司的专家进行了咨询沟通，这真是一种奇妙的体验。它为我带来了很多可靠的友谊。

非常感谢康奈尔大学的朋友们的鼓励和支持。他们为我带来了灵感，帮助我在创作过程中明确了自己的目标。

感谢 CQG 公司提供了清晰且易干操作的图表，也感谢 TC2000 提供了高效的搜索软件程序。

特别感谢我的经纪人 Robert Deforio 在与出版商合作方面的指导，在与 John Wiley & Sons. 公司和 Pamela van Giessen 合作的过程中，我感到很幸运，因为她的咨询和指导，这本书才得以面世。同时还要感谢 Marie Garcarz 宝贵的建议和指导。

当然，我需要指出，在本书中发现的任何疏漏，责任都在于我。

| 目　　录 |

第 1 章

绪　　论

> 如果你只会死板的读书，不知道学以
> 致用，别人就会利用这一点赚取你手中
> 的钱。
>
> ——日本谚语

日本蜡烛分析[⊖]是一种行之有效却没有被充分利用的投资分析技术。虽然大部分美国的投资者都知道蜡烛分析技术，但很少有人真正懂得并深刻理解如何在实战中将其加以良好地运用。日本蜡烛分析技术能够揭示出许多市场内在信息，但是极少有投资者明白那些交易信号的意义和重要性。

本书的目的在于引导投资者有效地利用日本蜡烛技术来盈利。书中简洁明了地描述 K 线分析技术，并会帮助读者很快学会这种赚钱的技术。更重要的是，掌握蜡烛图分析技巧及其内在意义，将会使读者的整个投资理念得到升华。虽然这听起来似乎有些不可思议，但是技术派人士利用日本蜡烛分析技术的确在市场上挣到了可观的利润。因此，知道如何利用和为什么使用蜡烛分析能够提高读者的投资收益，会从根本上改变投资者的整个投资理念。这种全新的技巧和理念，若再配合书中有针对性的训练项目可以帮助投资者最大化投资回报，并能使其获

⊖　为表述方便，书中将交叉使用"蜡烛图"与"K 线"这两个名词。——译者注

得持续的利润。当投资者对蜡烛图分析技术的可靠性确信不疑时，他也就获得了一种有迹可循的投资法则。最终，投资者根据自己的操作特征，灵活使用 K 线分析可以极大地增强投资收益。

在读完本书之后，大多数读者可能会对自己所学到的能够跨越时间框架的限制而超越其他所有投资工具的交易工具感到惊讶，这大大提升了他们的投资能力。对于价格反转和趋势持续性的预测已有 400 多年的经验总结，读者可以任意使用，而精通 K 线分析则是最大化投资回报的主要步骤。10 年的交易研究增加了此次修订版本的价值。蜡烛图分析的分析依据具有一致性，都可以直观地从视觉上识别出市场参与者情绪的变化。人性永远不会改变，就算再过 500 年也是一样。计算机技术指标也极大地提高了蜡烛图信号的使用效率。

为什么蜡烛图技术没有得到更广泛的应用呢？如果这些信号这么精确的话，为什么没有更多的投资者（无论个人还是机构）使用这些信号呢？答案在于：过去，人们学习蜡烛图太费精力，而且在实现稳定盈利之前需要有长时间的经验积累和总结，而写作本书的目的就在于帮助训练读者轻松快速地跨越这些障碍。

从蜡烛图系统中获益

日本蜡烛图技术分析信号具有其他技术分析系统所没有的主要特点，那就是：这些信号是以市场参与者的情绪变化为基础所创建的。这也是蜡烛分析能够成功的关键所在。在此，我再次强调你刚才所读到的话：这些信号是以市场参与者的情绪变化为基础所创建的。真正理解这一点，将会使投资者的投资心理更加容易适应这种成功的交易法则。

蜡烛图分析所得到的信息可以用来交易标准普尔 500 迷你指数，即便是将其作为长期投资的依据都没有问题。计算机程序也能够极大地提高蜡烛图分析的正确率。2000～2010 年，计算机的扫描功能和执行能力帮助投资者大幅提高了获利的能力。将计算机生成的趋势分析信号与蜡烛图技术分析信号相结合，可以很大程度地提高信号的有效性。

不必对技术图表了解太多，投资者就能够快速理解这些图表信号所包含的秘密。信号能够使投资者立刻捕捉到价格反转的位置，因为蜡烛图的形态能够将某特定时期内，市场参与者的心理变化表现出来。本书为了说明方便，规定一根蜡烛图的标准时间周期是1天，交易的标的是股票，不是商品期货。当然，你可以选择任何适合资金交易方式的时间周期，可以按照分钟或月来计算。使用的投资工具可以包括任何具有投资者恐惧和贪婪这一要素的方式。

蜡烛图的图形比西方的线图（通常称为**棒状图**）更受投资者的欢迎。虽然这两种图形中所包含的资料信息完全相同，但读者从中能够解读的关于市场情绪性的信息却大不一样。蜡烛图能够立刻将投资者情绪的变化通过价格波动形态来呈现在你眼前，其表现方式简单易懂，能够使投资者更加简单直观地感受到整个市场状态的变化。

就有效性而言，一旦你学习掌握了蜡烛图，你就会对其他所有的图表都失去兴趣。当然，这并不是说其他的图表技术一无是处。如果将蜡烛图信号与其他模式的图表结合一起使用，可以更加精准地确定价格反转点的位置。因此，只需要将蜡烛图和基本的技术图表方法结合起来，你的收益就能明显地提升一个水平。

蜡烛图分析是甄别所有走势可能性的一个过程。相关的信号和模式可以很容易地应用于市场指数，并进行准确的分析。如果你知道市场未来会向哪个方向发展，那么你就可以在这个方向建立你的投资组合头寸。很明显，股票市场有着水涨船高的特性，蜡烛图信号和模式可以帮助投资者识别哪些股票有更好的上行潜力。如果已经确定市场指数正朝着积极的方向运行，那么投资者便可以着眼于研究以确定哪些行业的反转信号最强。顺着这个思路下去，每个行业都可以细分为诸多个股，简单扫视个股的技术形态，便能找出哪些股票有最好和最有力的反转信号。

当你能够识别市场的方向，明确哪个板块最顺应其方向，并在最后寻找到该板块中最强劲的股票时，这个时候概率的优势会站在你这边。这些投资能力使蜡烛图分析投资者，在2007年至2009年3月市场下行期间，仍然能够在市场上获利颇丰。投资者们见证了2009年3月的市场底部，并在2010年的上升趋势中取得了可观的回报。但请记住，利用蜡烛图进行分析不是多么高深的科学理论，它是基于市场参与者的情绪变化在市场中投资获利。

一段成功的历史

了解蜡烛图形成的历史可以加强人们对于这种技术分析的信心。日本大米交易商们通过长达 400 多年的时间才建立了这套系统。由于很久以前就开发出了这套系统且一直沿用至今，因此它具有一定的可靠性。经过 400 多年的发展，蜡烛图技术在 18 世纪中叶达到了其最辉煌的时期。

加藤耕作（Kosaku Kato）（1716—1803）生于德川幕府时代（第八代将军）的酒田市。由于他被本间家族收养，因此改名本间宗久（Sokuta Honma）。对于蜡烛图模式成功的理解使得他成为日本最受人尊敬的大米交易商，而且他为其家族所创造的财富也成为传奇。

> 成功犹如梯子，你不能把手插在口袋
> 里往上爬。
>
> ——日本谚语

有很多诗歌都在讲述关于本间家族数不胜数的财富，比如有这样一首诗："没有人能成为本间宗久，但是每个人都至少想成为一个地主。"本间家族对于大米市场价格波动规律的掌握也常常出现在类似的诗歌里面："酒田晴，堂岛阴，江户藏前雨飘零。"意思是说，当酒田（水稻生长的地区）的天气好时，堂岛交易所的价格就会下跌，而江户的大米价格就会下降更多。

本间的方法分成两种类型：市场 Sanmi No Den 和酒田战法。前一种方法的规则可以概括如下：

A. 不要太贪婪，要基于过去价格的波动情况来分析时间和价格的比率。

B. 目标是在顶部卖出，在底部买进。

C. 当成交量从底部增长了 100 包或成交量从顶部增长了 100 包时，增加头寸（价格保持不变，交易量是通过每日的交易包数进行测量）。

D. 如果交易失败，尽可能快地分析原因。一旦发现这是一桩不能获利的交易，立即平仓离场，并在进行下一笔交易之前休息一下。

E. 如果一笔交易已经获利，清理掉其70%～80%的仓位，并当价格处在顶部或者底部时清理掉该交易的剩余部分。

Sanmi No Den 的规则A、B和C要求投资者研究图表，而规则D和E则表示了一种投资哲学。

酒田战法标志着这种图表识别交易模式的开始。

虽然本间没有发明蜡烛图分析，但是他的规则和投资哲学是这种分析的基础。在50岁出头时，本间撰写了160条规则。这些规则后来大都成为日本蜡烛图分析的基石和日本投资规则的基础。

就像在美国，比尔·盖茨与成功的计算机软件市场开发联系在一起一样，在日本，由于对于蜡烛图分析的认识，本间宗久这个名字就意味着成功的投资。如果你能像本间几百年前所做的一样学会"咨询"市场，你就能在今天的市场中极大地提高自己投资成功的概率。

通过咨询市场来了解市场

当你分析市场时，要注意到市场本身的变化——也就是说通过咨询市场来了解市场。投资者必须要像猫抓老鼠一样紧跟市场的变化。图表反映的是市场中过去发生的事情。虽然从理论上讲，市场的未来是不可预测的，但投资者能做的是最大限度地利用这些已知的信息推导出未来市场可能的走势。虽然图表的历史走势不可能完全被复制，但通过分析，可以使投资者不断地接近真实的走势。一些事件的特征可以为我们的预测提供理论基础，否则，例如"早霞不出门，晚霞行千里"之类的谚语也不会存在。几百年来，对于天气变化的观察使得我们对于明天天气的预测有了一定的把握，同样，对于市场常年的观察也已经使得蜡烛图信号具有一定的准确性。

蜡烛图与棒状图的比较

在使用过蜡烛图之后，你就会发现，棒状图并不能清楚地为你提供你所需要的市场信息。尽管这两种图表所描述的信息相同，但是由于蜡烛图相对更加形象化，所以其提供的信息比棒状图更加通俗易懂。而且，蜡烛的形状可以使投资者轻松快速地从图像中获得关于市场投资者情绪状态的信息。

棒状图

如图 1-1 所示，在棒状图上，垂线代表每日的价格变化区间。该垂线的顶端代表当日成交的最高价，底端代表当日成交的最低价，而紧挨着垂线右边的那根短横线代表当日成交的收盘价。近些年来，在垂线左边又加了一根短横线以代表当日交易的开盘价。股票交易的开盘价在当时并不容易得到，这个问题直到 20 世纪 90 年代初期才得以解决，而期货和商品交易开盘价的确定问题则花了更长的一段时间才得以解决。

图 1-1　每日价格变化

互联网制表服务和软件商提供了大量与图表相关的技术指标。幸运的是，我们生活在一个软件包不断升级以提供更多技术信息的时代。技术的发展能够使投资者的判断更加准确。一旦习惯于使用蜡烛图分析技术，投资者就会比以前更有可能进行成功的交易。

蜡烛图

尽管与棒状图形态描述的信息相同，但是蜡烛图相对更加形象化。与棒状图一样，蜡烛图也要求有开盘价、收盘价、最高价和最低价。然而，对于交易员来说，从蜡烛图形态中能够得到的信息相对更多。

蜡烛图的形状

　　如图 1-2 所示，水平线代表开盘价和收盘价。一旦这两条线被加到图中，它们就形成了一个盒子，这个盒子被称为实体。如果收盘价高于开盘价，这个实体就是白色（或者看上去像是空的）。如果收盘价低于开盘价，这个实体就是黑色（或者看上去像是满的）。但有一点需要注意的是：这并不意味着白色的实体表示一天的价格都在上升，而黑色的实体就一定表示一天的价格都在下降，实体的颜色只是说明了收盘价与开盘价的相对位置。

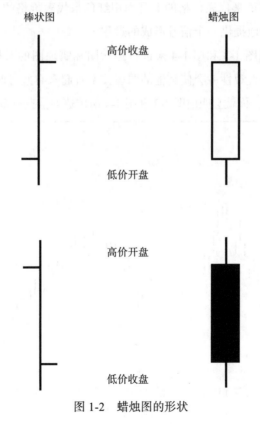

图 1-2　蜡烛图的形状

　　不同颜色的实体能够为投资者提供直观的判断：一个下降的黑色蜡烛紧跟着一个白色的蜡烛就会吸引投资者的目光，而这是普通的棒状图所不能表现的。

　　从实体延伸出去的垂线代表当天价格变化的极端情况，它们被称为**影线**（shadows）。在实体之上的影线称为**上影线**（upper shadow）。一些日本技术分析界人士也将上影线形象地称为头发。而位于实体之下的影线称为**下影线**（lower shadow）或者尾巴。这些影线的长度对于反转趋势有着重要的暗示作用。

　　带有影线的实体 K 线因其形状特征而被称为蜡烛，这也就是蜡烛图名称的由来。但是不要被这个听起来不是很熟悉的名字吓倒。利用蜡烛形状所提供的信息，K 线分析员能够远远地走在其他技术分析员的前面。对于技术分析而言，蜡烛图实体的颜色并不重要。只是在视觉上，白色和黑色的对比更加直观。有一些计算机软件会用绿色来代表价格的上升而用红色来代表价格的下降。图表的目的只是为投资者清楚地提供一个信号形成的过程。

　　我们可以利用图 1-3 和图 1-4 来进行棒状图和蜡烛图的对比。一旦你习惯于使用蜡烛图，这种直观性就会使其他的图表技术看起来有些过时。

　　学完本书之后，你就会明白图 1-3 和图 1-4 所传达的信息有多么巨大的差别了。

图 1-3　棒状图

图 1-4 蜡烛图

消除情绪的影响，进行推理判断

日本蜡烛图具有双重功能。投资者的恐惧和贪婪是蜡烛图信号出现的基础，这一认知能够使投资者在头脑中形成一个框架，对蜡烛形状的演变进行合理预期。"你是怎样在股市上赚到钱的？"对于这个问题脱口而出的回答就是："低买高卖！"虽然这听起来很简单，但是事实却一再表明，仍然有人会在价格大幅上升之后买进股票，这种交易行为来自于人性的贪婪。同样，当某天的价格振幅变大且在顶部时成交量放大，你会发现自己有可能也会犯同样的错误。

相反，当某天价格迭创新低，恐惧便会使你的投资行为失去理智。当价格变得更低时，即使策略要求你买进，你也未必能执行。每天价格的波动和成交量可以被看作投资者的恐惧指标。这时候，蜡烛图信号就可以帮你获取巨大的收益。如果你能正确对蜡烛图信号进行解读，那么你的投资框架便会更加准确，疑惑和恐惧也会被你的自信所取代。如果你知道某个信号可能会导致什么样的走势，那么你就会从容地做出理性的投资决策，而不是被不安的情绪所引导。

需要从恐惧中听取意见，但不能任由
恐惧牵着你的鼻子走。

——乔治 S. 巴顿将军

蜡烛形状所展现出的逻辑其实很简单。为了简略地阐述这个问题（在第 6 章形态描述"窗口"和"缺口"的章节中会有更详细的说明），让我们想象一下当一只股票的价格在过去的 8 个交易日里持续下跌时，普通投资者的心态会是什么样子。股票价格每天都跌，到最后每个人都会不计成本地想抛掉这只股票。他们不能继续忍耐下去，因为恐惧已经占据了他们的整个世界。随后，股票的价格再次放量大幅下跌，最终投资者止损离场，从而远离了痛苦和恐惧。

如图 1-5 所示，我们可以看到：当经历过一段长时间的下跌之后，人们会在

图 1-5　在一段长时间的下跌之后，人们是如此恐惧以致价格下降很多

恐惧中抛出更多的筹码，以至于价格下跌得更多。那么问题是："是谁买了所有的股票，从而减轻了原来持有者的痛苦呢？"也就是说，是谁在进行所谓的"低买"？蜡烛图分析技术则能够帮助投资者在这种关键时刻做好准备，实现盈利。

永久地提高投资技巧

学会日本蜡烛图分析，可以永久性地提高你的投资技巧。了解投资者对于价格波动的反应使得蜡烛图分析在众多投资工具中具有绝对的优势。首先，如果投资者能够辨别出底部信号，他们就不会盲目地在股价下跌的途中买进股票。投资者必须具备足够的耐心，以等待交易信号的出现。其次，投资者利用蜡烛图分析技术会得到买在低点卖在高点的明确信号，这些信号准确率极高，可以使投资者在做决策时排除情绪的干扰。不仅如此，这些信号处在较窄的价格区间且非常明确，投资者在做决策时可以一目了然。遵守信号交易可以使投资者避免不必要的损失。然而，这种操作不是在学校或者机构中所能学习掌握的。

遗憾的是，大多数投资者都承受着各种挫折，只为寻找到稳定而盈利的交易技巧。但是很显然，的确有些人能够比其他人更轻松地掌握投资法则，否则，每个人在市场上都会表现得很好。但对于那些正在形成自己的投资理念且需要交易技巧予以补充的投资者而言，蜡烛图技术可以指引他们低买高卖，而且对交易心理还有一定的指导，能够使投资者从容自如地应对价格的反转。因此，当人们都买进所谓的"热门股票"时，你可以理智地利用蜡烛图进行分析，不会盲目跟随。

蜡烛图交易信号的基本原理是，它生动地揭示了市场中投资者情绪的变化。一旦你了解了蜡烛图技术的视觉特征，就会发现其实大多数人都不知道如何正确地进行投资。学习蜡烛图技术可以极大地提高你对价格波动的理解。基于蜡烛图的趋势分析、支持和阻力以及突破等技术在过去 10 年里有了很大的提高。本次修订版本将会向你展示一些新的信号组合和指标，它们可以大幅提高投资组合的回报。

成为能够盈利的蜡烛图投资者

大多数投资者并没有自己的投资计划，这种现象很普遍。你可以问问你的朋友或者同事是如何做出投资决策的。回答不外乎下面几种：从朋友的朋友那里得来的消息；杂志上关于某某公司的报道；CNBC关于某某公司或者某件产品的新闻；或者从投资简报中获得的关于某只股票成交的情况。除了以上几种答案，通常还有这些答案的混合或者其他一些奇怪的原因。很显然，这种做法并不能给投资者带来长期稳定的盈利。更糟的是，如果所投资的股票表现还不错的话，你也不知道表现好的原因到底是什么。本书所提供的投资策略能够极大地提高你的投资回报，这些方法通俗易懂，你可以轻松记住和利用这些有用的交易信号。

为了快速有效地教会投资者这些实用的投资技巧，本书对于这些信号形态进行了言简意赅的描述。市场上还有一些相关图书可供你进行更详细的学习和研究，包括这些信号的命名和其形状背后所包含的投资者心理情绪，而本书则更加侧重于引导投资者正确地利用这些信号。

本书共分为两部分。其中，第一部分主要包括以下内容：

- 掌握信号的意义；
- 快速评估最有利可图的交易；
- 学会辨别什么样的信号是最有效的。

以上这些内容的学习能够帮助投资者过滤掉"错误的信号"，而完成上述步骤的筛选之后，仍需要对信息进行量化的处理，最终投资者会将筹码压在胜率最高的那一笔交易上。

本书第二部分的内容主要集中于如何实现收益最大化。这部分内容包括如何减少交易风险；如何理性地进行止损；如何不受情绪因素的干扰。同时，当你获利离场时，你会发现投资的收益已经最大化，并且能够明白其背后的投资哲学。

抓住胜率最大的交易机会

蜡烛图技术首先考虑的是投资者的主要目标：怎样才能最大化投资回报？往往所谓理性的投资原则总是与投资者的这种愿景背道而驰。比如一些投资格言说："长期投资是获取良好回报的唯一途径；你不可能通过短期投资而获益"或者"发现一个基本面良好的公司，然后通过长期持有该公司的股票而获利"，这些话我们已经听过无数遍，但它们只是那些不想或者不能以最小风险获取最大回报的投资者的借口——事实上这才是投资的核心。

一位投资者，无论他是代人理财还是管理自己的资金，当他要做出投资决策时，都需要问自己一个最基本的问题："这是建立在我的风险承受度之上，能够最大化收益的策略吗？"投资者可以利用蜡烛图技术很好地解决这个问题，事实上，整个分析决策的过程就是找到**最佳的**切入点。对投资者来说，这种逐步递进的投资程序（在第 9 章中有详尽的解释）能引导投资者建立良好的交易规则，最终实现利润最大化。

为了提高交易胜率，你必须仔细地观察信号上微小的变化，从而避免损失。当投资者试图将收益最大化时，往往可能会犯那些本来可以避免的常见错误。本书也将向你介绍一些非常好的搜索工具，利用这些工具你能够在数分钟之内就获得有实战意义的交易方案。这种逐步进行的交易程序将交易结果的各种可能性摆在你面前，供你参考。对于受过蜡烛图训练的投资者来说，这是一些非常强大而实用的交易程序。蜡烛图分析不仅可以为投资者提供机械式的投资计划，而且能为投资者革除情绪上对交易操作的影响。

基本面分析与技术分析的比较

基本面分析影响了 90% 的投资决策。对于长线投资者来说，基本面分析是其投资决策的基础。但是，它真的是实现最大化投资回报的最有效的方法吗？让我们考虑一下，当分析某只股票价格的未来潜力时，我们需要思考哪些要素。事实上，在预测某个公司的未来潜力时，我们需要考量好几百个不同的变量，比如：管理层能力够吗？产品生产线是否稳定？该公司竞争对手的策略如何？相关的监管措施对该行业的影响有多大？这些基本面的因素都可能随时发生变化，从而影响到公司的发展状况。

大多数理财"专家"都建议大家买进业绩良好的公司的股票，并且长期持有。

在整个股票市场的发展历程中，股市的年平均回报率大约为 11%，但在过去的 4 年中，这些统计数据出现了变化。在 1997 年之前，股市从来没有连续两年以两位数的速度增长；在 2008 年以前，大多数的投资者也没有经历过很严重的熊市。在熊市中，股票价格与公司的基本面情况毫无关联。当市场处于低潮时，所有股票的价格都会下跌。相反，当股市处于牛市时，即使是最次的股票也会跟着市场一起上涨。

理念：坚定投资信仰的核心

在任何市场上都能赚钱的唯一真理是：**感知大于现实**。即使是在经济高速发展的时期，持有那些基本面情况良好的股票也不一定会让你更加富有。如果投资者认为在其他地方可以获得更好的利润，那么资金就应该投向那里。而在"旧经济"和"新经济"的对比之下，这一点显而易见。在投资回报上，过去多年基本面良好公司的股价表现远远逊色于所谓"新经济"的股票——至少在 2000 年 3 月的科技股票泡沫破灭之前。从长期来看，相对于持有一个基本面不好的公司的股票，持有一个基本面良好的公司股票的确是一个更加正确的选择。

如果你的目标是最大化投资组合的收益，那么，通常的投资方法应该是买入现在最具有上升潜力的股票，这又使我们重新回到投资者应有的理念上。蜡烛图信号能够识别当天、本周或者本月投资者资金的去向，并且能够识别出投资者情绪的波动变化。利用这些信息，我们就能够制定出上涨概率最大的交易策略。

在谣言传播时买入

如果好事是那么明显，那么肯定存在
陷阱。
——约瑟夫·格兰维尔（Joseph Granville）

我们经常会遇到这样的情况：一个公司宣布（诸如业绩大增或者中标了有利可图的项目等）利好消息，但随后该公司的股票价格反而立刻出现下跌。"在谣言传播时买入，在消息兑现时卖出"是华尔街的金科玉律。但是，除非你知道那些极为可靠的内部消息，否则你又怎么可能知道投资舞台上每个公司的消息是否真的是谣言呢？而学习识别蜡烛图信号的主要好处之一，就是你不需要持续打探、追寻那些日益膨胀却虚无缥缈的消息。

蜡烛图买入信号可以让你发觉何时有人开始买进股票，而事实上你不必知道为什么会有人买进。一个投资者所需要关注的仅仅是什么股票会涨和什么股票会跌。如果有谣言说某个公司的盈利状况良好或者盈利状况糟糕，那又有什么关系呢？蜡烛图买入信号表示这只股票很可能会让你赚钱，而且当你买入之后，往往会获得"令人惊奇"的利好消息。如果某个公司真的有利好消息，那么知情人士将会在消息发布之前大量囤积该公司的股票。蜡烛图信号恰恰能够帮助投资者识别这种交易行为。"在谣言传播时买入，在消息兑现时卖出"这往往是正确的投资逻辑，但是如何才能确定某条消息是"令人惊奇"的利好消息呢？这可以通过蜡烛图确定，因为仅从蜡烛图图像上，便可以使你比其投资者提前好几天，甚至好几周注意到这一信息。当股票价格由于坏消息而继续往下跌时，并不意味着投资者应该抄底买进。具有黑色实体的蜡烛形状与具有白色实体的蜡烛形状代表着完全不同的意义，这一点我们将在第 9 章详细地加以讨论。

学习投资我们该从何处着手

你是从哪里学习投资的？其他人是从哪里学习投资的？其实，并没有正式官方的课程来教投资者如何进行投资。在学校里，我们所学的是不同的投资工具和策略，但几乎没有地方会向职业投资人传授实用的投资心理学。即使有这样的投资教育课程，实际讲授这样的心理课程也几乎是不可能的。在大多数投资项目中，**经验**是成功的主要因素。而实战经验反思是发展正确的投资心智的唯一教育途径。这也是达成成熟投资目标过程中最大的障碍。

> 一个曾经受过苦难折磨的人比一个没
> 有这样经历的人具有更强的学习能力。
>
> ——马克·吐温

　　将某人的财富置于风险之中，会给他带来新的赚钱动力。投资和爱情在以下方面是类似的：尽管在做投资决策时要涉及逻辑推理、智力分析和预先计划等，但情绪还是最主要的因素，不可避免地左右着投资决策。老派的投资学所提倡的方法已经不再适用了，而投资原理——也就是蜡烛图形态的成因，则是一种非常客观、符合逻辑的投资方法。读完本书后，你将会掌握高度精确的图形模式识别技术。一个投资者，无论他是初学者还是老手，都能够利用这种投资技术的基本逻辑原理来评估自己的投资状况。

　　那么我们从哪里学习投资呢？在你的投资生涯中是否有这样一个时刻——从此刻开始，你决定学习一种最为成功的分析技术？如果答案是肯定的，那么你是否有意识地思考过曾经使用过的策略，并对这些特定的交易哲学过去的业绩表现进行反思？不幸的是，大多数投资者进行投资活动的主要原因是由于他们拥有一笔想要用于投资的"闲财"。而他们能从哪里获取投资建议呢？答案可能是：股票经纪人、银行家、父母亲、朋友、投资简报或者其他一些来源，而提供这些信息的人当初也许是像这些投资者一样，以同样的方式开始投资。另外，初学者往往希望有人能直接告诉他买入卖出的具体标的，而不是那些如何进行投资的策略。

　　一旦开始了投资，当你的持仓跌至价格底部令你感到恐惧或者是升至价格顶部让你深陷贪婪时，你会向谁求助呢？当因为害怕价格回落带来损失而过早地卖掉了本来还可以获取更多收益的股票时，谁应该为此负责呢？或者当你坚持持有的股票的价格带着微弱的上涨希望而步步下跌，从而使得你最终因不能忍受这种痛苦在底部将其卖出时，谁应该为此负责呢？以上这些操作的结果是，当盈利时，投资者只会获得微小盈利，而亏损时账户会损失惨重。

　　识别使用蜡烛图信号，能够使你有效地控制自己的买卖行为，制订可靠的投资计划，并消除情绪对交易的影响。你也不必担心所做的投资决策是否将继续有效。本书将帮助你制订行之有效的交易计划，使你对自己的交易行为充满信心，让你不会再因持仓过夜而彻夜难眠。你也能够快速地识别出那些不利的交易，并迅速斩仓离场，然后将这些资金投入到那些对你有利的交易中去。

授人以鱼不如授人以渔

许多人宁愿花费大量的时间和精力来选购小汽车，却不愿将其用于思考研究如何增加自己的财富。对于这种现象有一种很好的解释：买小汽车的经历（与销售商讨价还价，以及希望没人发现你为这辆车多付了 600 美元）这样的交易每隔3 年、5 年、7 年总会发生一次。即使最后发现你为这辆车多付了费用，但这一决策过程已经结束了。尽管你心里很不舒服，但是生活还得继续。

而投资决策是在不断进行的——每月、每周、每天甚至每分钟你都可能做出各种不同的决策。这些决策过程可能会经常变化，而且是可以长期观察的。当然，有些决策可能会导致许多令人尴尬的结果，比如买高卖低、对某一产业的公司选择错误、卖得过早或者过晚等。虽然大部分投资者没有确定的投资策略，但是他们都希望自己的投资决策能够正确有效。而事实上，他们对未来没有明确的投资计划，对于当下已存在的投资仓位也不知该如何处理。不过幸运的是，这些年来整个股票市场的增长使得各种投资组合都能获利。

蜡烛图信号在交易的两方面都非常有效：这些信号不论是用于买入还是卖出的投资决策都很准确，投资者可以利用它对自己进入和退出的节点进行有效的控制。

人类的情绪

为什么大多数投资者会重复同样的错误呢？这是一个很古怪的人类情绪问题，投资的逻辑和投资者的情绪会使得投资决策发生分歧。你是否曾在交易之前仔细分析过一只股票，无论是从基本面还是技术面的角度，然后做出买进和卖出的交易策略？可是，交易开始后若出现之前你分析过的情形，此时所有交易之前所做的应对计划似乎都被抛到了九霄云外，你并不会按照预先确定的策略行事。为什么？这种现象在投资者中间经常发生——虽然很容易解释，但却很难克服，因为人们过于自负！我们都认为自己很聪明，并会以此作为交易的依据，从而置自身于危险的境地。当我们买入某只股票并且盈利时，我们会认为自己的分析能力比市场投资者的平均水平要高一些；而当股票的价格变化与我们的预期相反时，我们又会认为这只是暂时现象。

自负：投资的拦路虎

思想的一部分——自负，让我们从内心深处对自己进行肯定，而且坚信其他人最终也会看到股票价格按照自己所期望的那样变化。与购买汽车、书、吸尘器或者其他需要做出一次性的消费决策的事物不同，投资的过程包含了强烈的感情因素，而且在你做出投资决策之后，情绪会随着股价的变化上下波动。

当你买入某只股票但其价格立刻下降时，你会立即斩仓离场还是愿意先忍受部分浮亏，等到价格到达你无法忍受的位置再割肉？如果它持续下跌，那么这一问题就会时时刻刻地困扰着你：现在是卖掉的时候吗？但是如果卖掉后价格又重新回到原来你买入的价位那该多尴尬啊！或者更糟的是，价格涨到了比原来价位更高的位置，但是此时你早已经将其抛出，还承担了一定的损失。在市场上，你和其他投资者不仅要在智慧上进行竞争，还要随时与自己的情绪做斗争。

> 人类是世上唯一可耻的动物——设下
> 陷阱、投下诱饵然后自己步入陷阱。
>
> ——约翰·斯坦贝克

蜡烛图分析技术可以通过识别形态来避免情绪因素干扰到投资决策。本书的第 7 章便是教导投资者，如何使自己的投资决策避开情绪干扰。这些信号为投资者提供交易规则，如果能按照这些信号操作，进行成功交易的可能性就会大大增加。如果反其道而行之，你的投资就有可能蒙受损失。交易前进行适当的分析能够提高交易成功率，长此以往操作投资者能够因此形成自有的交易机制，这种机制能在未来的交易中提高投资者的交易信心。

什么样的交易系统才是最优的交易系统？我们正在寻找的不就是"下金蛋的鹅"吗？什么样的交易系统能够消除我们投资理念中的缺陷？我们怎样才能开发出能够获利的投资系统呢？什么时候我们该进入市场？什么时候我们该退出市场呢？

最优交易的标准

- 具有已经被证实了的良好结果。
- 反转信号极易识别。
- 能够消除情绪对交易决策的影响。

利用任何交易规则都会比没有交易规则带来更大的收益。然而，利用蜡烛图信号交易技术的好处将会超出你的想象，并且能够为投资提供完整的交易系统。数百年来这种图像识别方法不断改进（统计分析的最初模式），为投资者的投资策略提供了坚实的基础。你有充分的理由相信：由蜡烛图信号带来的准确预测未来走势结果的概率是值得你花工夫去研究学习的。否则，这些信号也不可能在今天仍然被人们使用。

另外，交易的策略必须记录下来，用于事后的反思和分析，这一点对于策略的实施和修正非常重要。每一次新的交易都可以为完善分析系统做出贡献。这笔交易的可取之处在哪里？不足之处在哪里？交易的结果可以用来与信号预期所产生的结果进行比较。一个合格的投资者应当能够从每一次交易中都学到些东西，从而使下一次的交易做得更好。如果你能够比别人提早几天识别出交易机会，那么你会比其他投资者获得更多的好处：买入后价格下跌的风险减少了；这些信号能使你了解到投资者情绪的波动情况；你能够先于大多数人进入或退出市场。根据分析，投资者可以预测出下一波段上涨的机会，从而提前布局。

"为什么不是每个人都使用蜡烛图技术分析呢？"当你看完本书之后也许会问同样的问题。蜡烛图对于成功投资所提供的要素如下。

- 能够明确买卖点。
- 虽然至今已有 400 多年的历史，但是它仍然足够精确。
- 能够消除情绪的影响，能规范投资者交易的行为。
- 能够改进现有的技术方法。

● 能够告诉你什么时候应该进入或退出。

读完本书，你的整个投资理念将会有极大的改观。掌握蜡烛图分析技术能够使你成为一名成功的职业投资人。对人类本性的洞察也会变得更深刻，而且你也能够抓住一般投资者所忽略的低风险高回报的投资机会。这些信号的内在逻辑是合理的，这也使得你所利用的交易系统堪称投资史上最完善的信号所组成的系统。数百年来，市场对于该系统的使用和观察已经证明了这一点。

你是否已经厌倦了一般的投资回报？就算相比那些指数而言你的损失较少，但这种结果是不是已经不再令你感到满意？是不是对于华尔街的那些经纪公司的建议你已经不再那么重视了？当你已经能够精确地指出哪里是底部，哪里是顶部时，你为什么还要坚持所谓分散风险的投资计划呢？为什么你要放弃那些本来可以从市场上获取更多收益的潜力股呢？如果你能够以正确的方式来学习蜡烛图，你所需要付出的努力并不会太多。从蜡烛图信号所获得的直观印象，就可以明确指出哪里才是真正值得投资的地方。

不要害怕利用前人的经验和成就。仅在 10 年前，蜡烛图技术分析还处于初级阶段，至少在美国是这样。而今天，投资者浏览蜡烛图分析网站，集中分析交流蜡烛图技术，蜡烛图技术已然成为投资者的投资利器。Candlestick Trading Forum 提供了一个每日聊天室，投资者可以通过这一平台不断提高他们的交易能力。成立于 2001 年的 Candlestick Trading Forum 网站已成为蜡烛图分析的领先教育网站。

本书后面的章节将会解释蜡烛图中所涉及的信号形状及其背后的市场心理状态，然后会对这些信号进行说明。你可以根据自己的实际情况设计学习进度。对于每个信号以及其背后投资者的心理，我们不必死记硬背。了解这些信号是如何形成的，将有助于我们记住它们，虽然这对于从市场上获利来说不是最关键的环节。在总共大约 40 个信号中，有大约 10 个是最主要的信号，而你需要做的是熟悉它们。本书后面的章节将会教你如何快速轻松地学会运用这些信号。

第 2 章

反转的模式

变化是生活的规则。那些只盯着过去
或者现在的人必定会失去未来。

——约翰·F. 肯尼迪

技术分析最有价值的部分就是识别价格反转点，在交易中有了这一技能，就如同有了一只"会下金蛋的鹅"。日本蜡烛图分析技术之所以能够提升交易的胜率，是因为这些信号都是经过千锤百炼、总结价格反转特征提炼而成的结果，而技术分析的终极目标就是有能力分析识别出对你有利的价格走势方向。

西方图表中有一些信号能够作为辨别重大趋势反转的依据，比如头肩形、双顶部和双底部以及岛形反转，即使用在今日也具有很高的准确性。

蜡烛分析能提升投资者对趋势发展的预判能力。如果你能够熟悉这些特定蜡烛图信号背后的市场心理状态，那么在市场上你就会处于极其有利的位置。蜡烛图信号不仅能够识别某一天趋势的反转，还能在趋势即将发生变化之前提出警示信息。

与蒸汽火车运行的原理相类似，市场走势的趋势并不是在很短的时间内就会发生反转。如果火车要掉头的话，必定存在一些符合逻辑的信号来预示这一点，比如首先可能会有笛声长鸣，接着你就会听到车轮慢下来的那种有规律的声音。而当火车开始刹车时，蒸汽会从火车的两侧喷出，车轮也会发出挤压铁轨的声音。所有这些信息会暗示你火车就要停下来了，而蜡烛图分析技术会给投资者带来关于股市的同样类似的信号。

　　一般来说，一个比较重大的趋势不可能在一天之内完成反转，通常需要好几天或者好几周才能集聚起这种反转的力量（投资者的心理学）。反转信号的出现能使投资者感到市场情绪马上就要发生变化。如果你在上升通道顶部看到了卖出信号，这等于是在告诉你：这一趋势现在可能已经失去了维系它继续上升的动力。但这种趋势会不会继续保持上升的势头呢？答案是：也许会，但是这种趋势已经不具备最开始时的潜力了。这种信号本来就是在告诉你空方已经逐渐开始进入市场了，虽然趋势的力量可能还会使价格进一步上升，然而，由于信号告诉你市场上已经出现了不同的声音，这种上升的力量将会被极大地削弱，因此，现在投资者应该为下一个卖出信号做好准备。

　　这种趋势会被逆转，朝着其他方向发展吗？回答这一问题需要分析更多的信息（如图2-1所示）。趋势可能会得到延续或者在某一既定范围内无规则地运行。你希望从中找到一个很强的卖出信号。事实上，在任一给定的交易日内，根据蜡烛图信号，你可能能找到许多适合投资的目标。

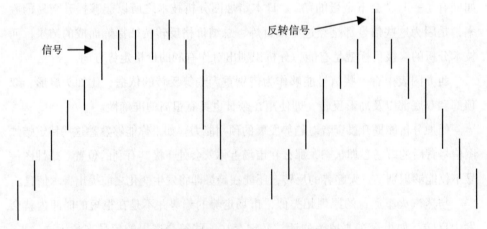

信号

反转信号

图 2-1　反转的信号可能在真正的反转之前发生

　　将这些原则铭记在心，继续阅读本章下面的部分。这些交易信号本身简单易学，通过视觉记忆便能识别，不要试图记住每一个形态。第 5 章会有一些技巧帮助你将这些信号活学活用。它们中最前面的 8～10 个就能为交易者提供大量的机会，而且仅仅利用它们，投资者就可以获得比原先更可靠的投资机会。

请记住：这些信号经过数百年数据的印证，而且只追求最重要的东西——利润！

蜡烛图信号

日本蜡烛图极大地提高了视觉信息获取的效率。每一个或者每一组信号都能很清晰地说明投资者情绪的变化，这是从标准的棒状图中看不到的。每个蜡烛图信号都有其特定的名字：一些信号有日文名字，另外一些有英文名字。在本书中，信号的英文名字和日文名字都会尽可能地展现给读者。日本名字我们以罗马拼写给出，以方便英语为母语的读者顺利发音。

单个的蜡烛线通常被称为阴线和阳线。这些术语实际上来自汉语，但被西方分析员们用来说明一些相对立的事物：进/出、上/下、超过/低于等。Inn 和 yoh 是日语中对应于阴和阳的表述。阴代表熊市信号，阳代表牛市信号。在蜡烛图技术分析中有 9 根最基本的蜡烛（K 线）形态，这 9 根阴阳线再被扩展到 15 根，以便更清楚地说明所有的可能性。蜡烛图分析中大多数的形状都可以被分解成这些基本的 K 线。

长日（长阳或长阴）

长日（如图 2-2 所示）表示从开盘到收盘价格有一个很大的变化，长代表蜡烛实体的长度。蜡烛图实体怎样才能被认为长呢？回答这个问题我们必须将其与所要分析的图表结合起来。市场价格的变化幅度决定了一个长的蜡烛实体是否能够形成，以两三周之前的市场价格波动的幅度作为

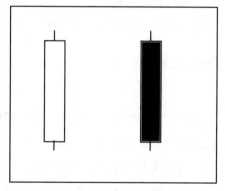

图 2-2　长日的形成

参考，便能对比出近期价格波动的幅度到底是大是小。

短日（短阳或短阴）

短日（短阳或短阴）（如图 2-3 所示）与上文对长日的分析说明相类似。然而，市场走势大多不属于这两种情形。

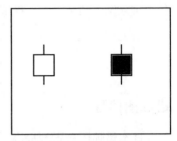

图 2-3　短日的形成

实线（实体）

在日语中，Marubozu（又称实体）的意思是剪短的或者是短发，而在蜡烛图分析中则意味着光头光脚的 K 线，意思就是价格没有从蜡烛实体延伸出去（没有影线）。

黑色实线（阴实体）

两头没有影线的黑色实体（如图 2-4 所示）被称为黑色实线。黑色实线常被认为是一个弱市信号。我们可以从持续的熊市或者牛市反转的图表中找到这样的信号，尤其当市场处于下跌趋势中时。一个长的黑色实体表明当日的最后一笔交易是以当天最低价成交的，这也是牛市反转的重要信号。日本人常将这种情况称为光头阴线（Major Yin）或者阴实线（Marubozu of Yin）。

图 2-4　黑色实线：两头没有影线

白色实线（阳实体）

两头没有影线的长的白色实体（如图 2-5 所示）被称为白色实线。这是一种极端的形态。让我们来看一看它是如何形成的。它低开高走，然后一直持续上升至最高点时收盘。与黑色实线相反，它表明这可能是一个牛市的开始或者熊市的

图 2-5　白色实线：两头没有影线

反转。这种情况被称为光头阳线（Major Yang）或者阳实线（Marubozu of Yang）。

收盘实线

收盘实线（如图 2-6 所示）在收盘价的一端没有影线——一个白色的实体在其顶部没有影线或者一个黑色的实体在其底部没有影线。这两种情况都是反映其所代表的方向的强信号。白色收盘实线反映了上涨强势，黑色收盘实线反映了下跌强势。

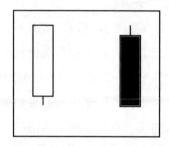

图 2-6 收盘实线：在其收盘的一端没有影线

开盘实线

开盘实线（如图 2-7 所示）在其开盘价的那一端没有影线——一个白色的实体在其底部没有影线或者一个黑色的实体在其顶部没有影线。虽然这两种情况都是反映其所代表的方向走势强劲，但是都不如收盘实线那么强。

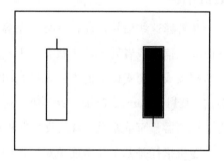

图 2-7 开盘实线：在其开盘的一端没有影线

陀螺（带上下影线的实体）

陀螺（如图 2-8 所示）是一种实体相对较小，但两端影线较长的形态。它说明了多头和空头力量相对均衡。在震荡市中，出现这种情况通常被认为是多空双方处于僵持状态。然而，在具有一定趋势或者大幅波动的市场中，陀螺表

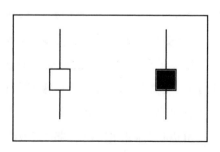

图 2-8 陀螺：两端都带有影线的较小的实体

明第 2 天的走势很可能会顺应前一天的开盘价的方向进行。对于陀螺来说，实体部分的长度更重要。

十字（十字星）

　　十字（如图 2-9 所示）是蜡烛图分析中最重要的信号之一。当天的收盘价和开盘价相同或者几乎相同时就会出现这种形态。其影线的长度范围很大。影线部分越长，十字就越重要。下文中我们将详细解释十字信号，**无论在什么时候，只要出现十字信号，就要引起我们的高度重视。**

图 2-9　十字：收盘价和开盘价相同

随机指标

　　在解释这些信号之前，有必要先解释一下随机指标。当价格处于超卖状态而发出买入信号或者处于超买状态发出卖出信号时，蜡烛图信号就更加有效了，而判断超买或者超卖最好的方法就是利用随机指标。随机指标的方法是多年以前由乔治·莱恩（George Lane）所创建，它是用来测量收盘价相对于每日成交价格幅度的振荡器，简单地说，就是收盘价相对于最近几个交易日价格区间的位置。

　　随机指标是基于几个简单观察值的函数。在上升趋势中，只要能够持续获得上升的力量，收盘价就会不断地被抬高。相反，在下跌的趋势中，下跌力量不断延续，收盘价就会不断降低。比如，当趋势发生反转，由升转跌时，每天的最高价会变得更高，而收盘价却接近当天成交的最低价。随机指标与其他振荡器不相同，大多数的振荡器只是表明多空力量差别，以及每日收盘价和趋势的不同。

　　正如下文将要解释的，通过计算 %K 的三天移动平均值，我们就可以得到 %D。尤其当 %K 和 %D 在极端的区域内（以 0～100 为范围度量值；超买为 80 或者更多，超卖为 20 或者更低）交错时，便可以直接作为一个有效的交易信号。当随机指标处在比较极端的区域内且与蜡烛图信号配合一起使用时，效果非常好。虽然 %K 和 %D 的交叉会更加有效，但蜡烛图本身发出的反转信号就很有效。

随机指标公式

%K 可以被看成未被处理过的随机指标（RAW stochastic）或者快的随机指标（FAST stochastic），因为它比 %D 更加敏感。%K 的计算公式如下：

$$\frac{(Close)-(Low\ of\ P)}{(High\ of\ P)} -(Low\ of\ P) \times 100 = \%K$$

式中，Close——当前价格；

Low of P——期间成交价格幅度的最低值；

High of P——期间成交价格幅度的最高值。

下面的部分将分为两大块：主要信号和次要信号。这两种信号的不同之处在于它们出现的频率和导致反转的概率。

主要的信号

- 十字
- 多头吞没
- 空头吞没
- 锤头
- 吊颈
- 贯穿模式
- 乌云压顶
- 多头孕线
- 空头孕线
- 晨星
- 暮星
- 反扑信号
- 射击之星
- 倒锤头

十字

十字形态

1. 形态描述

十字（doji bike）是蜡烛图的一种特殊形态。日本人认为：当出现这种走势时，投资者应该引起相当的注意。十字是最重要的蜡烛图信号之一（如图 2-10 所示），其开盘价和收盘价相同。于是，这就形成了一根水平线，也就是说多方和空方处于一种势力均衡的状态。尤其当它处于趋势的顶部和底部时，对于投资者来说是一个很重要的提示。如果在趋势的顶部形成了十字，无须更多其他信息来佐证，价格即将出现反转。首要操作便是平掉多头仓位。

图 2-10　十字

当十字发生在下跌趋势时，在次日则需要上涨行情来证明这个反转的成立。日本人认为：市场的力量仍然会维持原有下跌的趋势。

蜡烛图相对于西方棒状图具有一定的优越性，十字信号便是一个极好的例子。因为，根据棒状图我们无法清晰地看出十字的形态所包含趋势的含义。

2. 确认原则

①开盘价和收盘价相同或者基本相同。

②影线的长度不会很长，尤其是在一个上涨趋势即将结束时。

3. 信号解析

①如果第 2 天的开盘价与前一天的收盘价有一个较大的缺口，则表明反转即将到来。

②如果当天的成交量放大，则会增大反转的可能性，虽然这并不一定会发生。

③当前一天的蜡烛实体很长，且 K 线形态与之前几日 K 线形态有较大区别时，则利用这种信号来进行分析判断会更加有效。

4. 形态所蕴含的市场心理

如果市场正处于一个上涨或者下跌的趋势中，十字信号则表明了投资者之间产生了巨大的分歧，且多空实力均衡（如图 2-11 所示）。开盘后，多头和空头的力量使得价格上下波动，尽管趋势还在，但最终，在当天交易快要结束时，收盘价与开盘价相同或者接近于开盘价。这种情况表明顺应趋势的一方仍有一定实力维系价格，而另一方则相信这种趋势已经失去其继续前进的力量。

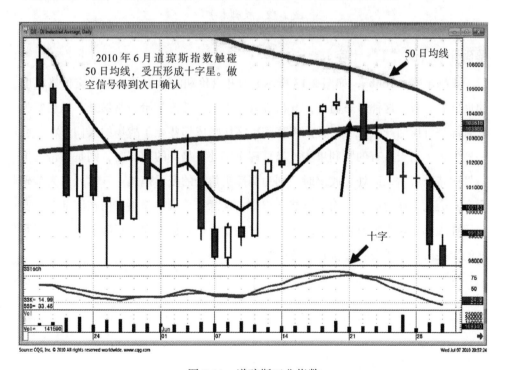

图 2-11　道琼斯工业指数

长脚十字

长脚十字（Juji，如图 2-12 所示）由长的上影线和长的下影线所组成，且开盘价和收盘价都居于整个价格幅度的中间。在整个交易日中，价格上下波动范围很大，但最终以等于或接近于开盘价的价格收盘。这一点反映了，市场中到底是多头占主动权还是空头占主动权，目前还不确定性。Juji 的意思是"交叉"。

图 2-12　长脚十字

墓碑十字（倒"T"十字）

墓碑十字（Tohba，如图 2-13 所示）的开盘价和收盘价都处于成交价格幅度的最低处。对于这种形态而言，开盘价以当天的最低价开始一路攀升，但当要收盘时却被打压回开盘价。日本人将墓碑十字比喻成那些死于战场的人们，在最后一刻失掉了当天所有的胜利果实。当墓碑十字处在趋势的顶端时，则是射击之星信号的特殊版本，而处于底部时，则为倒锤头信号的变异模式。日本人认为墓碑十字只会发生在地面上，而不可能在空中，这意味着将墓碑十字用在底部反转要比用在顶部反转更加有效。然而，不管它在什么位置被发现，墓碑十字还是与其他的十字信号一样表明市场的不确定性。

图 2-13　墓碑十字

蜻蜓十字（"T"形十字）

蜻蜓十字（Tonbo，如图 2-14 所示）的形成过程是这样的：股票价格从开盘后一路走低，然后以当天的最高价，即开盘价收盘。当其处于市场的顶部时，蜻蜓十字信号就成为吊颈信号的变异模式；而当其处于市场趋势的底部时，蜻蜓十字就成为一个特殊的锤头形状。如果蜻蜓十字具有非常长的影线，且处于市场趋势的底部时，则表明市场中的多头力量相当强劲。

图 2-14　蜻蜓十字

若连续几天出现了十字信号，则市场反转的概率较大（如图 2-15～图 2-20所示）。

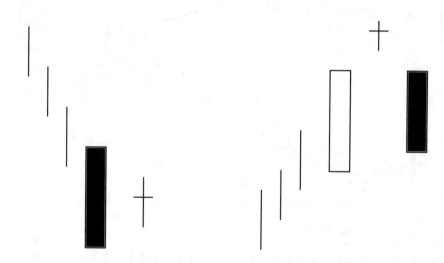

图 2-15　孕线——十字（底部十字）　　图 2-16　晨星——被抛弃的婴儿（顶部十字）

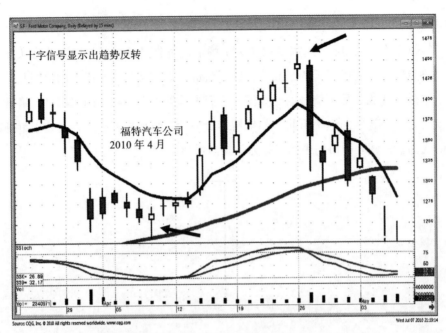

图 2-17　福特汽车公司的上涨趋势始于十字,终于十字

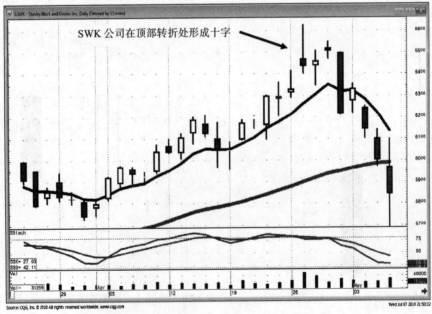

图 2-18　SWK 公司的十字信号在顶部形成

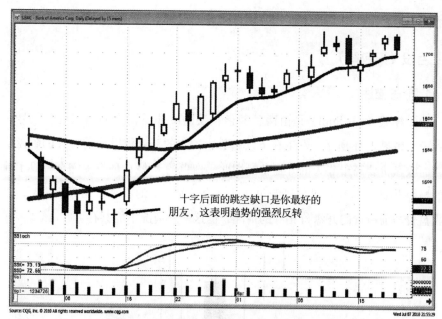

图 2-19 美国银行在十字后面出现了跳空缺口

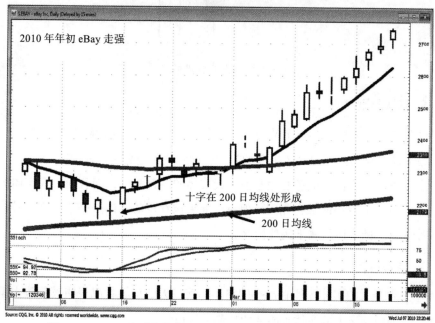

图 2-20 eBay 公司的趋势起源于十字，并受到 200 日均线的支撑

吞没模式("阳包阴"或"阴包阳")

多头吞没(阳包阴)

1. 形态描述

吞没模式(tsutsumi)是由两种颜色相反的实体所构成的强烈反转信号。多头吞没(如图 2-21 所示)发生在下跌趋势中,它的开盘价以比前一天的收盘价要低,而收盘价要高于昨天的开盘价。因此,白色的 K 线在形态上完全吞没了前一天的黑色 K 线。这种吞没信号既包括开盘价与前一天的收盘价相等的情况,也包括收盘价与前一天的开盘价相等的情况,但这两种情况不能共存。

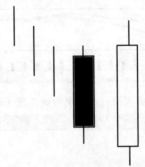

图 2-21　多头吞没模式

2. 确认原则

①第 2 天的实体必须完全被前一天的实体所吞没,不包括影线的部分。

②价格必须已经明显处于上涨的趋势,即使这种趋势是短期的。

③第 2 天的实体的颜色必须与前一天实体的颜色相反,而且前一天实体的颜色必须与其以前趋势的颜色相同。但是,如果被吞没的实体是一个十字信号或者是一个非常小的实体则属于例外情况。

3. 信号解析

①必须是大的实体才能吞没小的实体。前一天的市场状况表明其趋势力量已经很弱,而第 2 天大的实体表明新的趋势力量很强。

②如果吞没信号发生在一个快速下跌的走势之后，市场上不会一直不停地涌现抛盘，所以反转会慢慢地酝酿而成。价格移动速度很快且幅度较大，从而增加了赚取利润的潜力。

③在发生吞没的当天，成交量放大会增加反转成功的可能性。

④如果大的实体能够吞没前面好几天的实体，则表明行情反转的势头很猛。

⑤如果大的实体能够吞没前一天的实体以及影线，则表明发生反转的可能性很大。

⑥第 2 天的开盘价距离前一天的收盘价越远，则强反转发生的可能性就越大。

4. 形态所蕴含的市场心理

如果在一个下跌的趋势中，开盘价比前一天的收盘价更低（如图 2-22 所示），但是在当天交易要结束之前，市场多头已经将股票价格抬至比前一日的开盘价还高的位置。趋势的强劲反转意味着市场中投资者情绪已经发生了极大的改变。

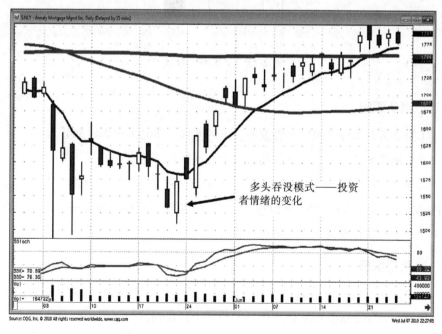

图 2-22 AMM 公司走势中的多头吞没

空头吞没（阴包阳）

1. 形态描述

空头吞没模式也是由两种颜色相反的实体所构成的强烈反转信号（如图2-23所示）。空头吞没发生在上涨的趋势中，它的开盘价比前一天的收盘价要高，而收盘价要比前一天的开盘价低。因此，黑色的K线完全吞没了前一天白色的K线。这种吞没信号既包括开盘价与前一天的收盘价相等的情况，也包括收盘价与前一天的开盘价相等的情况，但这两种情况不能共存。

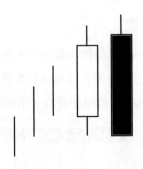

图 2-23　空头吞没模式

2. 确认原则

①第2天的实体必须完全吞没前一天的实体，不必考虑影线部分。

②价格必须已经处于上涨的趋势，即使这种趋势是短期的。

③第2天的实体的颜色必须与前一天的实体颜色相反，而且前一天的实体的颜色必须与其以前趋势的颜色相同。但是，如果被吞没的实体是一个十字或者是一个非常小的实体则属于例外情况。

3. 信号解析

①必须是大的实体才能吞没小的实体。前一天的市场状况表明其趋势的力量已经很弱，而第2天大的实体表明新的趋势力量很强。

②如果吞没信号发生在一个快速上涨的走势之后，市场上不会一直不停地涌

现买盘，所以反转会慢慢地酝酿而成。价格移动速度很快且幅度较大，从而增加了赚取利润的潜力。

③在发生吞没的当天，成交量放大会增加反转成功的可能性。

④如果大的实体能够吞没前面好几天的实体，就表明反转的力量很强。

⑤如果大的实体能够吞没前一天的实体以及影线，就表明发生反转的可能性很大。

⑥第 2 天的开盘价距离前一天的收盘价越远，则强反转发生的可能性就越大。

4. 形态所蕴含的市场心理

如果在一个上涨的趋势中，开盘价比前一天的收盘价更高（如图 2-24 所示），但是在当天交易要结束之前，市场空头已经将股票价格压至比前一日的开盘价还低的位置。趋势的强劲反转意味着市场中投资者情绪已经发生了极大的改变。

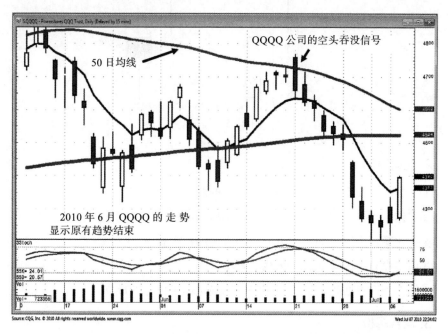

图 2-24　QQQQ 公司的空头吞没模式——不好的预兆

锤头和吊颈

锤头

1. 形态描述

锤头（takuri）由一根 K 线组成（如图 2-25 所示），其实体较短，只在其下端才有影线，且影线部分至少大于实体长度的两倍。锤头一般处于下跌趋势的底部，表明多头已经介入市场，推升价格。虽然锤头的实体颜色并不重要，但颜色为白色的实体通常比黑色的实体更能表明市场做多的意愿。这种信号还需要等待第 2 天的市场行情上涨来予以确认。

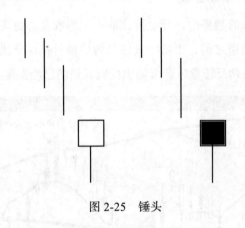

图 2-25　锤头

2. 确认原则

①下端的影线至少要等于其实体长度的两倍。

②实体必须处于整个 K 线的上端。锤头实体的颜色并不重要，虽然颜色为白色的实体比颜色为黑色的实体更能表明市场的做多意愿。

③应当没有上影线或者上影线非常小。

④第 2 天市场必须为上涨的态势，以确定锤头信号的成立。

3. 信号解析

①下端的影线越长，则市场发生反转的潜力就越大。

②如果出现锤头信号的第 2 天市场高开，那么与前一天的收盘价相差较大的情形则说明一个强势的反转即将来临。

③出现锤头信号的当天，成交量放大，则会增加日后出现反弹走势的可能性。

4. 形态所蕴含的市场心理

在一个下降通道中，空方力量在市场中占据主导地位，开盘后价格就一路走低。此时，空方依然处于主导地位。但是在交易即将结束之时，多方开始反击，并将价格拉回到开盘价附近。这就产生了一个具有长下影线且实体较小的蜡烛图形态。这代表空方已经不再占据主导地位，长下影线也预示着下跌趋势可能不会再继续。如果第 2 天市场的走势为继续上涨，则证明买方已经开始占据市场的主导地位（如图 2-26 所示）。

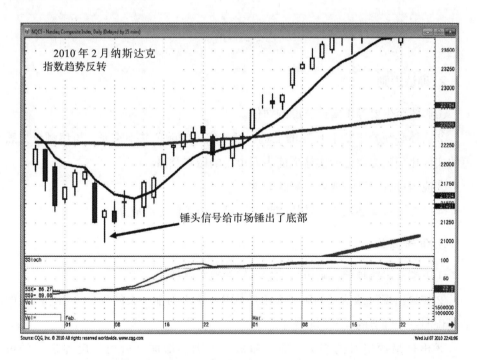

图 2-26 纳斯达克指数的向上趋势得到了锤头的确认

吊颈（吊顶）

1. 形态描述

吊颈（karakasa）也是由一根 K 线组成（如图 2-27 所示），其实体较短并且只在一端有影线，且影线长度至少是实体长度的两倍。吊颈一般会出现在上涨趋势的顶部。日本人之所以称之为吊颈是因为它看起来像一个被悬吊着的人。

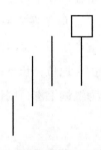

图 2-27　吊颈

2. 确认原则

①影线至少要等于实体长度的两倍。

②实体必须处于整个 K 线的上端。锤头实体的颜色并不重要，虽然颜色为黑色的实体比颜色为白色的实体更能表明市场的做空意愿。

③应当没有上影线或者上影线非常小。

④第 2 天市场必须为下跌的态势，以确定吊颈信号的成立。

3. 信号解析

①下端的影线越长，则市场发生反转的概率就越大。

②如果出现吊颈信号的第 2 天市场低开，那么与前一天的收盘价相差较大的情形说明一个强势的反转即将来临。

③出现吊颈信号的当天，成交量放大，则会增加日后出现反弹走势的可能性。

4. 形态所蕴含的市场心理

在一个处于上涨趋势的市场中，行情强势上升，但是市场开盘之后，价格却高开低走。此时，空方暂处于主导的地位，但在当天交易即将结束之时，多头开始发力，并使得价格回升到当日开盘价附近，从而形成一个实体较小的蜡烛形状。按照西方的棒状图，这种模式表明买方依然占据市场的主导地位。然而，长下影则表示，在一定程度上，卖方已经开始进入市场。虽然多头仍然能够维持当天价格的上升态势，但空头体量增加已是不争的事实。如果第 2 天市场的走势为低开或以阴线收盘，则证明空头力量逐步加强，并占据市场主动，后市调整的概率较大（如图 2-28 所示）。

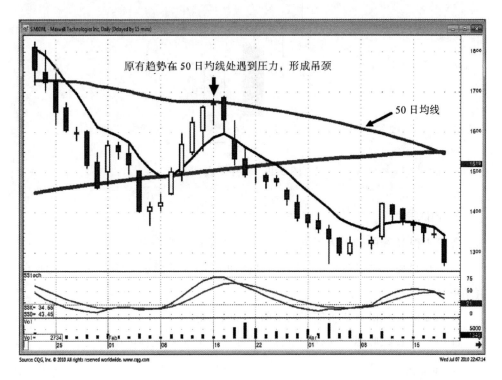

图 2-28　Maxwell 公司走势中的吊颈表明原有趋势结束

贯穿模式

贯穿模式形态

1. 形态描述

贯穿模式（kirikomi，如图 2-29 所示）由两根 K 线在下跌趋势的市场走势中所构成。第 1 根 K 线为黑色，表明下跌趋势的延续。第 2 根 K 线的开盘价则低于前一根 K 线的最低价，而收盘价则处于前一根 K 线黑色实体中部之上，且接近或者为当天的最高价。

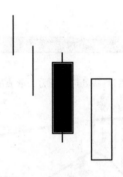

图 2-29　贯穿模式

2. 确认原则

①第 1 根 K 线的颜色为黑色，第 2 根 K 线的颜色为白色。

②下跌趋势已明显持续了一段较长的时间，且长的黑色实体发生在该趋势即将结束之时。

③第 2 根 K 线的开盘价应当低于前一天的最低价。

④第 2 根 K 线收盘价所处的位置必须在第 1 根 K 线实体的中部之上。

3. 号解析

①白色和黑色的 K 线实体越长，则市场发生反转的力量就越大。

②第 2 根 K 线开盘价较第 1 根 K 线的收盘价越低，则反转效果越显著。

③白色 K 线的收盘价越高，则发生反转的力量就越强。

④如果这两天的成交量很大，则进一步证实贯穿模式的反转的概率越大。

4. 形态所蕴含的市场心理

在一个处于下跌趋势的市场中，行情连续下探，此时对于市场的恐惧已占据了投资者的心理，而且空头可能会迫使价格下跌到更低的位置。但是在当天交易的某一时刻起，多头开始发力，并使得价格立刻回升。当日做多力量令市场以最高价收盘。价格的回升抵消了连续下跌所带来的空头情绪。如果第 2 天多头继续发力，则进一步确定了这一形态的成立（如图 2-30 所示）。

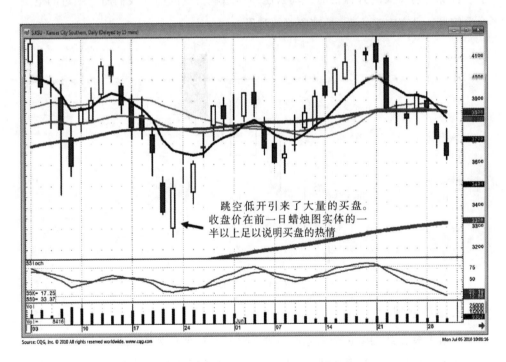

图 2-30　贯穿模式表明出现买入的高潮

乌云压顶

乌云压顶形态

1. 形态描述

乌云压顶（kabuse，如图 2-31 所示）的形状与贯穿模式恰恰相反，也是由两根 K 线所构成。第 1 根 K 线为白色长蜡烛，是上升趋势的延续。第 2 根 K 线的开盘价高于前一根 K 线的最高价，而收盘价则处于前一根 K 线实体的中部之下。收盘价的位置越低，则回调发生的可能性就越大。请记住：当第 2 天的收盘价低于或者等于前一天的开盘价时，乌云压顶形态就会变成前面我们所介绍过的空头吞没信号。日文中 Kabuse 是被覆盖的意思。

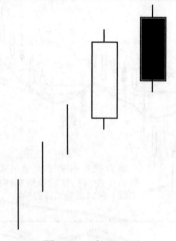

图 2-31　乌云压顶

2. 确认原则

①第 1 根 K 线的颜色为白色，而第 2 根 K 线的颜色为黑色。

②上涨趋势已经明显持续了一段时间，且长的白色实体发生在该趋势即将结束之时。

③第 2 天的开盘价应当高于前一天的收盘价。

④第 2 天 K 线收盘价所处的位置必须在第 1 天白色 K 线实体的中部之下。

3. 信号解析

①两根 K 线的实体越长，则市场发生反转的力量就越大。

②第 2 天开盘价较第 1 天的收盘价越高，则反转概率越大。

③第 2 根 K 线的收盘价越低，则发生反转的力量就越强。

④如果这两天的成交量很大，则能进一步证实乌云压顶信号的成立。

4. 形态所蕴含的市场心理

在一个处于上涨趋势的市场中，行情强势上升，此时市场一片繁荣，并且价格迭创新高。突然市场空头开始反扑，并且迫使价格回落，最终当天以最低价或者接近最低价收盘。这种价格的回落抵消了前一日的价格上涨所带来的多头情绪。上涨趋势得到了明显的遏制。乌云压顶这种信号表明当天市场仅有一个短暂的上涨时间，也就是在第 1 根 K 线的顶部之上停留的那一部分。我们可以注意到：如果发生乌云压顶的第 2 天，收盘价低于或者等于前一天的开盘价，乌云压顶信号就会变成前面我们所介绍过的空头吞没信号。相比较而言，空头吞没信号对于后市下跌更加具有参考意义（如图 2-32 所示）。

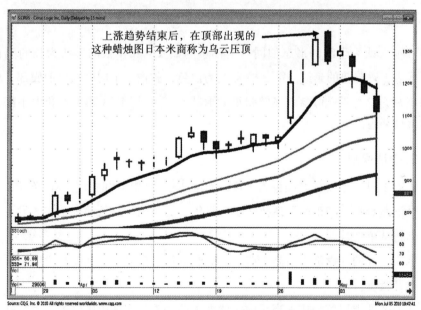

图 2-32　乌云压顶是上涨趋势终结的预兆

孕线

多头孕线

1. 形态描述

孕线（harami）是一种常见的模式（如图 2-33 所示），在下跌趋势的市场中，它由两个 K 线所构成。第 1 根 K 线为长阴线，其颜色与当前趋势的颜色相同。第 2 根 K 线的实体则较短，且第 2 根 K 线的开盘价和收盘价都处于前一天的价格变动范围之内。孕线的出现表明已存在的趋势行情即将结束。

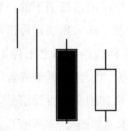

图 2-33　孕线，卖出已经停止

日本人认为孕线的形态如同一个怀孕的妇女。第 1 根的形状为长的黑色蜡烛，代表下跌趋势的延续。第 2 根 K 线为白色，就像一个向外翘出的腹部，但情况并不总是这样的（可参照飞鸽归巢的形状）。第 2 根 K 线的位置和大小都会影响到反转的强度。

2. 确认原则

①第 1 根 K 线实体的颜色为黑色，而第 2 根 K 线实体的颜色为白色。

②下跌趋势已经很明显地持续了一段较长的时间，且长的黑色实体发生在该趋势即将结束之时。

③第 2 天的开盘价应当高于前一天的收盘价，且第 2 天的收盘价应当低于前一天的开盘价。

④西式的孕线信号要求当天的实体处于前一天的实体范围之内，而日式孕线

信号=则要求当天的实体和影线均处于前一天的实体之内。

⑤要确认孕线为反转信号，还需要次日市场的上涨来证明。

3. 信号解析

①白色和黑色的 K 线实体越长，则市场发生反转的力量就越大。

②白色 K 线相对于黑色 K 线而言收盘价越高，则反转越显著，即使白色 K 线的实体并不长。

4. 形态所蕴含的市场心理

在一个下跌趋势的市场中，且前一天的交易中空头占据优势，第 2 天，多头使开盘高于昨日的收盘价，并以更高的价格收盘。此时做空头的投资者应该注意，趋势已经发生了变化，成交量越大，则反转的情绪越强烈。通常情况下，由于空头减仓，使得成交量急剧放大（如图 2-34 所示）。

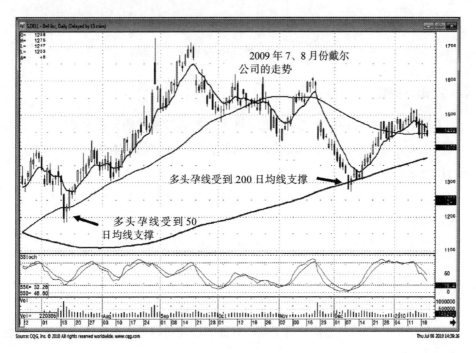

图 2-34　多头孕线即为买点

空头孕线

1. 形态描述

空头孕线信号（如图 2-35 所示）正好与多头孕线相反，也是由两根 K 线所构成。第 1 根 K 线为长 K 线，其颜色与当前趋势的颜色相同。而第 2 根 K 线的实体则较短，且第 2 根 K 线的开盘价和收盘价都处于第 1 天的价格变动范围之内。空头孕线信号的出现表明上涨行情即将结束。

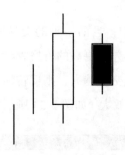

图 2-35 空头孕线

2. 确认原则

①第 1 根 K 线实体的颜色为白色，而第 2 根 K 线实体的颜色为黑色。

②上涨趋势已经持续了一段较长的时间，且长的白色实体发生在该趋势行情即将结束之时。

③第 2 天的开盘价应当低于前一天的收盘价，且第 2 天的收盘价应当高于前一天的开盘价。

④要确认该信号为反转信号，还需要进一步有次日的下跌作为依据。

3. 信号解析

①两根 K 线越长，则市场发生反转的力量就越大。

②第 2 根 K 线的开盘价相对于前一日而言收盘价越低，则反转越显著，即使第 2 根 K 线并不长。

4. 形态所蕴含的市场心理

在一个连续上涨的市场中，如果前一个交易日上涨，而第2天下跌，且做空力量使得市场的收盘价低于昨日开盘价。此时，在市场上做多的投资者会急于抛出股票以兑现利润，最后以较低的价格收盘。很显然，市场的趋势此时已经发生了变化，当天的弱市表现会使每个投资者确信反转已经到来。由于多方急于平仓获利了结以及空方的加入，当天的成交量会比前一天有较大的增长（如图 2-36所示）。

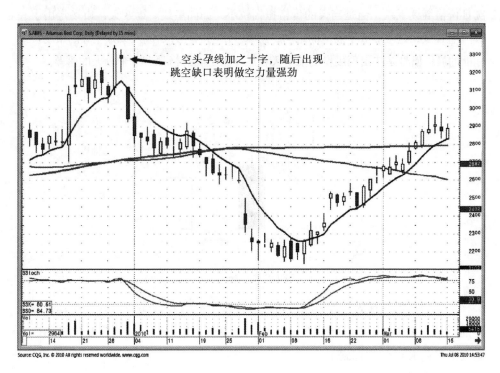

图 2-36 空头孕线后出现了向下跳空的缺口

晨星

晨星形态

1. 形态描述

晨星形态（sankawa ake no myojyo，如图 2-37 所示）是一个底部反转的信号。晨星意味着太阳即将升起，用在这里比喻价格即将上涨。它形成于下跌趋势的市场中，通常由 3 根 K 线所组成。第 1 根 K 线有一个长的黑色实体，通常处于下跌趋势的底部。次日价格继续下跌，但是当天的价格振幅较小，如同星线。第 3 天，市场走出了一根白色 K 线，这就形成了晨星的结构，意味着市场已经开始进入买方主导的市场。最标准的晨星信号是在出现晨星的前一天和后一天之间价格都有一个较大的落差。

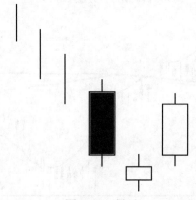

图 2-37　晨星

晨星的结构没有固定的形状，可以有许多不同的 K 线组成方式，而其中最重要的是第 3 天多头占据了市场的主导地位，也就是说，第 3 天的收盘价必须位于两天前黑色 K 线的中部之上。

要确定晨星相对比较容易，因为投资者仅凭视觉就可以看出。

2. 确认原则

①市场处于明显的下跌趋势。

②第 1 根 K 线实体的颜色为黑色，并且延续之前的趋势。第 2 根 K 线表明市场处于多空均衡状态。

③第 3 天的市场表现表明，市场已经进入多头状态，当天的收盘价必须位于第 1 根 K 线的中部之上。

3. 信号解析

①第 1 天和第 3 天 K 线的实体越长，则市场发生反转的力量就越大。

②出现晨星的交易日多空力量均衡，则市场发生反转的可能性就越大。

③第 1 天和第 2 天之间的缺口越大，则说明市场发生反转的可能性就越大。

④出现晨星的前一天和后一天之间的缺口越大，则晨星出现的可能性越大。

⑤第 3 天的收盘价相对于第 1 大的黑色 K 线的位置越高，则表示反转的力量越强。

4. 形态所蕴含的市场心理

在下跌的趋势中，投资者比较恐慌，从而造成在第 1 天大量抛售手中的股票。第 2 天虽然做空状态仍然在继续，但是在低位市场已经开始渐渐的有空转多了。如果在这些天内成交量很大，则表明股票已经得到了充分的换手。如果第 2 天的价格波动幅度不是很大，而第 3 天多头的力量开始超过空头的力量。当价格开始回升到第 1 天的价格波动幅度之内时，则表明多方已经占据了市场的主导地位（如图 2-38 所示）。

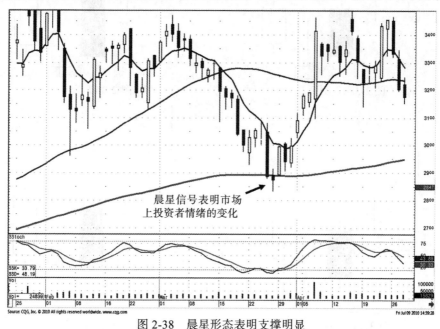

图 2-38 晨星形态表明支撑明显

晨星的衍生形态

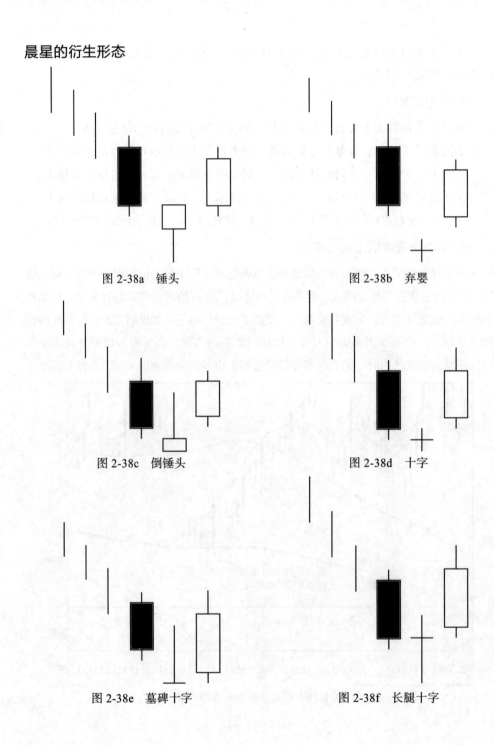

图 2-38a 锤头

图 2-38b 弃婴

图 2-38c 倒锤头

图 2-38d 十字

图 2-38e 墓碑十字

图 2-38f 长腿十字

晨星

根据晨星形态描述的是，在趋势底部出现的包含连续 3 天市场反转行情的形状（如图 2-38a～图 2-38f 所示）。其中，第 1 根 K 线通常是经历了一系列下跌之后的被过度卖出的阴线实体。这根 K 线预示着，此时投资者的恐惧和惊慌压倒了理性的分析，而次日的均衡状态表明市场各方开始密切关注反弹的机会。而第 3 天，市场行情则证实了趋势反转已经开始（如图 2-39 和图 2-40 所示）。

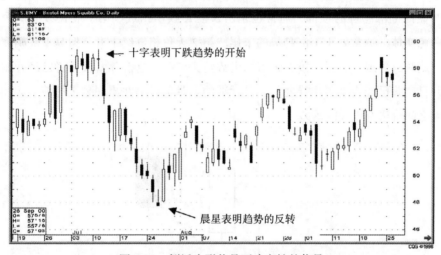

图 2-39　倒锤头形状是不确定性的信号

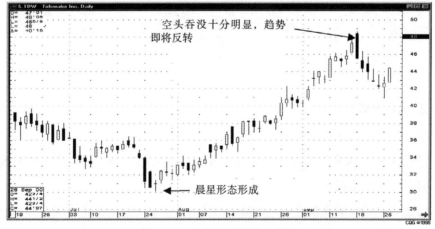

图 2-40　十字后价格跳空高开

暮星

暮星形态

1. 形态描述

暮星信号（sankawa yoi no myojyo，如图 2-41 所示）与晨星信号恰恰相反，它是一个顶部的反转信号。暮星的意思是黑夜降临，寓意价格即将下跌。它形成于明显的上涨趋势的顶部，通常也是由 3 根 K 线所组成。第 1 根 K 线有一个长的白色实体，通常处于上涨趋势的末尾。第 2 天价格继续上升，但是上涨幅度较小，此时就形成了暮星。第 3 天市场走势转头向下，这意味着投资者已经开始卖空并且空头已经占据了主导地位。最标准的暮星信号是在出现暮星的前一天和后一天之间价格有较大的落差。

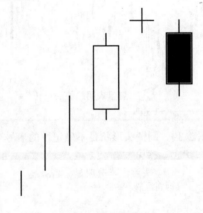

图 2-41　暮星

2. 确认原则

①市场处于明显的上涨趋势。

②第 1 根 K 线实体的颜色为白色，并且为当前趋势的延续。第 2 根 K 线表明市场处于多空均衡状态。

③第 3 天的市场表现表明，市场已经进入空头状态，当天的收盘价必须位于第 1 根 K 线的中部之下。

3. 信号解析

①第 1 根和第 3 根 K 线的实体越长，则市场发生反转的力量就越大。

②出现暮星的交易日多空力量均衡，则市场发生反转的可能性就越大。

③第 1 天和第 2 天之间的缺口越大，则说明市场发生反转的可能性就越大。

④暮星与前一天和后一天之间的缺口越大，则反转的可能性越大。第 3 天的收盘价相对于第 1 天的白色蜡烛的位置越低，则表示反转的力量越强。

4. 形态所蕴含的市场心理

当市场处于多头趋势中，人们倾向于忽视利空信息，放大利好消息，而且愿意继续在市场上大量买进股票。然而，此时应该是理性投资者卖出股票获利了结的时候，以当前的价格卖出是值得的。第 2 天市场中有大量的抛盘涌现，而部分投资者仍在做多，因此价格波动幅度不大，但是空头的力量开始慢慢压过多头的力量。第 3 天的成交量比较大，且价格会大幅下跌。在这些天内成交量越大，则表明市场中股票的换手越充分。我们可以通过实体的颜色很直观地看出价格走势方向的变化（如图 2-42 所示）。

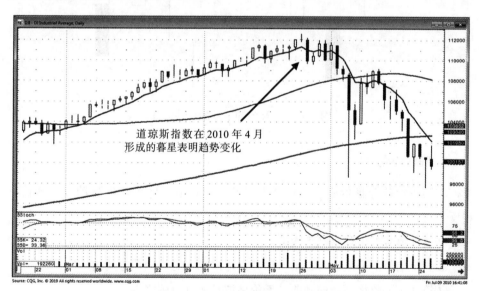

图 2-42　暮星的形状表明市场投资氛围变化

反扑信号

反扑形态

1. 形态描述

反扑信号（keri ashi，如图 2-43 所示）是所有蜡烛图信号中被认为最有效的一个信号，它在上涨和下跌两种趋势中效果都很明显。当反扑信号出现在超卖或者超买的区域时，其转向的确定性会得到进一步的增加。反扑信号通常由两根 K线所组成。第 1 根 K 线开盘后，价格沿原有趋势方向移动，而第 2 根 K 线的开盘价与前一天的开盘价相同，但是开盘后价格向反方向移动。这两根 K 线的实体颜色恰好相反。反扑这种形状表示投资者的情绪在短时间内发生了极大的变化，而 K 线实体的长度则形象地描述了变化幅度的大小。

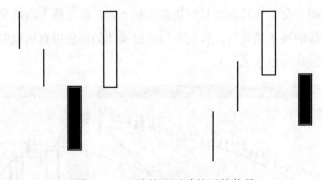

图 2-43　上涨的和下跌的反扑信号

2. 确认原则

①第 1 天的开盘价必须与第 2 天的开盘价相同，而价格的移动方向却恰好相反。

②反扑信号的出现与趋势无关。

③这个信号的形成通常是由市场开盘之前出人意料的消息所造成的。

④第 2 天的价格不会回到前一天价格波动幅度范围之内。

3. 信号解析

①两根 K 线实体部分越长，则发生价格反转的力量就越大。

②第 2 根 K 线的开盘价如果在前一根 K 线的实体内，这已经形成了一个的价格缺口，如果第 2 天的开盘价与前一日的开盘价形成了缺口，则进一步增加了反转的可能性。

4. 形态所蕴含的市场心理

反扑信号表明投资者的情绪发生了很大的变化，而价格方向的变化必定与某件事情的发生或者某条消息有关。通常情况下，一条出人意料的消息是形成这种变化的原因。反扑信号表示新的价格变化方向会有力地持续一段时期，短期内行情将保持反转的趋势。

为了表达清楚，我们必须对这个信号做进一步的说明。如果第 2 天价格以另外一种方式回升或者回落，那么你应该立刻清理掉该股票的仓位。这种信号通常很少发生，一旦发生，应立刻按既定好的交易规则执行操作（如图 2-44 所示）。

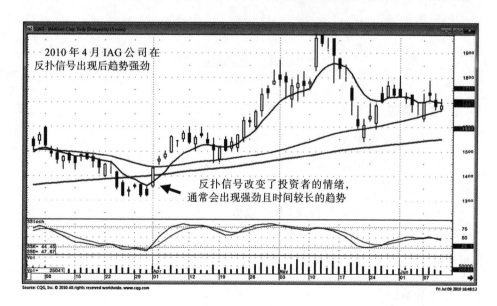

图 2-44　IAG 公司一个上涨的反扑信号表示买方力量很强

射击之星

1. 形态描述

射击之星信号（nagare boshi，如图 2-45 所示）是由单个 K 线所构成。实体部分较小，一端的影线至少为 K 线实体长度的两倍。它经常出现于一个上涨趋势的顶部。日本人之所以称之为射击之星，是因为这种形状看起来就像从天空掉下来的射击之星（流星），其后面拖着个尾巴。

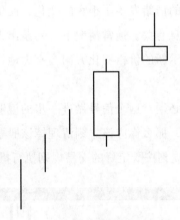

图 2-45　射击之星

2. 确认原则

①上影线必须至少为实体长度的两倍。

②实体处在当天价格波动区间的下端。实体的颜色并不重要，如果实体为黑色的话，则表明做空的意愿更加强烈。

③K 线应该没有下影线或者下影线很短。

④如果第 2 天以阴线收盘或者价格低于前一日的收盘价，射击之星的反转信号更加被证实。

3. 信号解析

①上影线越长，则发生反转的可能性就越大。

②如果次日跳空低开，则更加确定一个深度的回调即将到来。

③出现射击之星信号的第 2 天市场必须低开。

④如果出现射击之星信号的当天成交量很大，则会增加反转发生的可能性，尽管这一点并不是必要条件。

4. 形态所蕴含的市场心理

在上涨趋势到达一定程度之后，市场各方参与者对行情极度乐观。开盘后价格一路上涨，此时多头占据市场主导地位，但随后空方开始发力，使得价格回落，最终收盘价接近开盘价并留下一条长上影线，当天 K 线实体较小。如果我们根据西方的棒状图进行分析，则这种现象说明多头仍然占据市场主导地位。然而，长的上影线表示卖方在一定的程度上已经占据上风。即使多头能让当天的收盘价高于开盘价，但空方蓄力进入市场已经很明显。如果第 2 天的市场低开或者是阴线收盘，则会进一步确认空方强势这一事实（如图 2-46 所示）。

图 2-46　Hunt Transport 公司上升趋势被射击之星信号终结

倒锤头

1.形态描述

倒锤头信号（tohba，如图 2-47 所示）由一根 K 线所构成。其实体较小，上端的影线至少为实体长度的两倍。它经常出现于一个下跌通道的底部，表明买方开始入场而卖方仍然暂时占据着市场。实体的颜色并不重要，尽管以白色的 K 线收盘相对于黑色的 K 线而言能够表明市场做多的意愿更加强烈。这一信号需要得到第 2 天市场的进一步确认。

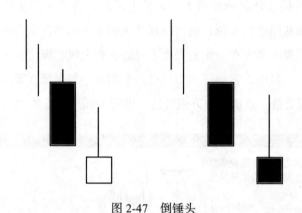

图 2-47　倒锤头

2.确认原则

①上影线必须至少为实体长度的两倍。

②真正的实体部分应该处于当天价格区间的下端。实体的颜色并不重要，尽管以白色的 K 线收盘相对于黑色的 K 线而言能够表明市场做多的意愿更加强烈。

③应该没有下影线或者下影线很短。

④如果第 2 天为强势上涨的行情，则出现反转走势的概率就越大。

3.信号解析

①上影线越长，则发生反转的概率就越大。

②如果倒锤头当天的开盘价以比前一天的收盘价低，形成缺口，则表明反转

的势头更加强劲。

③出现锤头信号的第 2 天，市场必须为高开。

④如果出现倒锤头信号当天的成交量很大，则会增加反弹发生的可能性。

4. 形态所蕴含的市场心理

在一个下跌的趋势中，市场做空气氛浓郁。当天开盘后价格开始上涨，此时多头已经进入市场，但他们不能保持做多力量的持续，而已存在的市场空头将价格压回至价格区间的下部。此时空头仍然占据市场主导。倒锤头是一个与众不同的模式，它具有看跌的信号特质。但是出现倒锤头信号的第 2 天，如果多头进入市场，并使得价格开始回升而没有遇到卖空阻力，这说明做空力量在前一天已经耗尽。如果出现倒锤头信号的第 2 天市场价格依然强劲，则进一步证实反转的到来（如图 2-48 所示）。

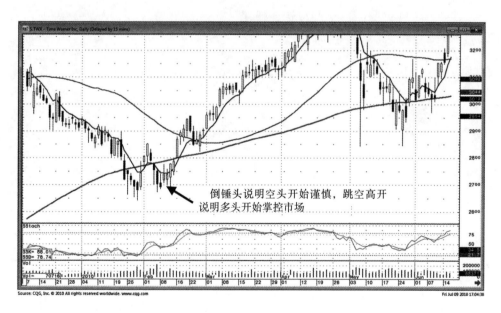

图 2-48 时代华纳公司倒锤头信号出现在双重底之后

次要的信号

下面将要介绍的信号相比较主要信号而言没有那么重要，这是因为它们出现的频率较低，但并不是说这些次要信号对于确定反转点没有意义或者不重要。实际上，尽管次要信号中的某些信号并不常见，但识别它们或许能给投资者带来不菲的收益。

计算机搜索程序会发现更多具有潜在盈利的交易机会，而这些搜索结果主要都是来自于识别蜡烛图形态。如果投资者能够很好地掌握这一技巧，则会在交易中游刃有余。

次要的信号

- 三星
- 三只乌鸦
- 三胞胎乌鸦
- 两只乌鸦
- 具有向上跳空缺口的两只乌鸦
- 遭遇线
- 执带
- 奇特三河床
- 起跑
- 三内部上涨和下跌
- 南方三星
- 三个白兵（三红兵）
- 大敌当前
- 步步为营
- 巢中乳燕
- 条形三明治
- 飞鸽归巢
- 梯底
- 低价配

三星

三星形态

1. 形态描述

三星信号（santen boshi，如图 2-49 所示）虽然相对来说出现较少，但它也是一个非常重要的反转指标。它由 3 个十字组成，而这 3 天内多空双方力量在不断相互抗衡。

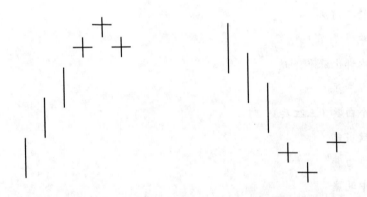

图 2-49　多头和空头的三星形态，需要被确认

2. 确认原则

① 3 天的 K 线形态都必须为十字。

②第 2 天的十字必须高于或者低于第 1 天和第 3 天的十字。影线不应该太长，尤其当三星信号处于上涨趋势的末尾时。

3. 信号解析

①与前一天的收盘价的缺口越大，则发生反转的可能性就越大。

②如果这 3 天中有一天的成交量很大，则表明一个重大的反转即将到来。

4. 形态所蕴含的市场心理

在持续上涨的市场中，出现第 1 个十字表明多头和空头的力量已经处于均衡状态。第 2 天与第 1 天一样，价格上下波动，但最终形成第 2 个十字，表明市场仍然处于实力均衡的状态，无法确信哪种趋势占据主导地位。第 3 天以与前两天相反的趋势开盘并最终形成十字，但最后这个十字已经使投资者确信趋势反转的时机已经来临。因为三星这种信号很少出现，所以投资者一定要多方面检查数据来源以确定那些十字背后预示着多空力量的逆转（如图 2-50 所示）。

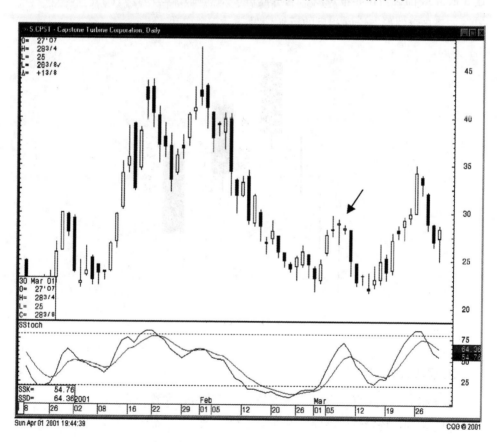

图 2-50 三星信号表示市场的反转

三只乌鸦

三只乌鸦形态

1. 形态描述

如图 2-51 所示，三只乌鸦信号这个信号看起来像三只乌鸦从所栖息的树上往下看而得名。该信号通常发生在一个上涨趋势的顶部，表示反转走势即将来临。这 3 根 K 线都应当在非常接近当天最低价位置收盘。在后面内容中，我们将会介绍与三只乌鸦的形态恰好相反的反转信号——三个白兵。

图 2-51　三只乌鸦

2. 确认原则

① 3 根 K 线都必须为长的黑色实体，且长度应该大致相等。

② 之前的市场趋势应该为上涨。

③ 3 天中的开盘价都必须处于前一天的 K 线实体之内。

④ 3 天中每一天收盘价都必须接近当天的最低价。

3. 形态所蕴含的市场心理

在持续上涨的行情中，突然出现了一根长阴线，表明此时空方已经介入市场。在第 1 根长的黑色 K 线后面紧跟着两个更长的 K 线。这 3 天中每一天的开盘价都处于前一天的实体之内，已经表明多方的弱势，当天收盘时价格受到空方进一步打压。相比较超卖指标而言，这种更持续的卖出过程预示的下跌可能性更大（如图 2-52 所示）。

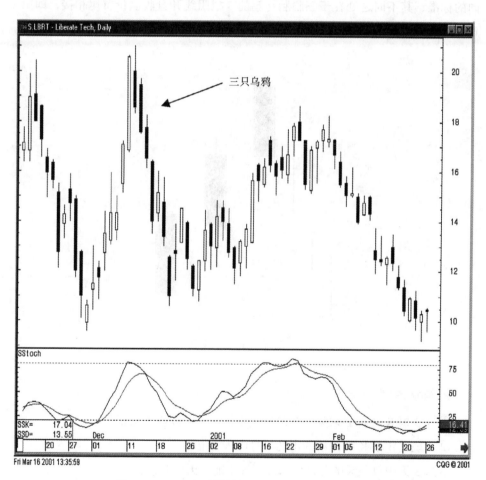

图 2-52　三只乌鸦信号的出现是一个不祥的信号

三胞胎乌鸦

三胞胎乌鸦

1. 形态描述

如图 2-53 所示，三胞胎乌鸦信号（doji sanba garasu）与三只乌鸦信号具有相同的标准，其不同之处在于三胞胎乌鸦的 3 根阴线开盘收盘价首尾相接，即第 1 日收盘价为第 2 日开盘价。

图 2-53　三胞胎乌鸦，不需要更多确认

2. 确认原则

①这 3 根 K 线都必须为长的黑色实体，且长度应该大致相等。

②出现这 3 根 K 线之前的市场趋势应该为上涨。

③这 3 天中每一天的开盘价都必须等于前一天的收盘价。

④这 3 天中每一天的收盘价都必须接近当天的最低价。

3. 形态所蕴含的市场心理

在持续上涨的趋势中，市场顶部突然出现了一根长阴线，此时表明空方的力量已经释放，而在第 2 天开盘时似乎多方的力量也并不充沛。这 3 根长阴线形成一个阶梯的模式，预示着市场将有一个更大的下跌走势（如图 2-54 所示）。

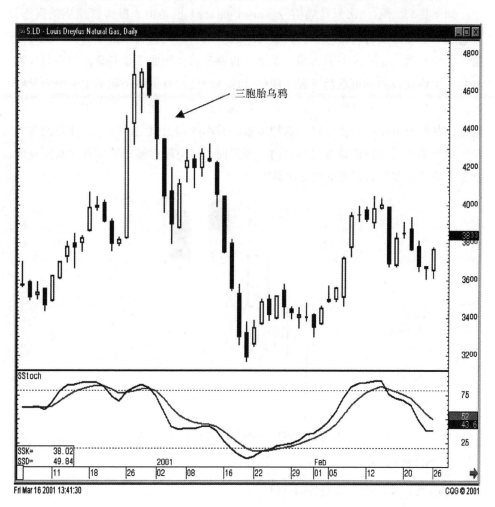

图 2-54　三胞胎乌鸦信号比三只乌鸦信号表现出市场更强烈的做空情绪

两只乌鸦

两只乌鸦形态

1. 形态描述

如图 2-55 所示，两只乌鸦信号（niwa garasu）也是由 3 根 K 线组成的形态，但它是一个顶部反转的信号。与具有向上跳空缺口的两只乌鸦信号一样，缺口由第 1 根短 K 线与前一交易日形成。第 2 天以高于第 1 天收盘价开盘，但在当天收盘时，价格被打回到更低的位置。即使这样，仍然没有能够消除第 1 天向上跳空的缺口。第 3 天的开盘价位于第 2 天的 K 线实体之内，此时空头占据市场的主导地位，并使得价格进一步下跌。这种力量能够消除向上跳空的缺口，并且使得收盘价位于第 1 天的白色蜡烛实体之内。因为向上跳空缺口被迅速回补，从而证明空方力量压倒多方，后市下跌无法避免。

图 2-55　两只乌鸦，需要第三日的下跌予以确认

2. 确认原则

①白色长 K 线为上涨趋势的延续。

②第 2 天的实体为黑色，缺口缩小但并未消除。

③第 3 天的开盘价位于第 2 天的 K 线实体之内，而收盘价位于第 1 天的白色实体之内，使得缺口得以消除。

3. 信号解析

如果第 3 天的收盘价位于第 1 天的白色实体的中部之下，则该形状会变成一个暮星的信号。

4. 形态所蕴含的市场心理

在上涨行情的末端，市场仍延续上攻的态势，但多空双方力量已悄然逆转。市场开盘后价格一路上涨，但是无法持续维系，在交易日即将结束之时，市场开始出现做空力量，并且使得交易价格回落，然而缺口仍然没有被消除。第 3 天开盘价比前一天收盘价稍高，其开盘价位于第 2 天的 K 线实体之内。此时，多头势力衰退，导致不能维系市场继续上涨的趋势。因此，第 3 天价格一路下行并收在第 1 天 K 线实体之内，回补前期缺口。第 3 天的价格下跌得越多，则表明市场行情越看跌（如图 2-56 所示）。

图 2-56　两只乌鸦信号表明买方的消失

具有向上跳空缺口的两只乌鸦

具有向上跳空缺口的两只乌鸦形态

1. 形态描述

如图 2-57 所示，具有向上跳空缺口的两只乌鸦信号（shita banare niwa garasu）也是由 3 根 K 线所组成。其缺口是由前两根 K 线所造成。第 2 根 K 线以高于第 1 天收盘价开盘，但在当天收盘时，价格回落到低于开盘价的位置。即使这样，仍然没有能够消除缺口。与两只乌鸦信号不同的是，第 3 天的开盘价比第 2 天的开盘价要高，但它当天仍然以阴线报收，且收盘价低于前一日收盘价，因此第 3 根 K 线吞没了第 2 根 K 线的实体，但是仍然未能消除与第 1 根 K 线的缺口。

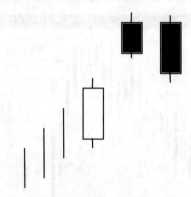

图 2-57　下跌的反转，需要确认，具有向上跳空缺口的两只乌鸦

2. 确认原则

①第 1 根 K 线为上涨趋势的延续。

②第 2 根 K 线的真正实体为黑色，当天缺口缩小，但并未消除。

③第 3 天的开盘价比第 2 天的开盘价要高，而收盘价比第 2 天的收盘价要低，这样就使得第 3 根 K 线将第 2 根 K 线完全吞没。

④第 3 天的收盘价仍然高于最后一个白色蜡烛（也就是第 1 天）的收盘价。

3. 信号解析

如果第 3 天的收盘价位于第 1 根 K 线的实体之内，则该形状会变成两只乌鸦的信号。

4. 形态所蕴含的市场心理

在强势上涨的市场中，投资者做多情绪浓郁。开盘后价格一路上涨，但上涨并不能持续，当该交易日即将结束之时，市场开始出现卖空力量，并且使价格小幅回落，然而价格回落并没有能将缺口消除。第 3 天多头的势力试图继续上攻，并以高于前一天开盘价的价格开盘，然而由于多头的势力不足以促使价格继续上升，最终以低于第 2 天收盘价的价格收盘。这一点表明多头的力量已经耗尽。此时，你也许想看到第 3 天市场以阴线报收，来确认反转。不过，具有向上跳空缺口的两只乌鸦信号不如两只乌鸦信号表面反转来的强烈（如图 2-58 所示）。

图 2-58　具有向上跳空缺口的两只乌鸦信号预示着上涨趋势即将结束，调整即将开始

遭遇线

反击线

1.形态描述

当两根 K 线具有相反颜色的实体，但收盘价相同，就形成了如图 2-59 所示的遭遇线（deaisen）或者如图 2-60 所示的反击线（gyakushu）。第 1 根 K 线实体与当前的趋势颜色相同，而第 2 根 K 线实体以与趋势相同的方向开盘，并且与前一日形成缺口。然而，在第 2 天收盘时价格又重新回到前一天收盘价的位置。上涨的遭遇线收盘价与前一天的收盘价相同，而不是位于前一天 K 线实体之内，除了这一点之外，对于上涨遭遇线的确认原则与贯穿模式相同。类似地，下跌的遭遇线与乌云压顶的模式相同，除了收盘价不是位于前一天的实体之内。

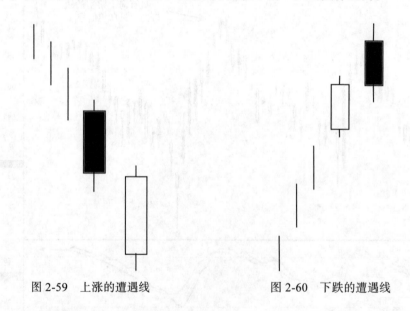

图 2-59　上涨的遭遇线　　　　　图 2-60　下跌的遭遇线

2.确认原则

①第 1 根 K 线为当前趋势的延续。

②第 2 根 K 线以与当前趋势相同的方向开盘并且与前一天的收盘价形成缺口。

③第 2 天真正实体收盘价位置与前一天的收盘价相同。

④第 2 天的实体颜色与第 1 天的实体颜色相反。

⑤这两天 K 线的实体都很长。

3. 信号解析

这两根 K 线的实体越长，则反转可能性越大，信号预警效果越明显。

4. 形态所蕴含的市场心理

在趋势行情中，第 1 根 K 线的实体顺应了趋势的发展。第 2 天市场以趋势相同的方向开盘，并且与前一天形成缺口，使当前趋势得到进一步加强。但在第 2 天收盘时，价格又重新回到了前一天的收盘价位置。这一点表明与当前趋势相反的力量已经进入了市场，但需要市场反向来证实反转的存在。第 2 天的 K 线实体并不需要与第 1 天的实体一样长，但次日的反向确认是必要的。如果在遭遇点处没有影线，则遭遇线这种信号会显示出更大的力量（如图 2-61 所示）。

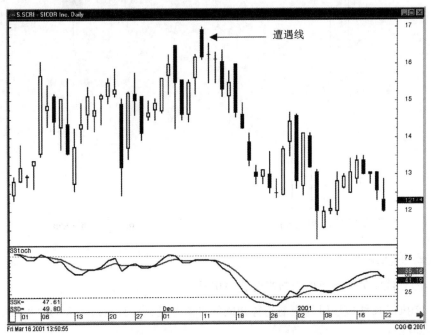

图 2-61　遭遇线信号揭示了投资者情绪的变化

执带

执带形态

1. 形态描述

如图 2-62 所示，执带信号（yorikori）均由单个 K 线所组成。上涨的执带信号是一个白色长 K 线，在下跌趋势的情况下，价格大幅低开，形成向下跳空缺口。然而，开盘后却一路上涨并最终以较高的价格收盘。这种情况称为一个光脚长阳线或者白色开盘实线。而下跌的执带则正好相反，在上涨趋势的情况下，价格大幅高开，形成向上的跳空缺口。下跌的执带信号在最高点开盘后立刻低走，它被称为光头长阴线或者黑色开盘实线。Yorikiri 是相扑运动的术语，意思是抓住对手的执带将其推出界外。执带的实体越长，则反转概率越大（如图 2-62 和图 2-63 所示）。

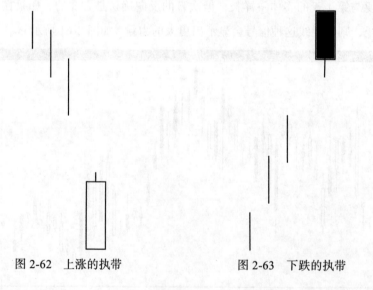

图 2-62　上涨的执带　　　　　　图 2-63　下跌的执带

2. 确认原则

① K 线实体的颜色应当与当前趋势相反。

②执带 K 线应该以与当前趋势相同的方向开盘，并且与前一天的收盘价形成很大的缺口。

③ K线的真正实体在开盘价那一端没有影线，开盘价是当前趋势的最高点（回调情况）或者最低点（反攻情况）。

④ K线实体应当为长的实体。实体长度越长，则反转的信号越强烈。

3. 信号解析

这个蜡烛的实体越长，则反转信号越强。

4. 形态所蕴含的市场心理

在一个趋势明确的市场中，市场跳空开盘以延续原有趋势。但在开盘价处，价格立刻朝前一天的收盘价方向移动，使开盘价成为当前趋势的最高点或者最低点。此时，投资者就应该卖出或买入股票，从而加强了这种移动的力量，并最终导致当前趋势的反转（如图 2-64 所示）。

图 2-64　一个上涨的执带信号表示价格下跌很多后立刻发生的买入

奇特三河床

奇特三河床形态

1. 形态描述

如图 2-65 所示，奇特三河床信号（sankawa soko zukae）是一个上涨的信号，与晨星信号有点类似，也是由 3 根 K 线所组成。第 1 根 K 线发生在下跌趋势即将结束之时，因此它仍然是顺应趋势。第 2 天市场高开并下跌至新低，之后多方力量开始反攻并将价格拉回开盘价附近，从而形成一个锤头形状的 K 线形态。第 3 天市场低开，但开盘价低于第 2 天收盘价，经过一天的反弹行情，股价最终以一个较高的价格收盘，因此第 3 天 K 线的颜色为白色，但第 3 天的收盘价不高于第 2 天的收盘价。由这 3 天的 K 线组成的图形即是"奇特三河床"，是一种很少见的信号。

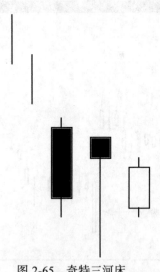

图 2-65 奇特三河床

2. 确认原则

①第 1 天的 K 线为长的黑色蜡烛，是当前趋势的延续。

②第 2 天的 K 线为锤头 / 孕线形，也是一个黑色的蜡烛。

③第 2 天的影线最低点创新低。

④第 3 天市场低开，且开盘价低于第 2 天的收盘价，并以一个较高的价格收盘，该收盘价不高于第 2 天的收盘价。

3. 信号解析

第 2 天的影线部分越长，则发生反弹的可能性就越大。

4. 形态所蕴含的市场心理

在下跌趋势的市场中，这种趋势由于第 1 根阴线而得到进一步确认。第 2 天市场高开，但空头的力量强大使价格回跌并创新低，在第 2 天收盘前，多头重新夺回阵地，使价格朝开盘价方向反弹，并最终形成锤头。第 3 天空头的力量仍然尽力想使价格下跌，但此时多头已经控制了市场，最终当日阳线报收。如果第 4 天市场价格上涨至新高的话，则反弹行情可基本得到确认（如图 2-66 所示）。

图 2-66　奇特三河床在下跌趋势的底部出现

起跑

起跑形态

1. 形态描述

在趋势明显的市场中，起跑信号（hanare sante no shinte zukae）会加速这种趋势的发展（如图 2-67 和图 2-68 所示），不管这种趋势最初是上涨还是下跌，犹如开始起跑一样。起跑信号以一个长 K 线开始，该 K 线的颜色表示顺应当前趋势发展。第 2 天开盘仍然延续前一天的趋势，并跳空开盘形成缺口，因此第 2 天的 K 线的颜色与第 1 天的颜色相同。第 3 天的蜡烛可以为任何一种颜色，因为它不显示趋势的变化。第 4 天仍然为当前趋势的延续，并具有与当前趋势相符的颜色。而第 5 天市场则发生了反转，以趋势相反的方向开盘，并持续这种趋势直至当天收盘价的位置。该收盘价位于第 1 天收盘价（开盘价）和第 2 天开盘价（收盘价）之间的缺口内。

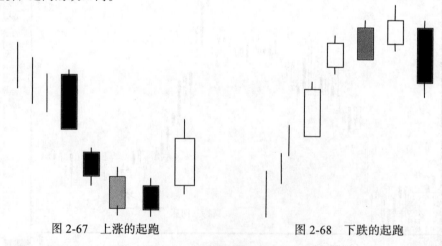

图 2-67　上涨的起跑　　　　图 2-68　下跌的起跑

2. 确认原则

①第 1 天的 K 线为长蜡烛，是当前趋势的延续。

②第 2 天开盘仍然延续前一天的趋势，并跳空开盘形成缺口，且蜡烛的颜色与第 1 天的蜡烛颜色相同。

③第 3 天和第 4 天都为当前趋势的继续。

④最后一天（也就是第 5 天）开盘方向与趋势相反，并延续这个方向直至当天收盘价的位置。该收盘价位于第 1 天收盘价（开盘价）和第 2 天的开盘价（收盘价）之间的缺口内。

3. 形态所蕴含的市场心理

在趋势行情中，通常在超卖或者超买的区域内会形成一个较长的 K 线。第 2 天开盘仍然延续前一天的趋势并以离前一天收盘价较大的缺口开盘，当天 K 线的颜色与趋势一致。在接下来的两天里（也就是第 3 天和第 4 天），多头或者空头仍然维持其在市场上的力量，但是已经显得力不从心。最后一天凭借足够的反向力量逆趋势相反开盘，并收盘于第 1 天收盘价（开盘价）和第 2 天的开盘价（收盘价）之间的缺口内。这一天的表现将前 3 天的市场移动的影响完全消除（如图 2-69 所示）。

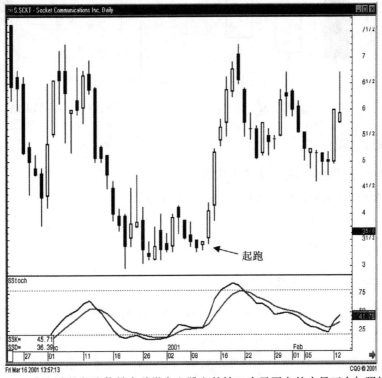

图 2-69 在上涨的起跑信号中稍微向上跳空的缺口表示买方的力量正在加强缺口

三内部上涨和下跌

1. 形态描述

在趋势行情中，长 K 线是原有趋势的延续，随后出现了孕线（如图 2-70 和图 2-71 所示）。孕线信号表示当前的趋势已经暂告一段落，而第 3 天的市场状况证实了这一点。这种 3 天的走势是新孕线信号。

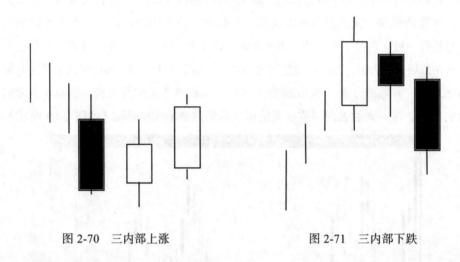

图 2-70　三内部上涨　　　　　　　　　图 2-71　三内部下跌

2. 确认原则

①孕线信号是该信号的主要组成部分。

②孕线实体的颜色应当与长 K 线的颜色相反。

③如果趋势表明为上涨，则第 3 天的收盘价应高于第 1 天的开盘价；反之，第 3 天的收盘价应低于第 1 天的开盘价。

3. 形态所蕴含的市场心理

在趋势行情中，有一根长 K 线顺应趋势发展，随后的孕线信号表明前一种趋势的终结。一个有助于识别反转的力量大小的指标是：与前一天的实体相比较，如果孕线的实体相对较大，则说明反转的力量较大。另外，第 3 天的长蜡烛也加强了反转的确定性（如图 2-72 所示）。

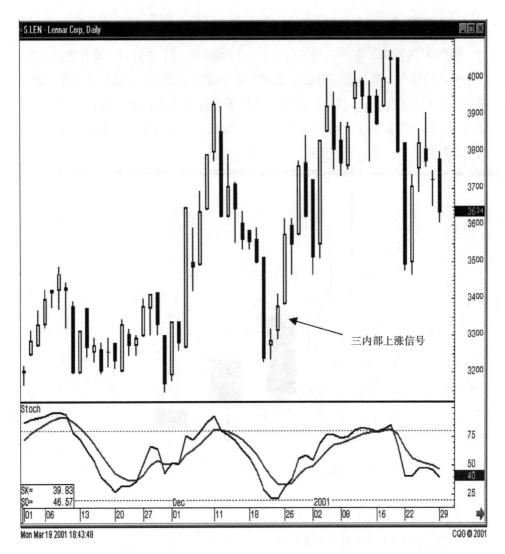

图 2-72 三内部上涨信号表示买方力量的存在

南方三星

1. 形态描述

如图 2-73 所示，南方三星（kyoku no santen boshi）趋势明显没有之前强烈。该信号的形状与大敌当前信号恰好相反。信号的第一部分是下跌趋势即将结束之时的黑色长 K 线，该 K 线的影线部分表明多方已经进入市场。第 2 天空方的力量进一步被削弱，第 3 天则为一个无影线的实线。如果第 4 天为上涨行情，则确认下跌趋势缓和，进入市场反转。

图 2-73　南方三星，上涨的反转形状，需要市场走势的进一步确认

2. 确认原则

①第 1 根 K 线必须有一个下影线，以表示多方正在进入市场——与锤头信号很接近，但并不等同于锤头。

②第 2 天的市场状况应当与第 1 天类似，只是规模较小。

③第 3 天应当为一个无影线的实线信号，而且处于前一天价格波动幅度之内。

3.形态所蕴含的市场心理

在下跌趋势的过程中，价格波动显示多方的力量在市场上变得明显。第 2 天图表传递了同样的信息，只不过幅度及规模较小，而第 3 天则显示趋势缓和下来。现在空头应该开始关注其头寸，准备获利离场。价格很快就会远离最低价，这也给了空头充沛的时间来平仓离场（如图 2-74 所示）。

图 2-74　南方三星信号显示了卖方势力的衰退和买方力量的入场

三个白兵（红三兵）

三个白兵形态

1. 形态描述

如图 2-75 所示，三个白兵信号（aka sanpei，通常被称为三个白兵）是一个明确的市场反弹信号。它由 3 根白色 K 线所组成，其中第 2 根和第 3 根 K 线分别以比前一天的收盘价低的价格开盘，而收盘时则高于上一交易日最高价。

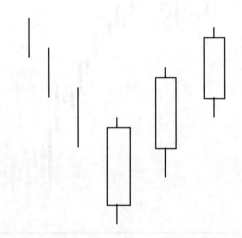

图 2-75 三个白兵，是典型的行情由降转升的反弹信号，不需要进一步确认

2. 确认原则

① 3 根 K 线的收盘价均高于前一日的收盘价。

② 第 2 天和第 3 天的开盘价都位于前一天 K 线的实体之内。

③ 每天的收盘价都非常接近当天的最高价。

④ 每天的开盘价都应当位于前一天实体的上半部分之内。

3. 形态所蕴含的市场心理

在下跌趋势或是震荡的市场中，三个白兵这种信号的出现暗示了市场即将走出上升通道。市场低开表示了空方势力的延续，但在当天结束之时，多方的力量会超过空方。这表明上升行情即将开始。正如在任何回升过程中能够看到的，过多的买入而很广的卖出将会是很危险的（如图 2-76 所示）。

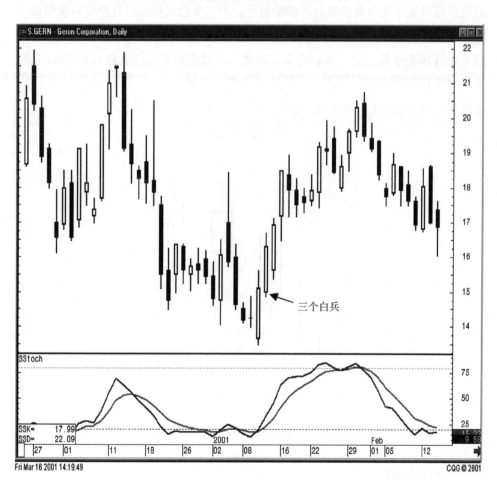

图 2-76　三个白兵信号是一个明显的买入信号

大敌当前

大敌当前形态

1. 形态描述

如图 2-77 所示，大敌当前信号（saki zumarii）与三个白兵有点类似，但大敌当前信号是市场由升转跌的下跌的信号。与三个白兵信号具有连续的长蜡烛不同，大敌当前信号表示上升趋势逐渐减弱。在价格上升时，实体的长度逐渐变短而上影线逐渐变长，这一点表明多方的势力在慢慢减弱而空方势力在不断增强。大敌当前信号通常发生在一个上涨趋势的顶部或者下跌趋势的反弹中。很显然，市场正在失去继续上升的力量。

图 2-77 大敌当前，下跌的反转形状，建议等待市场进一步确认

2. 确认原则

①每根 K 线的收盘价都比前一天高。
②每根 K 线的开盘价都位于前一天的实体之内。

③实体逐渐变短而上影线逐渐变长。

3. 形态所蕴含的市场心理

在一个上升趋势或者持续下跌出现反弹的市场中，第 1 天强势上涨。然而，与三个白兵不同的是，接下来每日市场较前一日比较都显得疲软。价格出现上涨，空方势力就会进入市场进行打压。在连续 3 天的较量之后，空方的力量更强于多方力量，确认反转的存在（如图 2-78 所示）。

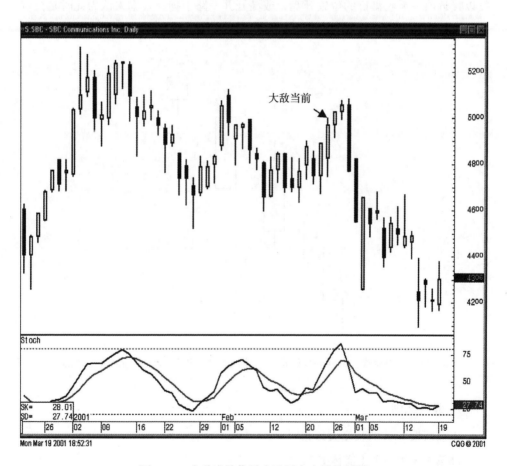

图 2-78 大敌当前信号表示买方力量的削弱

步步为营

停顿的模式

1. 形态描述

如图 2-79 所示，另一个与三个白兵信号类似的模式是步步为营信号（aka sansei shian boshi），它是由两根长阳线实体附带一个小阳线所组成。最后一根 K 线以接近前一天收盘价的位置开盘，或高开并一路上扬。日本人认为此时是投资者步步为营的时候。前进趋势的缓和给多方提供了退出市场的时间。

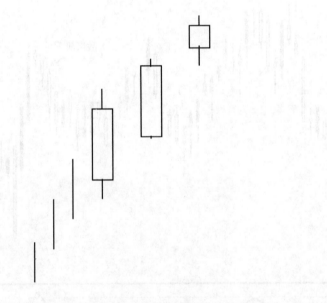

图 2-79　步步为营，下跌的反转形状，建议等待，得到市场走势的进一步确认

2. 确认原则

①前两根 K 线的长度大致相同。

②第 3 天为一个小实体 K 线。

③第 3 根 K 线以接近前一天收盘价的价格开盘，或者当天市场高开并一路上扬。

3. 形态所蕴含的市场心理

在一个上升趋势或者持续下跌出现反弹的市场中，市场出现了步步为营信号，与大敌当前信号类似，该信号代表了多方力量的衰弱。在这种情况下，该信号表示市场疲软。步步为营信号比大敌当前信号稍难识别（如图 2-80 所示）。

图 2-80　步步为营信号表示买方力量的削弱

巢中乳燕

（上涨的反转模式）巢中乳燕

1. 形态描述

巢中乳燕（kotsubame tsutsumi）信号的前两天形状——两个黑色实线信号（如图 2-81 所示）表示下跌趋势延续。第 3 天的信号为一个倒锤头，表示下跌的趋势已经减缓。但从第 3 根 K 线可以看出：当天开盘时相对于前一天的收盘价有较大下跌，但立刻回升至前一天 K 线的实体内。最后一天价格高开但收盘价低于前一天（也就是第 3 天）的收盘价。第 4 根 K 线完全吞没了前一天的 K 线实体。虽然当天交易结束于趋势的低点，但是下跌的力量已被大大削弱，表示此时多方势力的出现。巢中乳燕信号是一个非常罕见的信号。

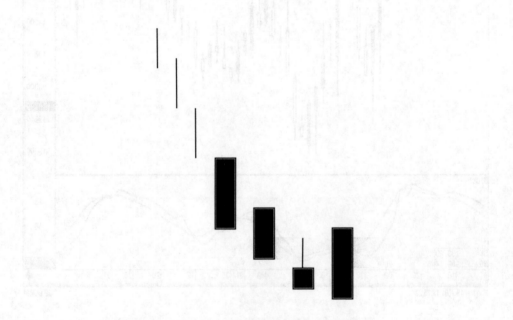

图 2-81　巢中乳燕，不需要市场走势的进一步确认

2. 确认原则

①两根黑色 K 线形成了巢中乳燕信号的开始部分。

②第 3 天为一个倒锤头形状，其开盘时相对于前一天的收盘价有较大的缺口。

③最后一天完全吞没了第 3 天的 K 线，包括影线部分。

3. 形态所蕴含的市场心理

空方力量在市场上已经处于主导地位，当下跌趋势即将结束之时，市场出现了两个大长阴线。第 3 天跳空低开，但价格立刻回升至前一天波动范围之内。此时多方的力量被重回市场的空方力量打压，但是空方显然已经注意到多方力量的存在。最后一天市场高开，这又引起了空方的注意。当天剩余时间空方势力再度发力打压价格。收盘时的新低与该趋势之前的下跌日的力量不相同，多方并没有在此时遇到人多的全力的抵抗。这里没有图表来说明这种模式。

条形三明治

条形三明治形态

1. 形态描述

如图 2-82 所示，条形三明治信号（gyakusashi niten zoko）看起来有点像一个冰激凌三明治。它由两根长阴线夹住中间的阳线构成。两根阴线的收盘价是相同的，表示该位置有显著的支撑。在该区域发生趋势反转的可能性很大。

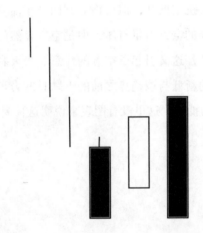

图 2-82　条形三明治形态，上涨的反转形状，建议等待，得到市场走势的进一步确认

2. 确认原则

①下跌趋势以一根长阴线加上一根长阳线收尾。阳线的开盘价高于阴线的收盘价，收盘价高于阴线的开盘价。

②最后一天的长阴线完全吞没了前一天的阳线实体，且最后一天的收盘价与第 1 根阴线的收盘价相同。

3. 形态所蕴含的市场心理

空方的力量在市场上处于主导地位，当趋势即将结束之时，市场出现了长阴加长阳的结构。阳线以高于阴线收盘价的价格开盘，并在当天一路上涨，最终以高于前一天开盘价的价格收盘。这种情形表明空方力量已经走到了尽头。第 3 天的收盘价不可低于前两日的最低价。空方显然也注意到了这一点，并倾向于在接下来的交易日平仓了结利润（如图 2-83 所示）。

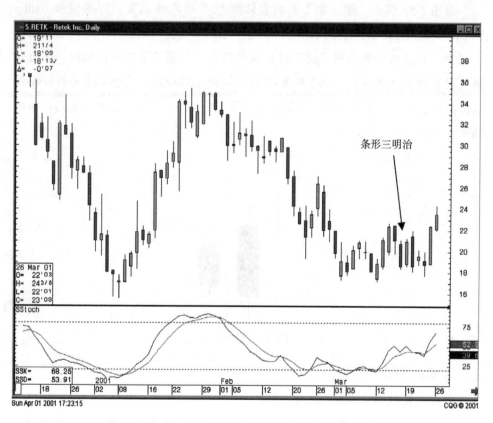

图 2-83　条形三明治信号表示卖者的最后一丝气息

飞鸽归巢

飞鸽归巢形态

1. 形态描述

如图 2-84 所示，除了第 2 天的实体颜色不同之外，飞鸽归巢信号（shita banare kobato gaeshi）与孕线信号几乎完全相同。飞鸽归巢信号由处于下跌趋势市场中的两根 K 线所组成，这两根 K 线的颜色与当前趋势的颜色相同。该信号第 1 根 K 线的实体较长，第 2 根 K 线的实体则相对较短。第 2 天的开盘价和收盘价都处于前一天价格波动的范围之内。第 2 根 K 线的出现预示着当前趋势即将结束。

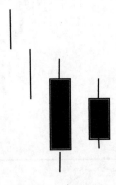

图 2-84　飞鸽归巢

2. 确认原则

①两根 K 线的实体颜色均为黑色。

②下跌趋势已经持续了很长一段时间，而且第 1 根阴线出现在该趋势即将结束之时。

③第 2 天的开盘价高于前一天的收盘价，且市场交易结束时，虽然是阴线，但当日收盘价仍高于前一天的收盘价。

④与西式信号不同，飞鸽归巢信号只要求第 2 天的实体位于前一天的实体之内，而西式信号则要求实体和影线部分都处于前一天的实体之内。

⑤要证明该信号为一个反转的信号，需要之后几日的行情走势来确认。

3. 信号解析

第 2 根 K 线位于第 1 个黑色实体之内的收盘价越高，则发生反转的可能性就越大。

4. 形态所蕴含的市场心理

在下跌趋势中，一根长阴线处在趋势的底部，次日多方的力量其开盘价高于前一天的收盘价。空方注意到了这一点，并开始增加头寸。当天收盘时价格虽然走低，但仍然高于前一天的收盘价。这一点足以使空方注意到趋势在这里可能反转，而接下来的交易日如果市场反转，则进一步确认趋势正在发生反变。在通常情况下，由于空方持续抛出，使得成交量明显高于最近的平均水平（如图 2-85 所示）。

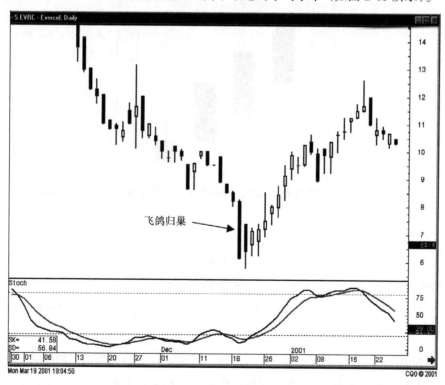

图 2-85　飞鸽归巢信号表示卖出压力的消失

梯底

梯底形态

1. 形态描述

如图 2-86 所示，下跌趋势最终以 4 个连续的阴线而结束，这 4 根蜡烛的收盘价都比前一天的收盘价低。与其余 3 天不同的是，第 4 天价格低开并上涨，虽然最终以当天最低价收盘。但第 5 天价格大幅高开，并持续上涨，最终收盘价的位置均高于前几日的最高价。

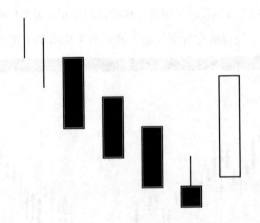

图 2-86　上涨的反转模式，梯底，建议等待，得到市场走势的进一步确认

2. 确认原则

①与三只乌鸦信号相同的，该信号的开始部分也由三根阴线组成，而且每一根阴线的开盘价和收盘价都比其前一天相应的开盘价和收盘价要低。

②第 4 天的形状像一个倒锤头信号，高开高走，最终却以相对较低的价格收盘。

③最后一天以高于前一天开盘价的价格开盘，并在当天剩余的时间内一路上涨，形成一个反扑的信号。最终收盘价高于前几天的最高价。

3.形态所蕴含的市场心理

当下跌趋势形成后，会出现这样一天：多方情绪经过长期积聚，开始反攻；当天的价格想尽力升至前一天的最高点，但最终仍以低价收盘，但后续的行情已经具备了反弹的可能性。当第 2 天市场大幅跳空高开时，多方已经完全占据了市场的主导地位，此时多头开始反攻，股价一扫颓势，一路飙升。如果最后一天市场的交易量明显放大，那么表明多头和空头攻守的角色已完全逆转（如图 2-87 所示）。

图 2-87　梯底信号表示卖出的减少和买方开始占据市场主导

低价配

低价配形态

1. 形态描述

如图 2-88 所示，除了这两天的收盘价相等且都是当天的最低价以外，低价配信号与飞鸽归巢信号几乎完全相同。在下跌趋势的市场中，人们已经认识到价格以同样的水平收盘而无法再往下跌，换言之趋势已经到达了底部。

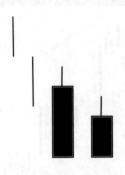

图 2-88　低价配

2. 确认原则

①两根 K 线的实体颜色均为黑色。

②下跌的走势已经持续了很长一段时间，长阴线应该出现在该趋势即将结束之时。

③第 2 天的开盘价高于前一天的收盘价，而收盘价与前一天的收盘价相同。

④要确认该信号为一个反转的信号，还需要之后几日 K 线走势的配合。

3. 形态所蕴含的市场心理

在一个明显的下降通道中，长阴线出现在趋势的底部，多头的力量使得第 2 天以高于前一天的收盘价的价格开盘。然而，空头仍然有足够的力量来打压市场，使当天股价下跌并以最低价收盘，收盘价与前一天的收盘价相同。此时，价格在这个位置形成有效支撑，行情有较大可能性在此价格附近企稳（如图 2-89 所示）。

图 2-89　低价配信号表示收盘价为支撑价格

第 3 章

持续模式

　　大多数蜡烛信号是反转的模式，然而，有的信号也表示价格处于趋势中的修整期。日本人对此的认识是："市场有时单边上涨，有时单边下跌，有时横盘整理。"识别形态能够帮助投资者有效地辨别价格变动的方向。持续模式有助于为决策过程提供必要的信息。无论市场处于何种走势，人们都必须做出决策——即使这个决策没有任何作用。

为了方便，我们将持续模式作为单独的一章。本章所包括的持续模式如下：

- 跳空高开缺口
- 跳空低开缺口
- 颈上线
- 颈内线
- 插入
- 向上跳空缺口的三尖兵
- 向下跳空缺口的三尖兵
- 并列阳线
- 分离线
- 席垫
- 三线
- 上升的三尖兵

跳空高开缺口

1. 形态描述

跳空高开缺口（uwa banare tasuki）常常出现在上升趋势之中。如图 3-1 所示，在前一根阳线之后，价格向上跳空高开形成了另一根阳线。第 3 天市场低开，且收盘价比前一天的最低点更低。如果缺口没有被完全补上，则表明多头仍然占据市场的主导。如果缺口被完全补上，则表明多头的势力已经走到了尽头。如果缺口未被完全补上，投资者则应该开仓做多。日语中 Tasuki 的意思是一根带子拴着某个人的袖子。

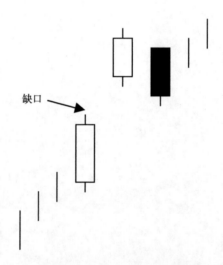

图 3-1　跳空高开缺口，需要市场走势的进一步确认

2. 确认原则

①当市场仍然处于上涨趋势中，缺口常发生在两根具有相同颜色的蜡烛之间。

②前两根 K 线的颜色与当前趋势相同。

③第 3 根 K 线颜色与当前趋势相反，且开盘价位于前一天 K 线的实体之内而收盘价低于前一天的开盘价。

④第 3 天的收盘价未能填补前两根阳线之间的缺口。

⑤最后两根 K 线虽然颜色相反，但在通常的情况下实体大小相同。

3. 形态所蕴含的市场心理

Tasuki 缺口的出现大家很容易理解。日本人很强调缺口的重要性。当一个 Tasuki 缺口出现在一个趋势中间，且次日空头力量无法填补缺口时，表明市场仍然处于上升的趋势之中，而回调的当天则是一个很好的做多介入点（如图 3-2 所示）。

图 3-2　跳空高开缺口

跳空低开缺口

1. 形态描述

跳空低开缺口（SHITA banare tasuki）常常出现于下跌趋势之中。在前一根阴线出现后，价格向下跳空低开，形成了另一根阴线。第 3 天市场高开，且收盘价也比前一天的开盘价要高。如果缺口没有被完全补上，则空头仍然占据市场的主导。如果缺口被完全补上，则表明空头的势力已经走到了尽头。如果缺口没有被完全补上，则是一个很好的开仓做空的机会。随着经验增加，你将会发现 Tasuki 缺口更多的是出现在上涨趋势而不是下跌趋势中（如图 3-3 所示）。

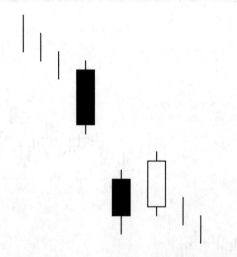

图 3-3　跳空低开缺口，需要市场走势的进一步确认

2. 确认原则

①下跌趋势仍在延续，缺口发生在两根具有相同颜色的蜡烛之间。

②前两根 K 线颜色与当前趋势的颜色相同。

③第 3 天 K 线颜色与当前趋势颜色相反，且开盘价位于前一天的 K 线实体之内，而收盘价高于前一天的开盘价。

④第 3 天的收盘价未能完全填补前两根 K 线之间的缺口。

⑤最后两根 K 线虽然颜色相反，但在通常情况下人小相同。

3. 形态所蕴含的市场心理

跳空低开的缺口与跳空高开的缺口恰恰相反，但它们在逻辑上类似。日本人很强调缺口的重要性。当 Tasuki 缺口出现在趋势中，且第 2 天无法回补时，表明市场仍然处于下降趋势之中，而反弹当天则是加仓做空的好机会。反弹之后，下降趋势仍将继续下去（如图 3-4 所示）。

图 3-4　跳空低开缺口

颈上线

1. 形态描述

颈上线（ate kubi）的模式与遭遇线的模式基本相同，而且要点**基本上**是类似的。而不同之处在于：颈上线收盘时没有到达前一天的收盘价，而只到达其最低价（如图3-5所示）。

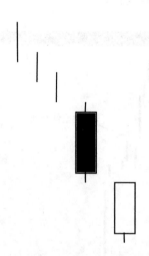

图3-5　颈上线，下跌的连续模式。需要市场走势的进一步确认

2. 确认原则

①在下跌趋势中，市场收出了一根长阴线。

②第2天开盘价相对于前一天的收盘价形成一个向下的跳空缺口；然而，相比较遭遇线的模式而言，颈上线第2天的实体通常较小。

③第2天市场收盘于前一天的最低点。

3. 形态所蕴含的市场心理

市场以一根长阴线收盘，延续之前下跌的趋势。第2天开盘价更低，形成了一个小的向下的缺口，此时多方反攻，将价格拉回到前日的低点，但这时上涨趋势没有更多的力量维系。空方则会于次日重新回到市场，迫使价格继续下跌（如图 3-6 所示）。

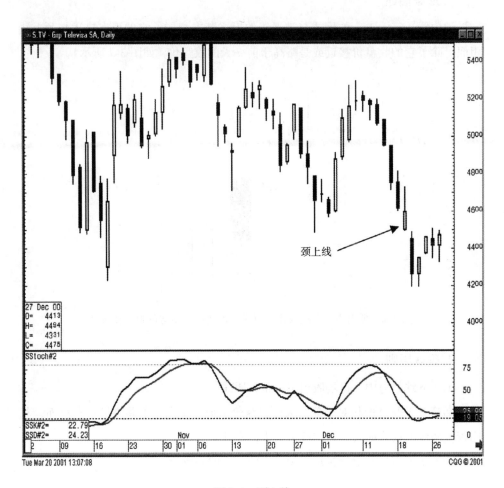

图 3-6　颈上线

颈内线

1. 形态描述

颈内线（iri kubi）的模式与遭遇线的模式基本相同。它的形态描述与颈上线相似，除了它的收盘价接近或是略高于前一天的收盘价（如图 3-7 所示）。

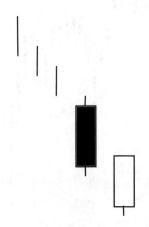

图 3-7　颈内线，下跌的连续模式。需要市场走势的进一步确认

2. 确认原则

①在下跌趋势中，市场收出了一根长阴线。

②第 2 天开盘价相对于前一天的收盘价形成一个向下的跳空缺口；然而，相比较遭遇线的模式而言，颈内线第 2 天的实体通常较小。

③第 2 天市场收盘价接近或稍高于前一天的收盘价。

3. 形态所蕴含的市场心理

这与颈上线的情况相同。市场以一根长阴线收盘，延续之前下跌的趋势。第 2 天开盘价更低，形成了一个小的向下的缺口，此时多方反攻，将价格拉回到前日的低点，但这时上涨趋势没有更多的力量维系。空方则会于次日重新回到市场，迫使价格继续下跌（如图 3-8 所示）。

图 3-8　颈内线

插入

1. 形态描述

如图 3-9 所示，插入（sashikomi）的模式与颈上线、颈内线以及遭遇线的模式都基本相同。对于插入模式的形态描述与颈上线模式也基本一致，但其不同之处在于：插入模式的收盘价位于前一天黑色实体的中部稍低一点的位置。

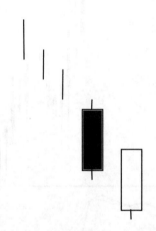

图 3-9 插入信号，下跌的连续模式。需要市场走势的进一步确认

2. 确认原则

①在下跌趋势中，市场收出了一根长阴线。

②第 2 天市场形成了一个向下的跳空缺口；然而，实体部分通常比颈上线和颈内线的实体要大。

③第 2 天市场收盘价位于前一天黑色实体中部稍低一点的位置。

3. 形态所蕴含的市场心理

插入模式与颈上线的情况类似。在市场单边下跌后，一根长阴线延续市场跌势，而第 2 天市场低开形成一个小的向下缺口，多头将价格拉到前日的低点。但这时市场上的多头担心上涨趋势无法继续维系而导致做多力量减弱。次日空头重新发力，使得下跌趋势延续。插入的模式比颈上线和颈内线的力量更强，但比不上贯穿模式（如图 3-10 所示）。

图 3-10　插入

上升的三尖兵

1. 形态描述

在上涨趋势中，我们很容易发现上升的三尖兵（uwa banare sanpoo ohdatekomi）这种模式。第1天为一根长阳线，然后紧接着是一系列小阴线，这些小阴线每一根都持续下降。回调3天最合适，2天、4天或5天的情况我们也能在市场上观察到。重要的是，这些小阴线的收盘价都不得低于第1天阳线的开盘价，而且最好其影线部分也不低于长阳线的开盘价。这一模式的最后一天，价格应该高开，且收盘价应高于第1根阳线的收盘价（如图3-11所示）。

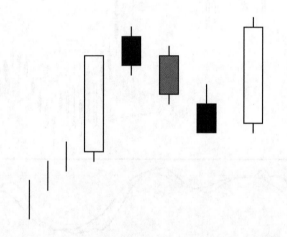

图3-11　上升的三尖兵，不需要市场走势的进一步确认

2. 确认原则

①在上涨的趋势中市场收出一根长阳线。

②接着为一组具有小实体的阴线，而且实体最好均为黑色。

③这些小阴线的收盘价均不低于第1根阳线的开盘价。

④最后一天市场高开，并且价格位于最后一根阴线的实体之内，其收盘价则高于第1根阳线的收盘价。

3. 形态所蕴含的市场心理

如图 3-12 所示，上升的三尖兵信号被认为是趋势的中继形态，用日本人的话来说，就是战斗后休息。第 1 根小阴线的出现使投资者对多头力量产生了怀疑，第 2 天也是同样的情形。直到最后一天，多头开始确信空头的力量已经耗尽。因此，多头重新恢复信心，并进入市场。上升的三尖兵信号与西式三角旗模式类似，这个概念最初起源于 18 世纪。用现代的术语来说，这是市场上涨中继。

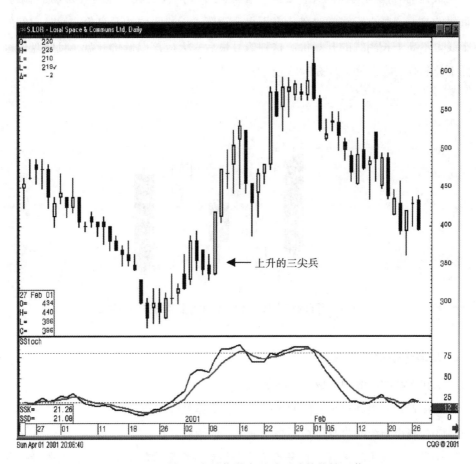

图 3-12   上升的三尖兵信号表示对下跌趋势缺乏信心

下降的三尖兵

1.形态描述

如图3-13所示,下降的三尖兵(shita banare sanpoo ohdatekomi)信号与上升的三尖兵信号相反。此时市场正处于下跌趋势中。该信号的第1天为一根长阴线,随后紧接着是一系列小阳线,这些小阳线每一个都持续地上升。维系上涨3天是最佳的时间周期,同样, 2天、4天或5天的情况我们也能在市场上看到。重要的是,这些小阳线的收盘价都不得高于第1天长阴线的开盘价,而且它们的影线也不高于长阴线的开盘价。这种信号最后一天应该以低价开盘,且收盘价也低于长阴线的收盘价(如图3-13所示)。

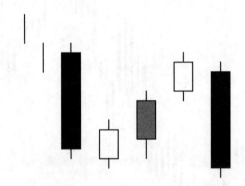

图3-13 下降的三尖兵,不需要市场走势的进一步确认

2.确认原则

①在下跌的趋势中形成了一根长阴线。

②接着为一组具有小实体的阳线,而且实体最好均为白色。

③这些小阳线的收盘价均不高于第1天的阴线开盘价。

④最后一天市场低开,且开盘价位于最后一根阳线的实体之内,而收盘价则低于第1根阴线的收盘价。

3.形态所缊含的市场心埋

下降的三尖兵信号被认为是下跌趋势的中继形态,与上升的三尖兵信号一样,第 1 根阳线的出现使空头开始紧张起来。但当他们看到多头的势力没有强大到继续推升股价时,空头重新恢复信心,并开始涌现抛盘。第 1 根阳线的出现使得投资者对空头阵营产生了怀疑,而第 2 天也是同样的情形。直至最后一天,空头开始确信多头的力量已耗尽。空头重新恢复信心并进入市场继续做空(如图 3-14 所示)。

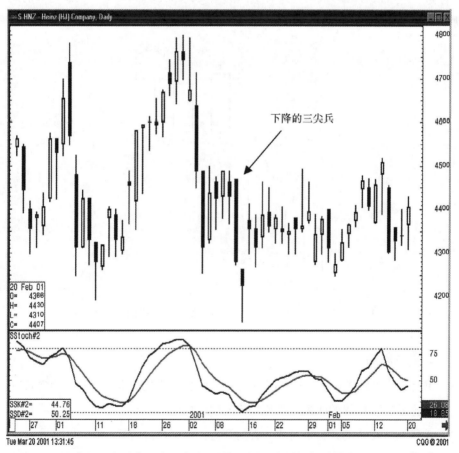

图 3-14　下降的三尖兵信号表示多头的势力没有足够的力量来使得价格进一步上涨

带缺口的平行双阳线

1. 形态描述

在上涨趋势中我们常常能够看见带缺口的平行双阳线（narabi aka）结构（紧挨着的白线）。第 1 天为一根长阳线，紧接着是向上跳空的两个紧挨着的阳线。日语中 narabi 的意思是"连续地"，而 narabi aka 的意思是"连续的实体阳线"。连续两根并列平行的 K 线，不管黑色还是白色，出现时都表明市场处于均衡状态或者僵局。紧挨着的两根阳线具有不同的意义，因为它们发生在当前趋势的跳空缺口之后（如图 3-15 所示）。

图 3-15　带缺口的平行双阳线，不需要市场走势的进一步确认

2. 确认原则

①上涨趋势仍在继续，具有同一颜色的两根 K 线之间发生了一个跳空缺口。

②前面两根 K 线的颜色与当前趋势的颜色相同。

③第 3 根 K 线的开盘价与前一天的开盘价相同或者接近。

④第 3 根 K 线的收盘价接近于前一天的收盘价。

3. 形态所蕴含的市场心理

在一个上涨的趋势中,在一根长阳线之后出现一个向上高开的跳空缺口,并以阳线报收。次日开盘价仍然位于前一天开盘价的缺口之上,并延续上涨趋势。这表明尽管空头想尽力扭转当前趋势,但是当日仍然输给了多头。这个信号比较少见,但当你看到这个信号时,知道正在发生什么样的情况(如图 3-16所示)。

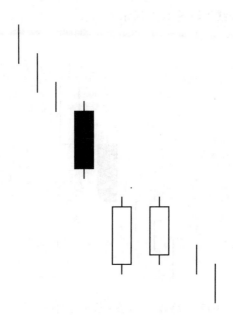

图 3-16 处于上涨趋势中的白色蜡烛

下跌的平行线形状比上涨的平行线更少见,它表示市场发生了小幅反弹。而当空头重新进入市场时,市场涌现了更多的抛盘。最后,空头蓄力完毕,下跌的趋势仍然会持续。

分离线

1. 形态描述

分离线（iki chigai sen）被定义成为"朝相反方向移动的线"。如图 3-17 所示，在上涨趋势中有一个回撤，这一点图中的长阴线能够体现出来。然而，第 2 天市场开盘时，价格又重新回到了前一天的开盘价。分离线信号具有相同的开盘价，但 K 线颜色相反。分离线的形状与遭遇线恰恰相反。在日本，分离线也被称为 Furiwake 或者区分线（如图 3-17 所示）。

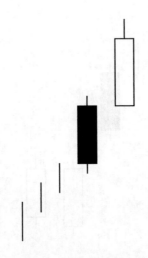

图 3-17 分离线，需要市场走势的进一步确认

2. 确认原则

①上涨趋势仍在继续，第 1 根 K 线的颜色与当前趋势的颜色相反。

②第 2 天市场开盘时，价格又回到前一天的开盘价的位置。

③第 2 天的开盘价应当为当天的最低价，然后价格持续上升。

3. 形态所蕴含的市场心理

在上涨趋势中，市场收出了一根长阴线。这根阴线的出现使得多头开始紧张起来，但是第 2 天市场向上跳空高开，这使得多头重新恢复了对于上涨趋势的信心，于是重新回到市场，使价格进一步上升。投资者的信心得到了恢复，而趋势也得以持续。下跌的分离线与上涨的分离线恰恰相反（如图 3-18 所示）。

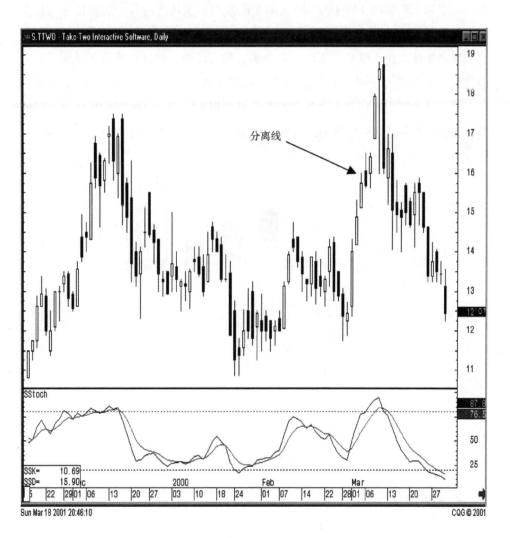

图 3-18　分离线预示着趋势的延续

席垫

1. 形态描述

如图 3-19 所示，席垫（uwa banare sante oshi）信号与上升的三尖兵信号类似。除了第 2 根阴线（第 3 天）跌入第 1 根 K 线的实体之内外。席垫信号与具有向上跳空缺口的两只乌鸦信号也很类似。第 4 根阴线的实体更进一步地跌入第 1 根阳线的实体之内，最后一天将一扫颓势，弹力反弹，并且最终收盘价比前 4 天中任何一天的最高价都要高。这一点暗示着上涨的趋势仍将延续。席垫信号是一个比上升的三尖兵信号更强的上涨趋势延续形态。与上升的三尖兵信号不同的是，在盘整期间，席垫信号的价格波动区间接近第 1 根 K 线的上端。

图 3-19　席垫，需要市场走势的进一步确认

2. 确认原则

①上涨趋势仍在继续，第 1 天为一根长阳线。

②第 2 天市场开盘时，价格向上跳空高开，但盘中股价下挫，回补缺口，最

终以一根小阴线报收。

③接下来两天与上升的三尖兵信号类似，形成两根小阴线。

④最后一天开盘后，多头发力，股价一路走高，最终当日收盘价比前 4 根 K 线的最高价都要高，一根大阳线报收。

3. 形态所蕴含的市场心理

上升的三尖兵信号是上涨趋势的盘整形态，而席垫信号具有相同的意义，但是回撤的程度没有上升的三尖兵信号深。席垫信号很容易识别，而且回调幅度不大，比上升的三尖兵信号要平坦。3 天之后，空头价格无法继续下压股价，多头恢复信心，重新占据市场，后市仍将走强（如图 3-20 所示）。

图 3-20 席垫信号表示空头不能压低价格

三线打击

1.形态描述

三线打击（sante uchi karasu no bake sen）也被称为笨拙的三战士，是发生在一定趋势之中由 4 根 K 线组成的信号（如图 3-21 所示）。这个信号代表市场处于盘整状态，但是与大多数盘整不同，三线打击信号的反向走势只发生于一天之中。它是三个白兵信号的延伸版本。

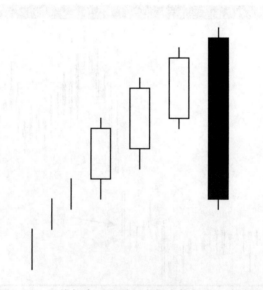

图 3-21　三线打击，不需要市场走势的进一步确认

2.确认原则

①三个白兵，也就是三根白色蜡烛，为当前上涨趋势的延续。

②第 4 天市场高开，但价格最终被拉回并收盘于第 1 根白色蜡烛的开盘价之下。

3. 形态所蕴含的市场心理

三个白兵信号表明市场上涨趋势仍然在延续。第 4 天开盘价延续市场之前走势，但此时市场出现了获利离场的投资者，且一直持续到市场收盘，并低于第 1 根阳线开盘价。黑色蜡烛的实体完全覆盖了前 3 根阳线的实体，但是它也消除了短期空方的情绪。从这一点开始，市场将延续上涨的趋势。

具有向上跳空缺口的三部曲

1. 形态描述

如图 3-22 所示，与跳空高开缺口信号相类似，具有向上跳空缺口的三部曲（uwa banare sanpoo hatsu oshi）信号是一种简化的模式，它发生于一个具有强势的市场之中。在一个上升的趋势中，两根白色蜡烛之间出现了一个跳空的缺口。最后一天的开盘价位于较高的白色实体之内而收盘价位于较低的白色实体之内，这样一来就填补了这两根白色蜡烛之间的缺口。

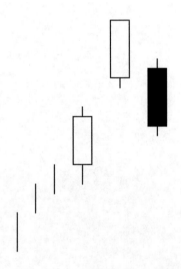

图 3-22　具有向上跳空缺口的三部曲，需要市场走势的进一步确认

2. 确认原则

①在一个上涨的趋势之中形成了两根白色蜡烛，并且第 2 根从第 1 根蜡烛开始向上发生了一个跳空的缺口。

②第 3 天市场低开，开盘价位于较高的白色实体之内，收盘价位于较低的白色实体之内。

3. 形态所蕴含的市场心理

市场已经处于一定的趋势之中，然后两根白色蜡烛之间出现了一个跳空的缺口。这个缺口很重要，因为它最终必须被填补。缺口立刻被填补的事实使得投资者认为这种回撤只是一个套利的机会。趋势在缺口被填补后立刻延续下去。

学会信号和持续模式

在此，我希望你尽快将所有的信号都浏览一遍，没有必要为了记住某些内容而停下来思考。在本书的第 5 章我们将介绍如何利用快而有效的方法来记忆这些信号，但在你翻阅第 5 章之前，第 4 章将会详细介绍对形成主要信号具有重大作用的投资者心理。如果投资者能够了解反转信号的形成原理，那么将给投资者带来无价的投资理念。了解大多数投资者的投资方式将会发现令人大开眼界的真理。

持续模式具有很重要的特点。在许多情况下，反转模式与持续模式之间的区别是很微小的。如果投资者能够了解小的价格波动是如何影响趋势变化的，那么其收益或许会有所增加。在研究图表时，如果投资者能够认识到这些不同之处，那么这将会在很大程度上改变他的投资策略。

第 4 章

对于主要信号的解释

无论你在书本上读过多少理论知识，
如果不付诸实践，那么你仅是在纸上谈兵。
—— 萨迪（Sa'di Gulistan）

本章将对主要信号做进一步的阐述和解释，目的是让投资者更熟悉它们，并能够更好地知道如何以及何时使用这些信号。对这些信号的形成原理了解得越深，你对交易的准备就越充分，获利的可能性就越大。要养成习惯，时不时地翻阅本章内容。请记住：对于特殊信号进行分类，将会提高交易的胜率。

如前文所述，大量交易机会产生于主要信号中。一般来说，次要信号在市场上比较罕见，因此没有必要在它们身上花太多的时间。当次要信号和主要信号同时出现时，投资者应该优先选择主要信号进行交易。但如果当天没有出现主要信号，而且你又必须做出一个交易决策时，次要信号就显得尤为重要。如今搜索软件的能力很强大，几乎每天都能用它发现极具潜力的交易机会。

由于上述原因，我们将会在本章对促成了大部分交易的信号做进一步的解释。因为十字信号对于趋势转折有着重大意义，所以我们先从它开始。

十字

十字信号的开盘价和收盘价完全相同。当然，如果开盘价与收盘价不是完全相同，但是非常接近时，我们也可以将其理解为一个十字信号。例如，如果某只股票在某个交易日的价格波幅有 4 美元，而开盘价和收盘价之间仅相差 0.375 美元，我们也可以将其看作一个十字信号。该交易日所传达的信息是，多头和空头实力均衡，无法推动市场往单一的方向运行。这种定义的灵活性也与当天影线的长度有关。

　　陀螺信号的形状与十字信号很相像，因此称某一个形状为陀螺或者十字信号其实区别并不大。这两种信号都表示市场处于不确定的状态，都有待于观察第 2 天价格变动的情况。在成交量较小的市场中，十字信号经常会出现。如果在某张图表上出现很多十字信号，那么新的十字信号的意义则不会那么重要。

　　作为 K 线图中最重要的信号之一，十字信号应该时刻引起我们的注意。日本人认为十字信号形状背后的心理是值得分析的，他们认为十字信号能够提供预警和警示的作用。对于投资者来说，注意到一个假信号总比忽略一个真信号要好。由于十字信号的市场含义特殊，所以无论什么时候我们都不应将它忽略。

顶部的十字信号

　　发生在趋势顶部的十字信号具有很重要的含义，特别是当出现在一根长阳线之后。十字信号表示多头和空头势力强度的不确定性。在一段较长的上涨趋势之后，市场（十字信号）开始犹豫是否有足够的能量继续上攻。要使价格继续维系上涨态势，则多头需要确信买入力量会持续下去。十字信号的出现则意味着这种信心并不够坚定。当十字信号出现在顶部时，日本人建议投资者立刻套现退出市场，而事实证明这种形状所预示的走势通常都是很正确的。

　　如图 4-1 所示，DOW 的股价开始处于上升趋势之中，随后走出了长约两周的纠结走势，大部分 K 线形态以十字报收。如果一根十字表明多空实力均衡，那么一系列的十字则更加说明了多空双方竞争激烈，也预示市场走势变盘在即，如果市场处于超买状态，则概率显示市场下跌的可能性更大。

　　图 4-2 显示了日本蜡烛图创始人在多年前总结出来的规律。DNDN 的股价前期持续处于上涨趋势，而价格到达顶部时，买盘力量耗尽，十字则暗示着在那一

点，多头力量和空头力量达到了均衡状态，价格已经处在了超买的状态，市场上的多头应该在近期寻找卖出信号获利离场。

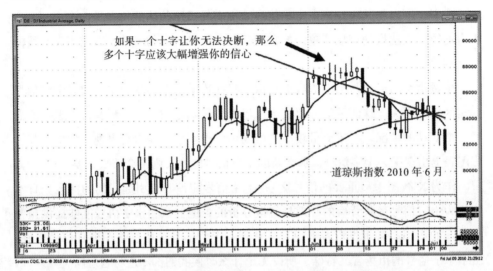

图 4-1　在 DOW 开始下跌之前，市场形成了一系列的十字

　　在识别反转时，处于下跌趋势中的十字信号没有处于上涨趋势中的十字信号那样令人信服。原因在于一个十字信号出现之后，市场仍然有较大概率能够使得股价向下移动。处于下跌趋势中的十字信号需要第 2 天市场的走势来证实反转的存在。

　　如图 4-3 所示，在 Crown Cork&Seal Co. Inc. 股票价格下跌期间，出现了两个十字信号，但是市场之后均没有给出明确的买入信号。第 1 个十字信号，形成了一个孕线信号，而它在第 2 天没有得到市场确认。第 2 天市场低开，这显然不是多头进入市场的标志。在第 2 个信号出现后仍然没有得到市场的确认。表明不确定性的陀螺信号和射击之星信号都不能够吸引大量资金进入市场。然而，这些信号都表明市场的底部已经临近，而且多头已经开始进入市场。

　　最后一个十字信号在第 2 天得到了证实。上涨 K 线的收盘价位于前两天阴线的中部之上，而随机指标向上提升并达到 20 这个水平。

　　识别应用十字信号的好方法就是关注第 2 天的开盘价，因为第 2 天的开盘价会显示价格变化的方向。十字信号所表示的多空实力均衡要么是对前期大幅价波动的整理，要么是趋势转换中的一个基本要素。

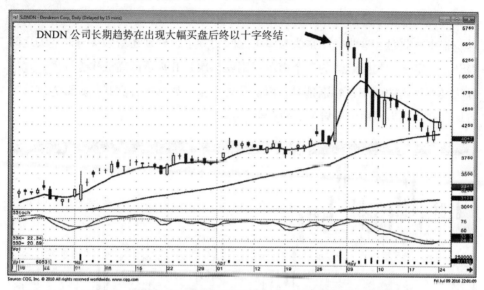

图 4-2　DNDN 的股价在顶部收出十字，表明多头力量枯竭

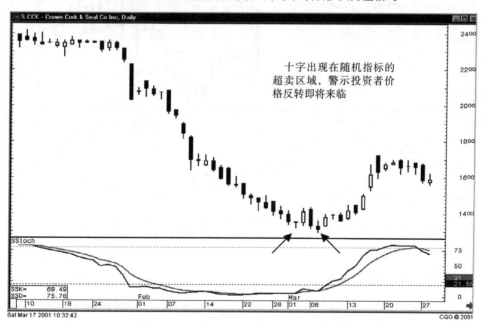

图 4-3　多根十字出现在市场的超卖区域，预示着市场转向即将来临

　　如图 4-4 所示，The First Third Bancorp 为日内交易者提供了一个非常好的交易环境，出现十字之后，伴随着价格突破 200 日均价线，随后一个交易日市场由以一根十字收盘，这是一场空头与多头之间的竞争，分别在新多头与老空头之间展开。十字之后判断趋势的一个简单规则就是次日开盘价的高低作为标准。这个方法具有极高的胜率，特别是对日内交易者来说。如果次日高开，则多方赢得了市场，空头势力减弱，开启了新的多头趋势。

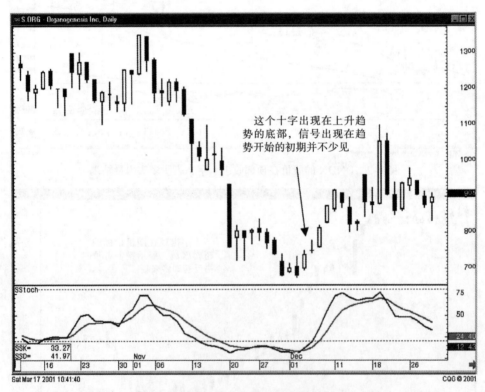

图 4-4　接近一个趋势的开始部分的十字信号表示最后一批卖方正在退出市场，注意第 2 天市场开盘时的情况

长腿十字（人力车夫）

　　处于趋势顶部的长腿十字信号是一个很有价值的信号，其长影线部分表示市场多空博弈。如果开盘价和收盘价都接近于当天成交价格幅度的中部，则称为人

力车夫信号。对于具有小实体且上影线或者下影线极长的 K 线形态，我们通常称为一个大浪的 K 线，这种信号也可以既有长上影线，也有下影线。当长影线出现时，日本人认为这预示市场趋势已经"失去了方向感"。

如图 4-5 所示 Toreador Resources Corp. 的股票在趋势顶部形成了一个清晰的长腿十字形态。前一天的影线清楚地说明了多头力量在顶部位置被大量的空头力量所抵消。次日的长腿十字形态展示了市场多空力量的均衡，这些信号都暗示投资者是时候离开市场了，而且随机指标也确认了价格处于超买的状态。

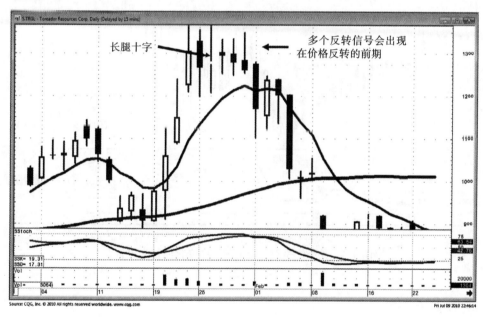

图 4-5 TRGL 在 2010 年 1 月出现了一根长腿十字信号，随后市场迎来了大跌

大浪的模式

一系列大浪模式的信号表明市场反转即将出现，而市场情绪纠结多日的积累则是投资者开始准备做出重大变化调整的前奏。

如图 4-6 所示的 Osteotech Inc. 交易图中，在投资者预计不会发生趋势反转的交易区域形成了一个大浪的信号。随机指标开始扭头向下。连续 3 天 K 线均带有较长的下影线，这应该引起蜡烛图技术分析者的警示，此时市场的多空力量处于相对均衡的状态，而且他们也应当时刻注意到价格的反向移动。但在没有得到市场反转印证之前，除了这些影线之外，投资者还不能确认市场开始反转。

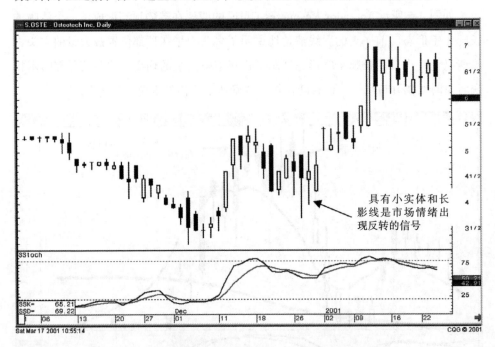

图 4-6 长影线是对一个大的方向变化的预先警告

墓碑十字

我们通常能够在趋势的底部位置发现墓碑十字信号（倒锤头信号的变化模式），但是这种信号出现在趋势顶部时更加能够说明反转的来临。逻辑上很简单，在一个上涨趋势之后，多头力量使市场高开后一路上涨，并创下市场新高，随后空头进入市场打压价格，使价格回到了开盘价，也是当天的最低点处。这种形态应该引起多头的注意，因为它们的力量已经不足以使得价格继续上升了。

如图 4-7 所示的 Mutual Risk Management Ltd. 交易图中，顶部的墓碑十字信号一眼就能看出来。这种信号所预示的反转强度比射击之星信号更加强劲。上影线越长，发生反转的概率就越大。而对于处于底部的墓碑十字来说也是同样的道理。墓碑十字信号就像一个更有力的倒锤头信号。请注意：倒锤头信号与吊颈信号是两种不同的模式，原因在于它们预示着新的做多力量和做空力量进入市场，市场即将进入新的趋势。虽然在交易日结束前，两股趋势的力量相互抵消，但是在当天的一部分时间内，反向力量改变了趋势的方向，而这一事实会使得市场中的投资者对于当前趋势产生怀疑。不管当时是墓碑十字还是处于底部的倒锤头，新的做多力量都会使卖方注意到当前的下跌趋势可能快要结束了。于是，更多的买方进入市场，而卖方也开始转向做多，从而进一步加强了上涨实力。

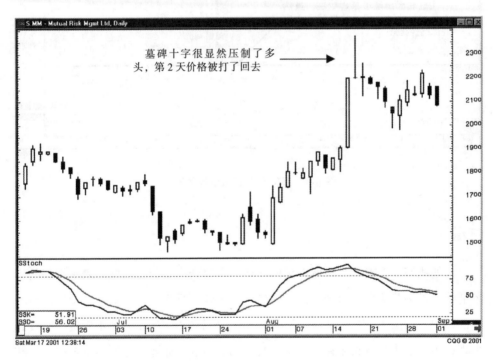

图 4-7　明显的长上影线表示多头已经失去它们原有的势力

如图 4-8 所示的 Kimberly-Clark Corp. 交易图，墓碑十字信号使严重的下跌趋势暂告一段落。这是多头显示实力的第一个标志，虽然股票价格收盘于当天的最低价。

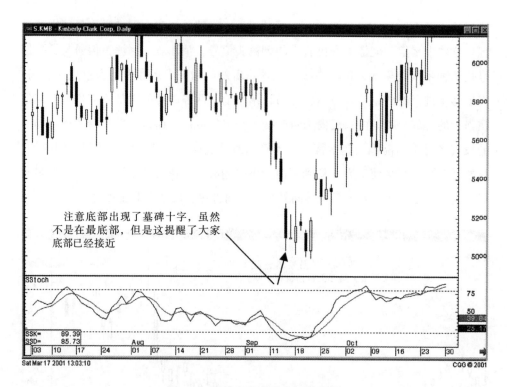

注意底部出现了墓碑十字，虽然
不是在最底部，但是这提醒了大家
底部已经接近

图 4-8　墓碑十字表示市场的底部

三星

　　正如我们在大浪信号中所看到的一样，三星的模式与之相同，表示类似的市场情绪。过去几天发生市场方向的不确定性逐渐积累起来，这是投资者的情绪转变的过程。如图 4-9 所示的 Broadcom Corp. 交易图中，三个方向不确定交易日的出现，表明多头和空头正在试图争夺对市场的控制，而随机指标的位置则开始转向，表明原有趋势有可能即将走到尽头。尽管这 3 天没有出现十字信号，但这 3 天的市场情况仍然能够显示多空力量相互抗衡。如此一来，投资者则应该退出市场，去别的地方寻找具有更好上升潜力的交易标的了。

　　同样，常理会告诉你：在一个强劲的上涨趋势之后，价格出现了不稳定则表明空头认为这个位置是个开始卖出的好机会。为什么一定要纠结于这个位置继续看多呢？你完全可以摆脱这种不确定性。

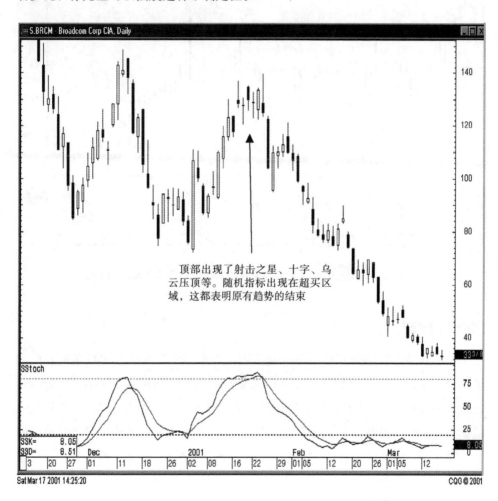

顶部出现了射击之星、十字、乌云压顶等。随机指标出现在超买区域，这都表明原有趋势的结束

图 4-9 一组十字信号表示市场方向的不确定性，有待于进一步观察

如图 4-10 所示，趋势反转发生于趋势中的某一点，随机指标没有显示处于超卖的区域，且大的趋势线也没有暗示趋势的变化。而唯一一个预示警告就是三个小十字信号，暗示着市场趋势的反转即将来临。

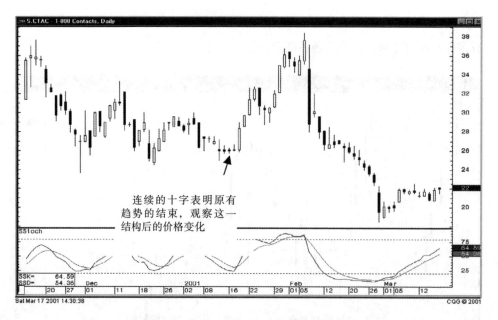

图 4-10　表明连续好几天不确定性的十字信号预示着反转的来临

联合的十字信号

十字信号可以结合其他信号一起使用。如果一个孕线信号之后紧接着出现了一个十字信号，则市场会产生一个更强烈的反转。如图 4-11 所示的 Superior Energy Services Inc. 交易图中，底部的十字及孕线信号第 2 天得到了一根长阳线的证实。在前 3 天中，十字或者孕线信号并没得到更多的市场证明原趋势已经停止。同样，我们可以注意到当市场出现第 1 个十字或者孕线信号时，价格也已经处于超卖区域之中。

我们应当着重注意，当十字或者孕线信号被证实之后，市场中所出现反转力量的大小。图中孕线信号会告诉投资者，下跌暂时停止了，但这并不意味着此时将进入多头市场。而十字信号的出现则进一步表明，市场方向在多头和空头的对抗中存在不确定性，尤其是当十字信号正在创建孕线信号时。当然，如果这个信号之后，出现了多头趋势，则更加富有侵略性。

记住，任何时候十字信号的出现都应该立即引起你的注意，其意义特殊且很容易被识别，所以让十字信号成为你赚取收益的最好信号吧。

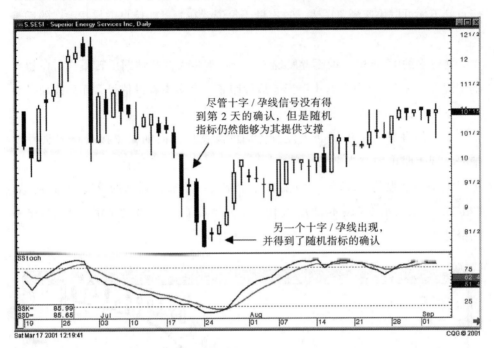

尽管十字 / 孕线信号没有得到第 2 天的确认，但是随机指标仍然能够为其提供支撑

另一个十字 / 孕线出现，并得到了随机指标的确认

图 4-11　一个孕线信号之后紧接着一个十字信号通常是强反转发生的信号

左 / 右联合十字信号

蜡烛图在直观视觉上具有一定的优势，投资者不需要成为一个经验丰富的技术分析师，就能非常熟练和轻松地使用这些信号。投资者可以挑选自己中意的反转信号加以解读和掌握，这些信号并不一定就是日本米商刻意强调的。但坚持了数百年的米商是不会错过任何信号的。日本米商利用这些信号从大米商品市场中获利。他们对于如何在大米市场中获取信息并不感兴趣，而应用这些信息，得到市场的反转信号才是他们的真正目的。

计算机软件可以在短时间内扫描检验 7500 只股票标的，而当年日本米商需要在纸上手绘出当日走势的蜡烛图。当今计算机软件帮助投资者能够高效地使用日本蜡烛图信号，这在一定程度上提高了图表的使用效率。

今天的分析师/投资者与当年日本米商相比可以浏览大量的图表。我们只要轻点几下便可以快速浏览图表。这有助于投资者在海量的信息中寻找潜在的反转图像。

在过去的10年里，投资者发现了一个非常强大的蜡烛图反转模式，在超卖的情况下，一个左/右联合十字形态后面跟着一个多头吞没信号，而后面如果是一根孕线，投资者则需要进一步等待。

十字信号显示了市场处于没有方向的状态中，而如果紧接着是多头吞没信号，则表明市场多头发力，坚决上攻。在一个包含多个十字的信号中，我们可以期待一个强劲的反转。左/右联合十字是一个非常强劲的反转的前奏。如CMCSA图表所示（见图4-12），2010年2月出现了左/右联合十字，随后价格一路飙升。

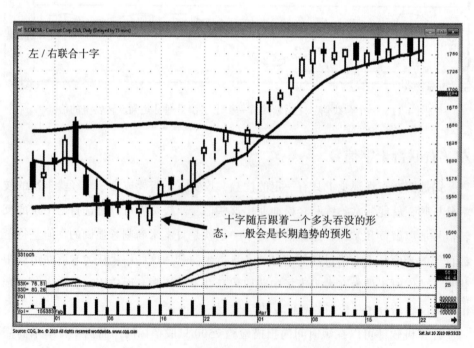

图 4-12　左/右联合十字是强劲反转的前奏

图 4-13 也说明了在左 / 右联合出现后，趋势反转的力量。SOL 图显示了在持续 3 天的十字之后，出现了一个多头吞没的信号。有一些信号组合会导致更强烈的价格变动，左 / 右联合是一个不应该被忽略的交易模式。

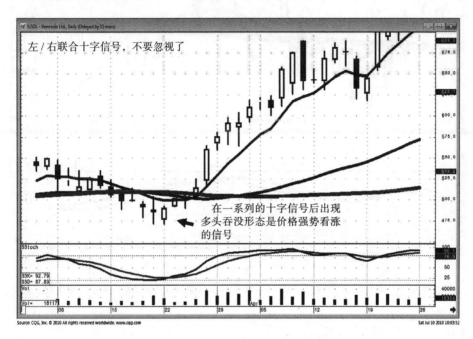

图 4-13　观察信号出来后的强力趋势变化

在下跌趋势中也一样。在十字或一系列的十字信号之后出现了一个空头吞没信号，这通常意味着空头已经取得了控制权。与看涨的左 / 右联合一样，看空的左 / 右联合将会产生一个非常强劲的价格下跌趋势。再次强调，市场出现一天或几天十字信号后，紧接着出现了大跌，则投资者应该立刻看出空头的意图，警惕做空力量。

许多股票在整体市场上涨的时候都会上涨，伴随市场水涨船高。而蜡烛图信号能够帮助投资者辨别在上升趋势中，哪些股票具有最强的上涨潜力。左 / 右联合十字（见图 4-14）是一个简单的走势图。在市场趋势中，它的利润比普通股票高得多。把这个信号放在你的武器库里。

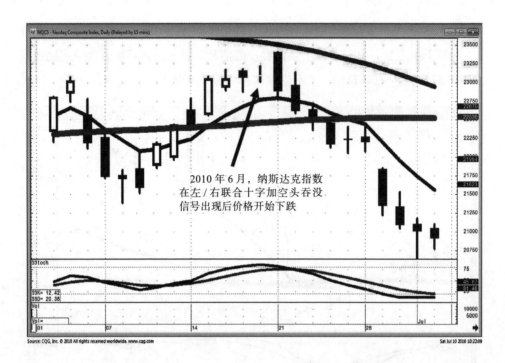

图 4-14　纳斯达克指数在顶部出现一个左／右联合十字之后出现了大幅下跌

锤头

锤头是一个主要信号——不仅在其重要性上，而且在其出现的频率上。理解锤头信号的意义难度并不大，在一个下跌趋势中，空头力量进一步打压市场价格。当该天交易即将结束时，多头此时决定开始进入市场，并使价格重新回升到当天成交价格幅度的上限。一个合格的锤头信号影线长度至少应当为实体部分的两倍。日本人认为此时空头已经"用锤头锤出了底部"。长的下影线表明价格不可能再往下跌了。无论这种影线出现在什么时候，也不论此时趋势的方向如何，我们都会即将看到趋势反转。

在 Lightbridge Inc. 的例子里，我们可以明显地看出：市场价格越低，则会有更多的多头愿意在交易日结束之前进入市场。如图 4-15 所示，我们可以注意到，有一连串交易日的 K 线收出了下影线。这就很清楚地说明了每当空头打压价格时，多头就会重新回到市场迫使价格回升。通过一段时间的斗争后，多头控制了整个市场，最终空头退出而多头完全占据了主导地位，行情开始反转。

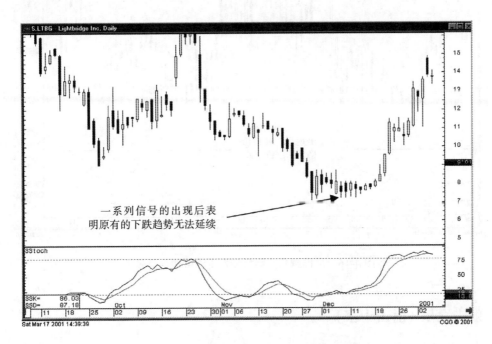

图 4-15 下跌趋势中的一系列尾巴表明空头不能够使得价格下跌得更低

如图 4-16 所示的 Prima Energy Corporations 交易图是锤头信号的另一个例子。很显然，空头无法在这 4 天里使价格连续下跌，因为一旦下跌多头都会买入股票，使价格回到当日较高的水平。

在 K 线图中，这些标志比在棒状图中要明显得多。多头持续反击使得投资者警觉到，空头持续消耗力量对空方不利，最终多头控制了市场。这些信号并不需要很高超的技巧才能观察到，在趋势顶部的小实体，带有长下影线即可。

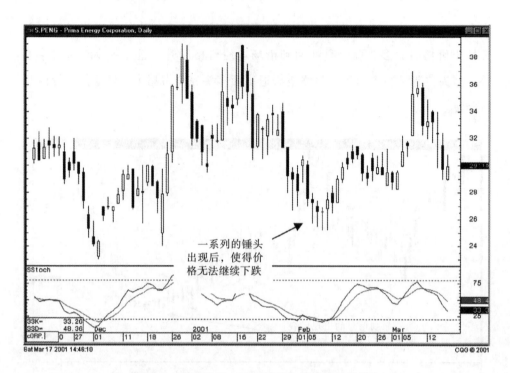

图 4-16　尾巴越长，则反转发生的可能性就越大

射击之星（射击十字）

相反，当影线出现在实体之上时，表明在交易日结束之前，多头力量被空头力量所压制（如图 4-17 所示）。当多头想尽力提升价格时，空头开始进入市场，并将价格打压回去。投资者在此时应该警觉到价格走到这个位置可能是趋势的顶部，回调随时可能发生。

请随时关注随机指标所处的位置。在一个长期上涨趋势顶部，出现射击之星是十分关键的信号。即便此时随机指标仍显示价格有继续上升的可能性。但从射击之星信号出现开始，有着向上的跳空缺口，随后紧跟着一根向下跳空低开的阴线均表示行情已经开始变化了。此时，空头占据了市场的主导。如果连续好几天价格不能超过某个价格阻力位，并且常常会出现长上影线，那么蜡烛图技术分析员就应该注意到，多头的势力现在正在被空头的力量所压倒。有效地利用这些信号将会使你在市场上获利。

> 一个人，即使再聪明，也绝不要羞于
> 学习更多的知识，并且绝不要仅拘泥于自
> 己的思想。
>
> ——索福克勒斯,《安提戈涅》

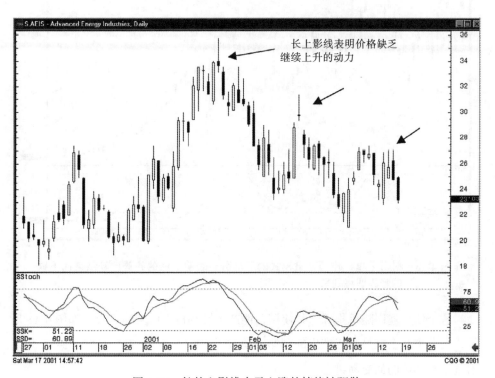

图 4-17　长的上影线表示上涨的情绪被驱散

　　同样，蜡烛图分析也需要一些常识，充分地理解你所看到的东西能使你清楚地了解正在发生的事情。

　　如图 4-18 所示的 TIBCO 软件公司交易图中，射击之星信号生动地说明了多头是如何失去市场的主导力量的。空头将价格打压至当天交易区间的下限。这很

清楚地说明了：价格回升已经结束。第 2 天市场继续卖出，从而形成了一个暮星信号，接受过 K 线图训练的投资者会远在一般的技术分析员之前就开始减少所持的头寸。

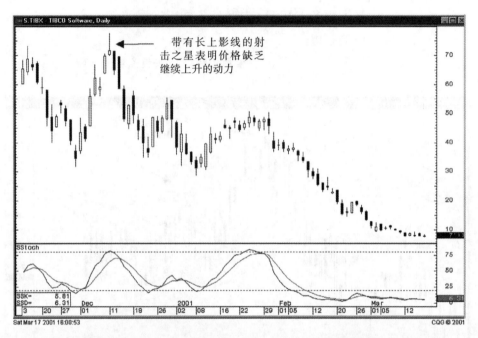

图 4-18   射击之星，作为暮星模式的一部分，表明上涨的趋势已经结束而下跌的趋势即将到来

这个信号连同随机指标一并使用，能产生胜率极大的交易机会。如图 4-18 所示，接下来 7 个交易日里产生的利润，超过了 50%——而蜡烛图分析员早已识别出这个有利可图的交易机会。

将蜡烛图技术的精髓记在心中——多头的热情会在顶部耗尽，从而使得识别趋势反转信号更容易。反转信号越强，如图 4-19 所示，Compuware Corp 的图表发生反转的概率越高。当随机指标显示价格处于超买状态时，上影线显示多头力量被耗尽，射击之星信号很明显，表明空头已经开始控制市场了。这些交易日也需要一些止损、获利的技术，这些技术将在稍后章节中演示。

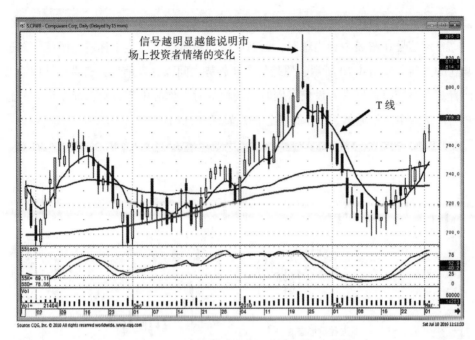

图 4-19　射击之星出现后价格出现了极大的反转

在过去的 10 年里，利用蜡烛图获取利润，并确定何时出现价格反转的方法已经得到了极大的改进。射击之星信号就表明了这一点，在牛市中，出现该信号则应该立刻获利了结。接下来的一天，在 T 线以下表明是时候做空了。

吞没模式

能够发现投资者情绪反转，就如同发现了不需要任何代价，就能获得财富的能力一样。这就像是在草丛中，发现了别人打在那儿的隐隐发光的高尔夫球，尽管其他人也在附近，但只有你一眼看见了球。这个球就是你的了，而且是免费的。或者你也可以想象，在旧货出售摊上发现了一个有价值的收藏品。你知道这件物品实际上比所要支付的价格贵上几百甚至几千倍。在你发现这件物品之前，已经有无数人看到过它，但都将它忽略了，然而你能够发现它，因为它似乎自己就跳到你的眼前。掌握 K 线图的分析技巧后，当你认识到获利的巨大机会时，将会给你带来同样的兴奋。

吞没信号在图表中相当耀眼，形态简单而易辨别，以至于你看一眼就能知道开仓的方向。如图 4-20 所示，原趋势和新趋势之间以吞没信号为纽带，结构清晰而直观。当随机指标和吞没信号同时出现机会时，你心中那种财富唾手可得的感觉会油然而生。很显然，一个结构性的反转已经开始。

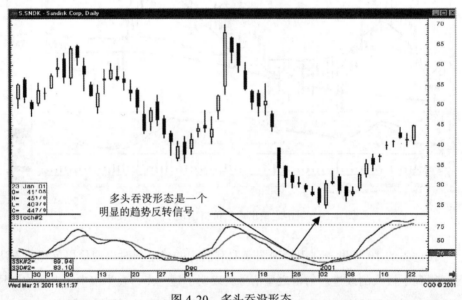

图 4-20　多头吞没形态

这是不是"傻瓜型"信号呢？当然不是。但是从这个信号中获利的可能性是极大的，以至于每当信号出现时，我们都会交易一把。真正的吞没信号能为投资者提供低风险高回报的交易机会。

利用蜡烛图技术，投资者能直观地从视觉上判断出趋势的变化。如图 4-21 所示，HWD 的走势图清楚地展示了多头吞没的形态，且价格在 50 日均线处得到了支撑，该均线没有什么特殊的意义，但是世界上很多投资者倾向于利用 50 日均线和 200 日均线做出交易决策。蜡烛图技术分析可以关注到大资金在均线附近的决策，再加之多头吞没后面又形成了左 / 右联合形态，这个更加确认了多头做多的坚定。这种技术不是多么高深的科学。仅仅是通过直观的视觉感受来分析市场。

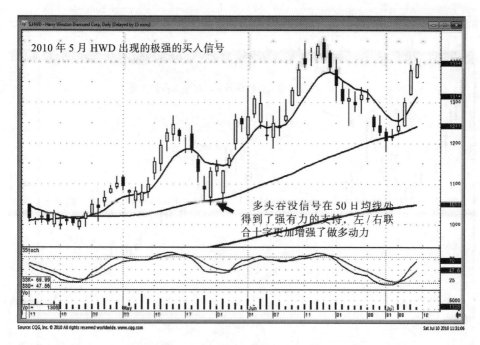

2010 年 5 月 HWD 出现的极强的买入信号

多头吞没信号在 50 日均线处得到了强有力的支持，左／右联合十字更加增强了做多动力

图 4-21 多头吞没的走势案例

　　如果蜡烛投资者熟知吞没信号的形成过程，那么他在交易中就会很有优势。你一直在跟随某只股票或者某组股票的价格，而随机指标表明它们处于超卖区域。你会发现恐慌仍在投资者心中蔓延，对股价波动造成影响（更多信号可参见第 9 章）。与趋势相同的方向形成跳空缺口——人们急于从下跌的趋势中退出或者急于进入处于上涨趋势的市场中。在交易的前几分钟里，投资者将开盘价打至了当天价格的极端——或是最低点或是最高点。

　　在发生下跌趋势反转时，开盘价向下跳空，而价格并没有进一步下跌，反而开始上升。相反，在一个连续上涨的趋势中，投资者对市场很有信心，也不管价格多高，都自信地进入市场。这样一来，虽然市场开盘价继续上升，但做多力量无法维系。因此，价格开始回落，这一点我们可以从图 4-22 中看出。

　　空头吞没模式形态明显。长阴线的开盘位于前一天的收盘价之上，或许开盘价比前一天的最高价还要高，但收盘价位于前一天的开盘价之下。这说明投资者的情绪有一个明显的变化，这时我们则应该抛出手中的股票。

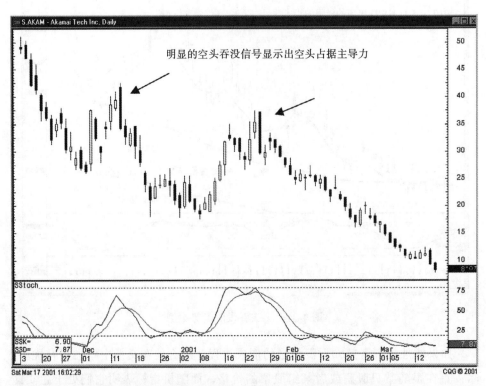

图4-22　空头吞没模式看起来不吉利，它是一个强卖出信号

　　如果在空头吞没信号发生之前你一直做多，那么出现信号时你则应该抛出你所持有的头寸。通过如此操作，你可以挽回部分损失。例如，如果价格在趋势的顶部高开，但是开盘后价格回撤，你可以将止损位置设在一根阳线的中点位置。如果当天价格回跌到那个水平，那么它将会从该点而不是从一个弱信号处回升，价格最多也只能回升到当天的开盘价或者稍高一点。如果是这样的话，那么就会形成一个吊颈信号。这是一个下跌的信号。此时无论如何，你一定要将手中的股票抛掉，请务必退出市场。如果你曾经买进这些股票并且获利，那么请将你的收益投资到另一个更好的地方。为什么一定要待在具有风险的交易中呢？此时你所应该做的是拿走你的利润，然后找到另一个低风险／高回报的交易机会。如果在

当天交易即将结束之时你发现市场出现了一个良好的卖出信号，此时你应当立刻抛出手中的持仓并**退出**市场。

Harry Winston Diamond Corp 的图表如 4-23 所示，在趋势的顶部出现了空头吞没信号，这是个简单的反转结构，价格进入了超卖区域，反向力量进入市场。在 HWD 的图表中，底部出现的超卖信号，射击之星、十字和长阳线均暗示市场要上涨，但是最终趋势被空头吞没所终结，空方统治了市场。

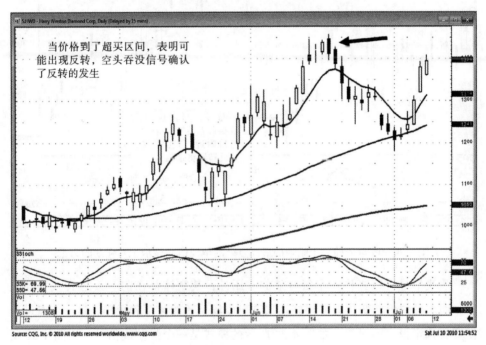

图 4-23　空头吞没暗示空头将占据市场主导

孕线模式

孕线信号在辨别市场趋势反转还是终止时有着重要的辅助作用。如前文所述，孕线信号的开盘价和收盘价都位于前一天的开盘价和收盘价之内，表示当前趋势已经处于停止的状态。孕线信号也可以用来测试一个新方向力量占据市场主导的快慢程度。如图 4-24 所示的 Sprint Corp. PCS Group 交易图中，在底部有两个孕线信号。虽然第 1 个孕线信号相对较强，但下跌趋势仍然强于上升趋势。第 2 个孕线信号收盘于最后一根阴线的顶部，它显示多头在尽力夺回市场的控制权。

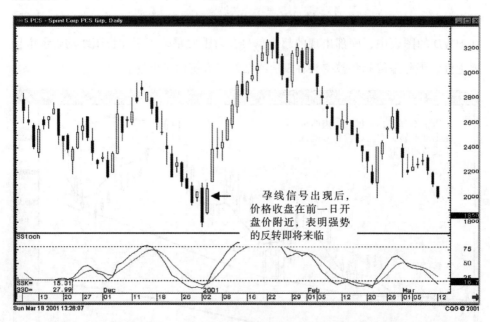

图 4-24　收盘于前一个蜡烛的最高点处的孕线信号显示了其强劲的力量

孕线信号可以当作一个很有效的气压计，其实体都在前一天的 K 线实体之内，而次日的价格变化能够很好地预测出市场反转的速度和级别，这一点有助于投资者选定投资的时机。如图 4-24 所示的模式是一个强孕线信号，而图 4-25 所示的模式是一个弱孕线信号。注意在一个弱孕线信号之后，需要花好几天的时间才能最终使趋势走向正轨。

孕线气压计在趋势正在进行的过程中也能起作用，它可以是趋势中停顿修整时间的指示器。如图 4-26 所示的 Home Corporation 的交易图中，一个孕线信号形成于前一天阳线实体大约 1/4 处。这个长阳实体是对趋势反转的证实，但是孕线信号的位置暗示着，仍然需要有 2～4 天的盘整期。如果孕线信号的位置超过前一天长阳线实体的 1/2 处，则该信号则表明，市场还需要 5～7 天的盘整期。如果孕线信号位于阳线实体的下端，则该信号很明确地表示，多头还没有占据市场主导。如果前一天你增加了头寸，那么你应该清理这些头寸，将资金用于别的交易标的。

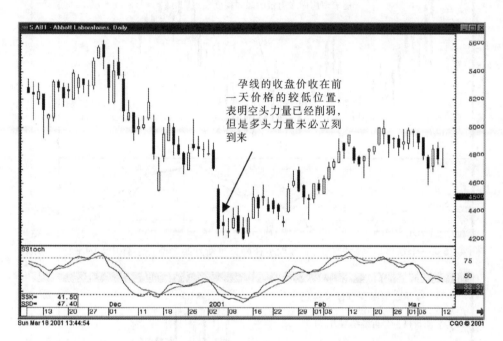

图 4-25　一个弱孕线信号意味着需要花费好几天时间才能使得趋势继续前进

　　形成于阳线顶部的孕线信号，暗示着市场将有 1～2 天的盘整期。在长期的下跌趋势后，市场均预期出现大的反转，然后出现了孕线信号，这一点是投资者可以预料到的。在市场上也会有一些空方认为，此时的反弹正是退出市场的好时机。

　　同样的标准也适用于趋势的顶部。孕线信号可以通过比较前一天实体的位置来表明反转的力量。如图 4-27 所示的 EXFO Electro-Optical Engineering Inc. 交易图中，十字或者孕线信号处于趋势的顶部。处于顶部的十字信号总是提示，应该卖出头寸。一个星期之后，射击之星或者孕线信号收盘在前一根阳线大约 1/4 处。这种情形就等于告诉蜡烛图技术投资者，下跌趋势仍然没有反转，在下跌趋势完全结束之前，还有 2～4 天的盘整时间。

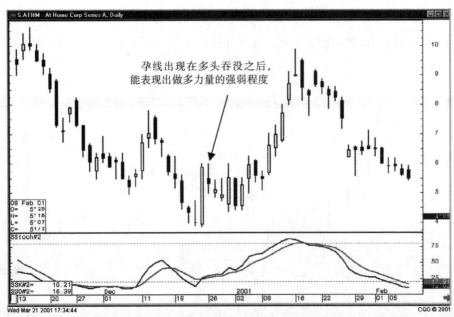

图 4-26　一个强移动之后的孕线信号表示在趋势重新开始之前将会有几天的平稳交易期

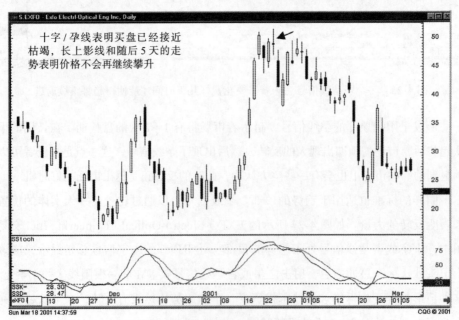

图 4-27　处于趋势顶部的孕线信号表示市场的多头势头已经结束

投资者能够深入了解孕线信号的作用，那么他们也就抓住最大化回报的交易机会。如果你所有的资金都被充分配置了股票，那么当孕线信号出现，但又需要盘整时，富有侵略性的投资者此时可以将这些资金挪到另外一个具有更好潜力的交易上去，几天后趋势明确，重新进入市场开始操作。

反扑信号

反扑信号也是需要详细说明的重要信号之一。正如我们在前面章节中所讨论过的，反扑信号是最强有力的反转信号，它的图表能够清晰地描述出投资者情绪的巨大转变。如我们对十字信号所提的建议一样，反扑信号的出现也应当引起我们的关注。价格跳空开盘证实了投资者情绪的变化。这种变化由于价格继续朝同一个方向进行而得到加强，但这个方向与前一天的方向相反。这一点也清楚地表明了，此时投资者的情绪与前一天的状况已是完全不同。这种信号在 99% 的情况下都会产生巨额回报。即使在反扑信号出现后的一两天，引起反转的力量仍然有可能存在于价格变动中。如果价格在第 1 个信号出现之后，仍然处于盘整状态，那么你就应当密切关注市场情况。如果在几天之内明显有新的做多力量进入市场，那么这就是你增加头寸的良机。

无论多头市场还是空头市场，反扑信号通常是因为一些公告或重大事件所导致的。信号表明了市场情绪出现了极大的变化（见图 4-28）。这个新的情绪将会持续一段时间，造成价格反向波动。反扑信号是最具力量的信号之一。

只有在一种情况之下，你可以不必遵从反扑信号的暗示，当然这种情形很少见。如果出现反扑信号的第 2 天，开盘价低于反扑信号当天的开盘价，且方向相反，那么你应当立刻清理掉手中的头寸。市场上必定发生了某些事情，导致首先产生这个信号。此时，你应当退出市场，转而寻找另外一个合适的投资机会。

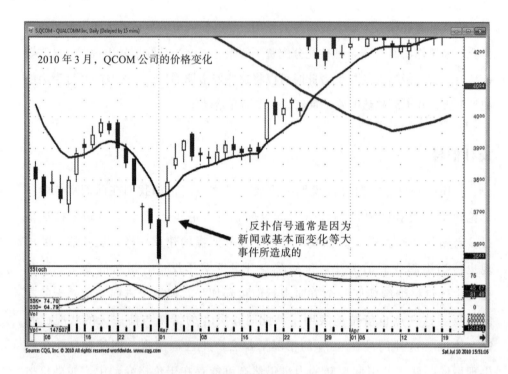

2010 年 3 月，QCOM 公司的价格变化

反扑信号通常是因为
新闻或基本面变化等大
事件所造成的

图 4-28　反扑信号表明原有趋势已经改变

小结

　　无论是一天或者一周或者是任何交易周期，这 12 个主要信号完全可以满足投资者的需求。挑选潜力最大的交易标的，可以通过了解每个信号反转力量的大小来作为判断的标准。但提供交易机会并不是问题所在，关键是这使投资者可以持续地调整他们的投资组合。每天都会发生大的反转机会，一旦投资者发现了这些反转，就可以砍掉有疑问的头寸，用有上升潜力的头寸来替代。每天搜索、分析和仓位调整的工作能够在 20 分钟之内完成。在一个投资者的每日计划中，利用蜡烛图技术分析得到的结果，只要安排不到 20 分钟的时间进行操作就可以比利用其他投资工具获得更多的回报。

　　12 个主要信号中的每一个都有包含了大量的市场信息，日本的米商利用这些信息判断出趋势的转折点。更重要的是，他们利用投资者的情绪，寻找深藏于其中的反转信号。这些信息的组合为投资者提供了判断价格走势的依据，其经验总结值得交易者反复学习。将蜡烛图分析的知识应用到你的交易组合中，能够教会你与传统观点完全不同的于市场中获利的方法。

许多投资者仍对 2007 年第 4 季度至 2009 年第 1 季度的亏损心有余悸。而 Candlestick Trading Forum 提供的趋势分析则帮助会员在短时间内赚了很多钱。这并不是在做价格预测，而是通过简单的分析来判断在特定的支持和阻力位水平下时趋势的走向。在利用蜡烛图进行分析时，可以辅之以均线、支撑/阻力线等较为通用的技术指标，有助于准确判断趋势走向。

在下章的内容中，我们将介绍如何快速识别这些信号，以及如何搜索到最好的交易机会。

第 5 章

发现并学习简易信号

学习是一种天然的快乐，不仅对于哲
学家，对于所有的人来说都是如此。

———亚里士多德

　　学习 K 线模型（蜡烛图）有一定难度，这阻碍了该方法在美国的广泛运用。目前，在现实中依然有人尝试去记住所有的信号模型。不过，计算机的诞生使整个学习过程得到了简化，同时现在有经验的老师也更多了。

　　计算机简化了搜寻和观察 K 线的构成的过程。搜索软件为蜡烛图技术提供了颇有价值的服务。K 线模式可以在很短的时间内被锁定和研究。

　　幸运的是，信号能够揭示人类的一些情感，如贪婪和恐惧，而这些感情为学习蜡烛图信号提供了捷径。我们自身对赚取利润的贪婪，将帮助我们有效地理解信号的形成过程。然而，需要对信号进行深入学习是许多投资者不愿意使用 K 线的一个主要原因。大家会认为理解和记忆每一个信号是一项过于烦琐的任务。另外，到目前为止，少有人能够确认自己是否正确学习及深刻理解了这些信号的含义。

　　本书以及相关的网站 www.candlestickforum.com 为学习蜡烛图的学生们提供了一个交流的平台，帮助大家提高学习效率。

　　从一般意义上来讲，在蜡烛图体系的基本假设下，交易将复杂信号的研究过程拆解成了若干个简单的问题：哪里是最佳的购买位置？当然，是在波谷。哪里是最佳的卖出位置？很明显是在波峰。在研究信号的过程中，大部分投资者都是带着这样的思维模式起步的。**如果信号是有效的，那么它们将很容易在发生转折的时候被观察到**。这个想法完全正确，但最有效方法还是去记住这些信号的形态和背后的市场心理。

> 学而不思则罔，思而不学则殆。
>
> ——孔子

渴望在最低点买入并在最高点卖出的愿望，鼓励着人们快速学习这些方法。第 2 章中介绍了各种信号，从那时开始读者在初次通读的时候只需要对这些信号加以**熟悉**，无须从一开始就**硬记住**这些信号。在实践中学习信号形态效率很高，当你在 K 线图上的转折点附近发现这些似曾相识的信号时，会自然而然地反映出来，而这比死记硬背有效得多。

学习信号

学习和记忆信号的过程比大多数人想的要简单许多。下面就是一个在短时间内熟悉信号的过程介绍。

第一步很简单，在你的电脑上找到 K 线图。大部分软件都有提供这一服务。如果没有这类软件，还可以使用免费的绘图服务，www.bigcharts.com 是一个很好的选择。一旦建立起 K 线图，大部分图形处理装置都会允许你定制指标，为客户将随机指标限定为 14，5，5 或者 12，3，3，同时周期为 2～5 天。

现在学习的过程被简化为观察并且研究线图。看看图中底部的反转点，那里是否存在信号？如果有些构成看上去很熟悉，则可以回顾一下第 2 章所提及的信号，试着分析其属于什么样的信号。同时注意随机指标的位置，你会发现大部分的反转都发生在随机指标位于超卖或超买区域的时候。

图 5-1 关于戴尔公司的图表中，有一些波动是显而易见的。戴尔的图表是基于 K 线传达交易信号的典型案例。回顾戴尔公司股票价格的历史运动，很容易发现一些反转信号。大部分信号都与波峰和波谷的随机指标信号相吻合。

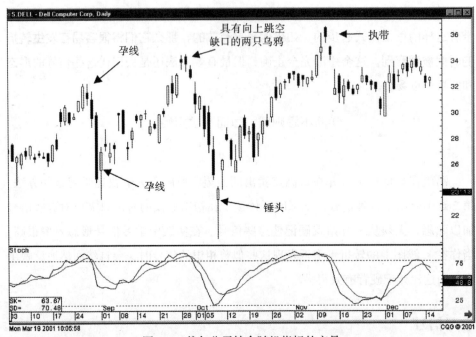

图 5-1　戴尔公司结合随机指标的交易

通过这项练习，我们可以学到很重要的两点。第一，你需要记住那些你希望交易的信号特征（贪婪因素的再次体现）。如果你阅读本书的目的是想从交易中赚钱，那么记住这些信号则是一个必要的过程。当信号在波峰或波谷的出现与你口袋里的钱的进出挂钩时，记住它们将会是很容易的事情。第二，当价格在底部出现买入信号，随机指标也明确显示出了超卖的状态，这应该改变你对市场的看法。如此一来，为何要在机会不明的时候买入股票呢？

幸运的是，想要进行成功的投资，所需要记住的信号数量并不是很多。在30～40个K线信号中，掌握6～10个就足够了。这些信号可以提供足够的每日成功买进卖出所需要的知识。

下面是一些经常出现的主要信号：

- 十字

- 锤头和吊颈

- 射击之星
- 多头吞没模式
- 空头吞没模式
- 乌云压顶
- 贯穿线
- 孕线

这些信号涵盖了超过 75% 的反转形态，同时也是明显的 K 线信号，足以在视觉上直观地看出方向的转变。吞没形态具有不同颜色的实体，将其与现有趋势区别开来。乌云压顶和贯穿线也有类似的特征。

十字具有其自身的特殊性，影线是它最显著的特征。锤头、吊颈和射击之星都有能使它们与其他符号区别开来的长影线。当长影线或影线出现时，投资者都应该特别注意。

其余的信号可以大致了解下。400 年来的统计研究表明，它们不经常出现，但是一旦出现，的确会在方向上引起变化。不过，学习的过程是类似的，就是寻找反转点，明确是否存在信号，以及随机指标的特征状态。

重申一下，在反转点处可以观察到各种无序的 K 线。不是所有的股票和交易标的都有固定的交易模式，市场中总会存在一些与众不同的交易者，我们可以将他们排除在外。成千上万的股票、商品和期货，都可以在 K 线信号明确的情况下表现得很出色。

举例来说，从图 5-2 的 Capital Federal Financial 的走势来看，我们完全没有理由交易这只股票。所有的股票，无论多么不稳定，都会经历一个"死亡阶段"。如果一只股票的图形开始变得平缓，就应该暂时搁置一段时间，别处还存在很多其他的投资机会。

如果遇到了难以做出交易抉择的图形就跳过它。我们有上万只股票可以进行交易，拥有优质信号的标的远远超出我们的想象。找到那些股票，放弃不好的交易机会。

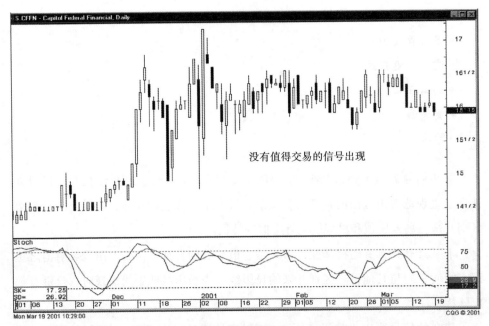

图 5-2　CFFN 公司蜡烛图，不适合交易

　　当你学会了如何阅读图表，辨认股票的反转信号更加容易了。将信号明确的股票列一张清单。一些投资者会利用 K 线信号，在明确的反转点进行特定数量的交易，如此一来提高了每日挑选交易机会的效率。良好的交易习惯可以让投资者在交易时具有一定的优势。支撑位和阻力位则可以被更好地确定，将 K 线结构与这些价位结合起来，对于确定反转点的准确性有极大的帮助。可以通过改变多头持仓和空头持仓这两种途径来达到头寸的应用。

　　你会惊喜地发现，自己识别和记住重要信号的速度是极快的。学习信号只需要几个小时，再花几个小时重温图表上的反转点，可以帮助你加深对信号结构的印象。贪婪这一强有力的情感可以为学习提供动力。记忆信号的过程受到赚取利润的欲望驱使，变得不再那么难了。

　　视觉辨别图像是学习信号的一个重要方面。知道信号的名称和一定的形态所蕴含的心理并不是获利的关键，但是这会带给投资者更多的交易信心。它们可以提供正确的视角，来审视你的每一笔交易。

搜索程序

搜索软件有两方面的作用。第一，可以帮助投资者将图形构成分解为公式化的搜索参数，它会将每一个信号的元素灌输进你的大脑。业内有很多家优秀的搜索软件服务公司，例如 TC2000、Telescan 和 Trade Station 2000。所有的软件都有着出色的搜索功能。第二个作用在于，简化交易流程，提升交易速度。

TC2000 是众多软件中费用合理且使用简单的一款。它系统稳定，且对 K 线搜索能够实施定制化服务。它允许下载大约 1 万个交易符号，从符号列表中，最好的买卖结构可以在几分钟内筛选出来。另外，TC2000 中包含很多预先植入的技术指标程序，投资者可以通过技术参数的最优组合来搜寻最佳的交易机会。一旦参数准备好后，TC2000 会找出 8 或 10 个收益最大的交易机会的进行快速交易。用一个小时设置信号，那些最有可能创造最大收益的（即主要信号）就是最佳的信号形态。

把信号的结构模型放进程序中，是抽象理解交易信号的最佳方法。TC2000 定制化的程序使用简单，它可以被设定为搜索所有的股票或者是搜索特定行业或热门的股票，也可以根据个人偏好，取消所有市值较小或者市值较大的股票。

下面是一种在不考虑行业或部门偏好的情况下，搜索最好交易机会的最为有效的方法。不会所有股票都符合基本的参数，这些基本参数一般都比较简单。

首先，流动性应予重视，以保证能够自由地进入和退出市场。一个小账户可能日平均交易量大于 200 000 股，一个大的账户或者机构账户可能设置清除持有量小于一定数目的股票，比如 500 000 股或 1 000 000 股。这种设置使得他们可以在市场上自由买卖而不会引起价格的剧烈变动。

下一个参数是价格范围，这使投资者能够在舒适的区间内进行交易。由于大多数的经纪公司不代理股价低于 5 美元的股票，因而这一数字可以被设置为参数。其他能在每股 2～5 美元的范围内赚取可观利润的交易者，他们则可以将参数设置的更低一些。当然还有另一些交易者喜欢在每股 20～70 美元的价位上进行交易。参数的设置应该根据投资者个人的偏好而定。

从另一方面来看，如果你知道自己几乎从不交易价格高于每股 150 美元的股票，则无须在此类股票上浪费时间，只要设定一个参数上限即可。

一旦这些基本参数被输入搜索程序，我们就可以将股票数量缩小到大约 3600 只，接下来是针对多头和空头的搜索。TC2000 能够简单快捷地将它们分类。如果想要建立多头头寸，只需加入一个特定的随机指标。TC2000 搜索程序允许用户根据随机指标的水平增加或减少股票。在寻找多头头寸的情况下，搜索参数将被限制在，当天的随机指标低于 20 的所有股票中。如果想要更具体一些，则可以将随机指标设为低于 20，但呈上升状态的股票。对于大多数搜索来说，额外的限制是不需要的。

将信号融入记忆

下一步工作是将信号融入个人的记忆，用公式描述每个信号。每个信号的公式形成过程很简单。公式的实际产生过程会使得我们对信号的形成原因更加清晰。举例来说，多头吞没模型是如何形成的？

首先，今天的开盘必须低于昨天的收盘。公式如下：

$$0 < C1$$

同时今天的收盘高于昨天的开盘：

$$C > 01$$

这些是最简单的。一旦完成了这一简单的过程，图像中的多头吞没形态就变得很清楚了。它现在进入了你的搜索程序，你可以将其命名为"多头吞没形态"。为了进一步强调搜索标准，可以加入随机指标去寻找那些随机指标低于 20 且出现多头吞没信号的股票。每次更新数据（根据电脑运行速度的不同，需要 1～3 分钟的时间），浏览列表都会显示出搜索股票的结果。

所有的信号都可以这样分解。射击之星含有相反的参数。随机指标可以设置为大于 80。开盘价和收盘价将位于日交易范围的 33% 以内，这会使上部的影线等于 K 线实体的两倍。显而易见，处理射击之星的搜索结果，到辨认射击之星所花费的时间不会太久。对于其他所有的信号也是如此。

依靠 TC2000 系统，来公式化每个 K 线信号不会超过 15 分钟。使用搜索程序把一天之内所有的主要信号整理出来，总的花费时间也不会超过 3 个小时。从这个角度来说，你的工作将变成评选最佳信号。

小结

学习信号其实比大多数人想象的简单。最重要也最常出现的信号，数量不超过 10 个。剩下的信号也应该学习，但只需有个印象即可。当这些信号出现时，你会意识到它可能是一个信号，然后经过数分钟的确认（回顾关于信号的章节），它们的构成就会显现出来。

现在的电脑图表服务使得分析历史数据变成了一项简单的操作。识别过去的价格变动中的反转点，能够加深对信号的印象，也能感受到信号发生的频率。对信号不熟悉是很大部分投资者不能很好地利用信号的主要原因之一。

赚取利润是学习过程中最好的动力源泉。不要被学习信号吓退。相对于用信号所获得的利润来说，熟悉它们所花费的几个小时绝对是值得的。

当我们可以识别普通信号时，赚取利润会变得简单许多。有谁不愿意为下个可能盈利的交易做准备呢？从一般的技术角度出发，知道大概什么时候 K 线信号会出现，能够大大增加个人的投资机会，资金使用也会更加有效，整个交易过程都能达到最优化。当可以成功识别交易结构时，个人的进出市场的决策过程也能够得到一定程度的提高。第 6 章将介绍几个一般的模型，使投资者能够利用已知的结论，感知有利可图的交易，及时发现交易机会。

| 第 6 章 |

一般模型

永远不要依赖于信仰，眼见为实才是
真理！不学习实践的人永远也不会明白。

——布莱希特，德国戏剧家和诗人

分析图表的好处有很多，正如本书上一章所描述的那样，寻找完美的交易信号就好比是在草丛中找到闪闪发亮的高尔夫球，或者是在海滩上捡到了古老金币一样，那种知道自己发现了珍宝的感觉是非常激动人心的。

无论研究图表的过程繁杂还是有趣，它都有着积极的意义。它能让投资者轻松识别成功的交易模型，结合具有潜在盈利的交易信号、价格变动以及随机指标各个因素来考量，会使你在头脑中形成一系列抽象图形。这些图形是由日本米商几个世纪积累而来的，将为你打开盈利交易之门。

为了更加快速的识别形态，本章列举了几个常见的一般模型。这些模型将 K 线信号与西方图表模型加以糅合。与西方图表分析那样预期反转然后等待确认的模式不同，K 线信号加入了另一种有价值的维度，而证实西方图表模型的形成也为 K 线投资者提供了来自于不同角度的信息。当一个潜在的反转点出现时，传统的图像交易者会等待观察市场是继续保持原有走势还是与现有的趋势背道而驰。而 K 线中包含的信息为 K 线交易者提供了一定优势，他们可以比其他投资者提前 2~3 天做出交易决策。这听上去也许不那么重要，但如果它能够帮助投资者比其他人多保住 10% 的利润，那就显得不一般了。K 线信号在观察一个长期走势结构时显得尤为重要。

数字 3 的重要性

在日本文化中，数字 3 的地位非同一般，而这也在很大程度上影响了他们的分析方法。两个波峰波谷与四个波峰波谷在西方分析方法中和三个波峰波谷有着同样重要的地位，而包含 3 的结构在 K 线分析中却尤为受到关注。我们不难发现，3 在西方图表中也占有重要的位置，比如，西方的头肩顶模型和 K 线的三山模型实际上是一样的。各种各样的例子不断向我们展示数字 3 是如何影响投资分析的。趋势大致可以分为以下三类：首要的，次要的，微不足道的。在近代前的日本文明中，3 总是与神秘的力量联系在一起。大家常说的"幸运 3"也能表现这一点。3 在反转信号中也是常常出现：3 个白兵预示市场的回升，3 只乌鸦预先警告市场的下滑、3 连阳、3 连阴、3 河床模型——数字 3 贯穿在蜡烛图的描述中。

而数字 4 则有着不好的寓意，因为在日语中数字 4 的发音与死的发音一致。

缺口

一个判断趋势的方向和大小的重要标准就是 windows——这是日本人对缺口（gaps）的表示。西方术语中表述的"回补缺口"在日语中则被称为"关窗"。在上升趋势中，当一个交易日的高点和下一个交易日的低点之间存在差距时，便形成了缺口；下降趋势中则相反，首日的低点和下一交易日的高点之间存在缺口。

缺口的出现有重要的含义，它证明了强烈的买盘或卖盘的存在，日本也常说市场方向跟随缺口方向。缺口还可以担当支撑和阻力位的角色。在上升趋势中出现的缺口，意味着市场做多意愿强烈，而在市场回撤时，该缺口也会是一个支撑位。如果市场回撤并回补整个缺口，那么之前的上升趋势的力量就被抵消。相应地，在向下的趋势中出现的缺口，表示市场做空意味浓重，趋势中任何价格的反弹都会受到缺口的压迫。回补缺口意味着市场反弹的延续和下跌趋势的完结。

大多数缺口最终都会关闭或者会被回补，几乎没有哪个缺口会一直打开。你可以寻找一个缺口，检验一下，并将这个方法为你所用。在上升趋势中，缺口可以当作市场的回调，是再次进场的机会。如果市场回调，使缺口关闭，那么缺口可以被当作一个减持点。将此策略反过来，可以应用在下跌趋势当中。

缺口最佳的使用时点是，当市场出现强有力的买盘或卖盘，且伴随随机指标出现同向的买卖信号。如图 6-1 所示，Serological Corp. 以晨星信号为开端的趋势，且伴随缺口，缺口表明了买入力量坚决——是一个好的信号。在这种情况下，缺口永远不会被回补或者至少在一段时间内不会回补。另外一个有利因素是随机指标开始上升。这并不是从成千上万张图表中挑选出来的证明一个点存在的特殊情形。读者可以自己做一些研究，回顾过往的图表，寻找缺口以及随机指标出现共振的点，我们不难发现这是一种胜率较高的交易信号，另外，我们也能发现，这并不是一个非常罕见的信号，它几乎会出现在每天的交易中。

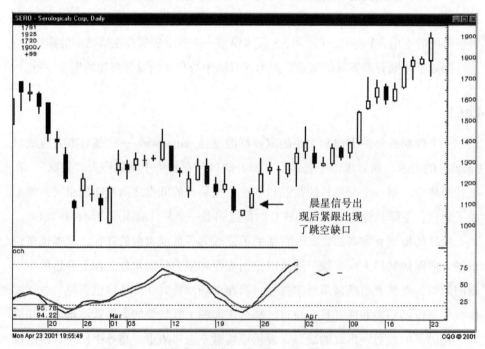

图 6-1 一开始出现的向上跳空缺口表明买方实力很强

投资者应该特别注意在成交密集区或是新高处形成的缺口。此外，随机指标的结合使用也是极其重要的。在上升趋势成交密集区之后形成的缺口，表明仍有大量的做多力量推升价格。利用缺口当作价格回调的支撑，可以为投资者提供一个相对安全的买入时机。

注意图 6-2 中 Universal Display Corp. 的图形，价格在 8～10 美元之间的区域内波动了数月之久。很明显，随后有重大事件促使价格跳空高开，达到了 12 美元的价格。随后价格两次检验缺口的有效性，最后价格反身向上不再回头。图中第一个做多信号就是跳空缺口，而价格反复检验确认缺口有效给了市场充足的做多信心。

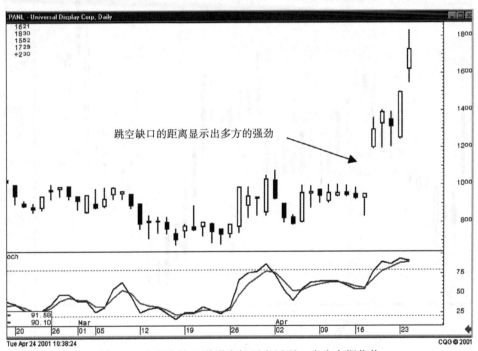

图 6-2　出现大缺口说明市场买盘活跃，多头占据优势

缺口如果出现在新高点上，则需要进行及时的分析，它是在上升行情以及随机指标同时位于超买区域之后出现的？还是价格达到了新的高点后开始回撤，然后又重新拉回到最高点？第一个缺口是一个消耗型缺口，正如之前所提及的，投资者对上涨趋势有充足的信心，这种信心会一直持续到价格在上升过程中形成一

个缺口为止。如果在缺口形成的当天，空方未能有所行动，那么很有可能在接下来的两三天内会有明显抛盘出来。

图 6-3 中 Methode Electronics Inc. 的图形反映了在新高上出现缺口的情况。上升的缺口出现之后，买方是否会持续做多还需要进一步观察。一般情况下，在价格出现大幅向上跳空缺口后，投资者一般会出现即时套取利润的行为，因而在股票开盘之后会有一段波动。

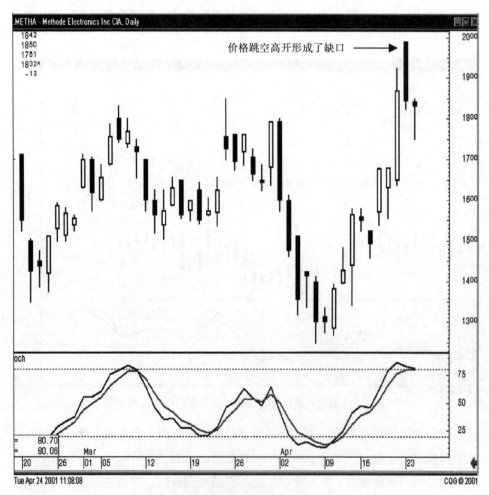

图 6-3　紧接长阳线后的跳空高开说明多头很可能气数已尽，应即时将利润落袋为安

　　如图 6-3 中的情形一样，空方应马上抛售，还是会有短期的套利资金使价格继续上升？这是开盘前必须做的功课。了解随机指标的状况能为应对价格变化带来巨大的优势。在一段大幅上涨后，如同本例中一样，随机指标预示这可能是一个消耗缺口。图 6-4 中 Adobe Systems Inc. 的图形证实了，缺口出现之后随机指标是如何进一步预示价格上升的。

　　注意图 6-4 中随机指标的位置并不在超买区域内。当缺口形成时，随机指标看上去还有更大的向上潜力。这一分析为投资者继续做多提供了一定的理论基础。

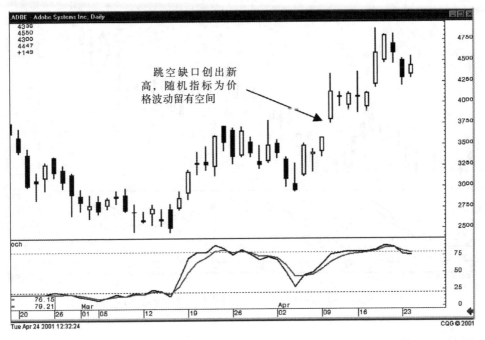

图 6-4　在新高处形成的缺口表明多方仍有实力，应持续持股

高价缺口操作

　　在大幅度的上升之后，一般会出现一段盘整期，这一般由孕线或者成交量较小的 K 线所组成。一组小成交量的交易日显示出市场短期很难进行方向的选择。

经历了一段时间的盘整后，向上的跳空缺口表明股票的多方实力重新恢复，日本人称之为高价缺口操作。这样命名的原因在于，在价格继续上涨之前，其盘整区域处在前期价格的高端。经过这段时间的调整，随机指标也会随之修正，做多力量得到进一步积聚。

注意图 6-5 中 Pulte Corp. 的图像，在大幅上涨之后，价格在新的高点的顶端停留了 3 天。盘整期过后的跳空高开预示了新的一波价格上涨的来临。

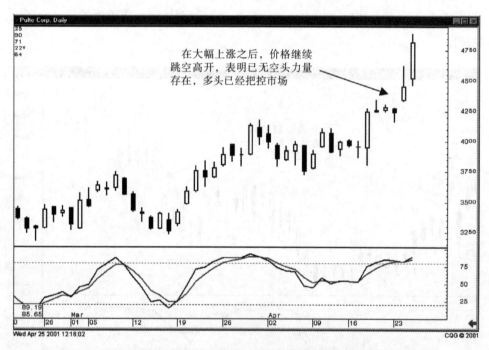

图 6-5　在高位形成的缺口，空方未能组织有效反击表明多方占优势

低价缺口操作

低价缺口操作与高价缺口操作正好相反。在猛烈下跌之后，孕线或者一系列小成交量的交易日，在下跌的底端出现盘整走势。这些信息会给多头带来一定的希望。但是随着价格的进一步跳空下跌，多头的希望破灭。失望的多头开始纷纷卖出，抛售的压力进一步促使价格下跌。

图 6-6 中 Safeco Corp. 的图形表现了低价缺口操作。剧烈的下跌中，出现了孕线信号，形成短期的盘整。接下来的几天内，多头试图扭转价格方向。空头压力使价格无法超过最后一根长阴线一半的位置。十字信号表明空头和多头处于均衡的状态。十字之后的阴线则表明空头仍然掌握着市场的主动权。

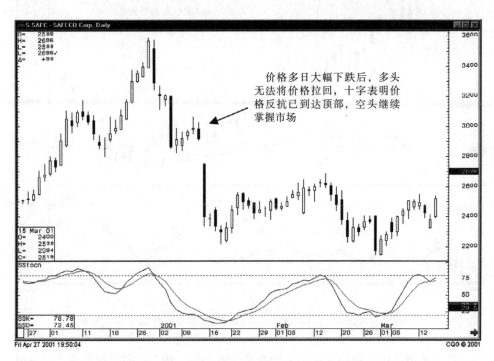

图 6-6　多头反扑失败后形成的向下缺口表明空头实力很强

关键点处的缺口

在明显的趋势中，如果发现了跳空缺口，可以帮助投资者确认新趋势的方向。图 6-7 中 2001 年 4 月的纳斯达克指数的走势中，跳空缺口暗示了原有趋势的变化。与底部的晨星结构相结合的跳空缺口，以及随机指标的方向，都很好地表明了现有趋势在出现变化。看到这样的结构，以及趋势线上方的缺口均会给 K 线投资者足够的时间去构造更加合适的投资组合。

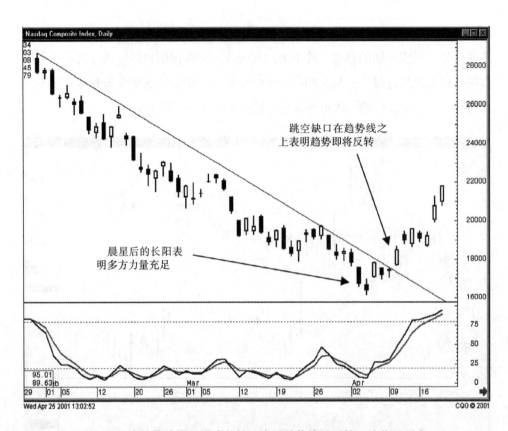

图 6-7　在趋势线附近形成的缺口表示趋势线重要性已让位于买盘

　　在这个例子中，趋势线成为一个明显的阻力位。所有的图形观测者都会意识到它的存在。在突破趋势线的位置买进显得有些积极，价格跳空高开在趋势线以上运行也表明了投资者情绪的显著变化。跳空高开在图中十分明显，这是在警告投资者，旧趋势在发生变化，新一轮的价格走势即将来临。

　　在日本蜡烛图技术中，缺口也称为 Mado。缺口传达的市场信息难以琢磨。所以有人会建议投资者不要在出现缺口时买入，但这必定是来自于不懂得如何使用缺口的交易者。事实上缺口是一个强有力的反转信号，结合使用 K 线形态信号，可以为投资者提供有利可图的交易机会。

　　将蜡烛图信号和强有力的跳空缺口相结合，可以作为交易的重要依据。将两者糅合使用可以使利润持久而丰厚。

　　事实上这些都不是什么秘密交易信号或是新发现的交易公式，它们在交易界中都是广泛知晓的。但是少有人将它们结合使用，K 线信号明显在成功交易中有极大的概率优势，否则该方法也不会持续几个世纪。缺口对市场走势有很重要的指向性，将两者所提供的信息结合应用在市场交易中却少有人实践。

　　缺口的含义很容易理解。当你明白了不同位置的缺口各意味着什么样的市场情绪时，便能让它们更好地为你的盈利而服务。缺口十分重要，而缺口衍生出来的形态也是日本蜡烛图技术分析中重要的部分。有些交易员专门选择缺口来进行交易。

　　仔细思考缺口的含义，在上升的市场中，它的开盘价高于之前任一交易日的最高价。这意味着什么？在非交易时间里，市场的新闻使得这只股票更加被市场认可，需求量更大——所以使得次日的开盘价出现了失衡的状态，价格会高出前几个交易日的实体部分。如图 6-8 所示，缺口便是第 1 根阳线的最高价与第 2 根阳线的最低价之间的距离。

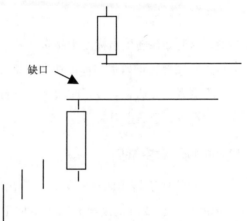

缺口

图 6-8　上升趋势中的跳空缺口

　　在趋势初期出现缺口是个良好的盈利点。在趋势中出现了反向的跳空缺口表示趋势即将改变，比如说，在下跌的趋势中，出现了反向做多的跳空缺口表明多头势力强劲，有反转趋势的可能。底部的 K 线信号，如十字或是孕线、锤头或者其他任何的 K 线信号都表明空头力量的衰竭。那么，还需要什么样的信号来确信下跌停止了呢？答案是次日更多的买盘！最能夯实这一点的便是次日的跳空开盘。

　　许多投资者都对高于前一日收盘价买入心存焦虑。认为那是一个危险的位置！但是蜡烛图技术分析投资者认为，这是一个趋势的反转信号。跳空缺口预示着买盘强劲，价格会进一步攀升走强。消耗缺口的出现表明多头占据了市场的主导，新的趋势会进一步走强。缺口是一个有效的趋势指标。

缺口的位置和形式多种多样。有的很容易被看出，有的需要进一步辨别。本书将展示缺口的形式，并会解释细节：①让读者全面了解缺口的形成；②让读者在视觉上熟悉各种形态的缺口，使之更加容易辨别。我们努力使投资者在价格变化中更容易找到交易机会。

底部的缺口

有两种底部的缺口，均具有重要意义。底部的向下跳空缺口表示下跌趋势的延展，这时如果随机指标处于超卖区域，则意义非凡。一般投资者通常会卖在什么位置？底部！正如本书前面所述，蜡烛图分析更好地揭示了大众的投资心理，很多投资者在无法忍受亏损时卖出。长阴线使投资者再次亏损严重，他们无法忍受账面浮亏，于是止损离场。

底部的向下跳空缺口

当股价处于超卖区域时候，也会出现止损盘。此时无论价格是什么情况，投资者唯一想做的就是离开市场。向下的跳空缺口便表明了大家这种强烈的渴望。

投资者需要在价格处于超卖区域的时候关注买入信号的出现。如果大部分恐慌性的抛盘在底部出现，且形成了向下的跳空缺口，那么底部通常比较接近了。这基本上属于常识。这一心理状态可以帮助投资者时刻准备好介入市场。

这个买入信号会立刻出现吗？不会。但这的确能够显示出下跌趋势走得有点过头了。这有两个好处。第一，如果投资者原来持有空头仓位，那么此时差不多该平仓了。第二，投资者可以开始关注市场的做多机会了。

如图6-9所示，在底部跳空缺口出现后，买盘开始逐步增加，大阴线之后又出现了一个跳空缺口。最后底部出现了一根长腿十字，随机指标也出现在了超卖的区域，向下的跳空缺口暗示了底部的来临。如图所示，向下跳空的长腿十字表明下跌趋势的结束。次日价格反身向上，趋势反转；缺口被回补后价格一路上扬。这一点也表明，向下的跳空缺口暗示着空头趋势的完结，需要关注做多机会。

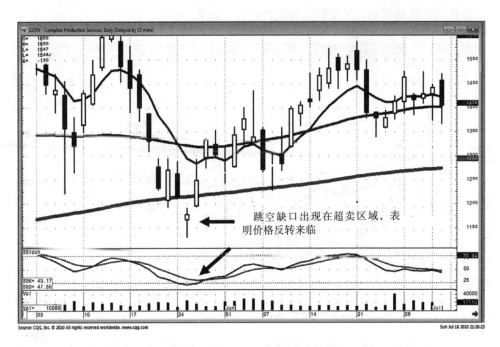

图 6-9　CPX 公司走势图

底部的向上跳空缺口

　　出现在做多信号之后的缺口也是一个强有力的信号。深入了解缺口所代表的市场情绪，而买进卖出可以为投资者提供巨大的潜在盈利空间。那么何处才是最佳的入场点呢？底部出现大量买入的点。很显然，底部趋势延展的跳空缺口是一个很好的介入点。结合蜡烛分析技术，我们会选择价格处于超卖区域的点来介入，以此来减小空方的风险。如果能发现多头更加急于介入市场的其他迹象则更加有利。

　　如果 K 线结构显示出买入信号，且处于超卖区域，随后又出现一个跳空缺口，很显然市场已经显现出了极大的做多意愿。这种情况如图 6-10 所示，在

2010 年 2 月市场投资者十分敏感地反向做多，价格出现了戏剧性的反转。之前的下跌趋势是由于央行危机所造成的。尽管如此，当投资者发现大家过度评估了银行危机所造成的影响，于是瞬间集中力量反向做多。

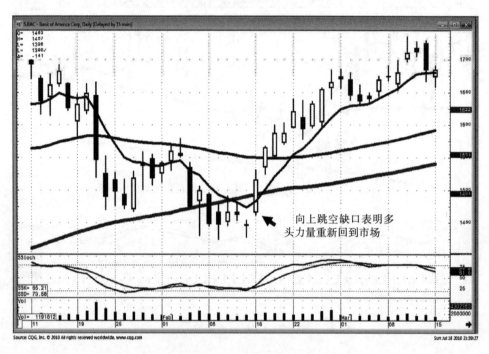

图 6-10　美国银行走势图

顶部的缺口

上涨趋势顶部的缺口对原有趋势是个不好预兆。回忆一下投资者的心理状态，多日的连续上涨给大家营造了浓郁的做多热情。每天价格都在上涨，投资者越来越坚信价格会不断创出新高，股评家们也不断地给出积极的观点，给出各式各样的理由证明价格会不断往上涨。

在这种市场背景下，市场价格向上突破高开。很不幸，这通常是一个顶部。而幸运的是，蜡烛图技术分析投资者能够事先辨别出这一顶部。他们能够运用已有的策略选择一个合适的点位和仓位进出市场。考虑到这类缺口之后也有可能延续原有趋势，投资者需要对仓位也进行控制。大部分时候这类缺口表示着原有趋势力量的衰竭，所以也称为衰竭缺口，或是三升缺口。一般是由于出现重大新闻所导致。

如何在价格处于顶部的时候参与市场？一些止损的方法可以帮助投资者在亏损有限的情况下追求最大的收益。向上跳空的缺口表示市场中顺势的情绪浓重，而跳空高开已经为投资者创造了丰厚的利润，但此时的确有一定的概率显示价格可能已经到达了顶部，或是再延续原有走势进行一段时间。

在一个中小型缺口出现时，投资者应该将止损设置为前一天的收盘价的位置，如果价格上涨，表明顶部已经接近，如果价格回落到前一天收盘附近时，说明买盘不济。如果是这样的话，投资者则应该在止损位置平仓。

如图 6-11 所示，ZSL 公司形成了一个射击之星的 K 线信号，这是一个卖出的信号。如果第 2 天开盘价格走低，则多头应该立刻平仓离场。该信号在告诉大家，卖家占领市场主导权。而随后价格高开，且一天价格都处于纠结状态，仿佛是上涨中的停顿。然而，第 2 天就出现了吊颈的走势。这时蜡烛图技术分析的投资者应该考虑：**一个射击之星是卖出信号，一个吊颈线也是卖出信号，结论便是准备离场**。第 3 天，市场价格低开，清除掉所有的头寸。

如果趋势持续向上，出现了距离比较大的缺口，投资者最好兑现一半的仓位。同时给剩下的仓位设置一个止损点，位置应该在前一天的收盘价处。如果价格回落到之前的收盘水平，那么很明显，空头力量已经出现。该方法确定了价格必在收盘价之上运行。

如果价格大幅高开，且一路攀升，那么可以将止损点设置在开盘价的位置。如果市场形成射击之星和乌云压顶的信号、遭遇线或空头吞没模式，在上述的任何一种情况下，当价格回落到止损点的位置时便发出了离场的信号，投资者应兑现离场。此时空方已经略有发力，投资者应该在此处截取利润，发掘别的低风险获利的信号。

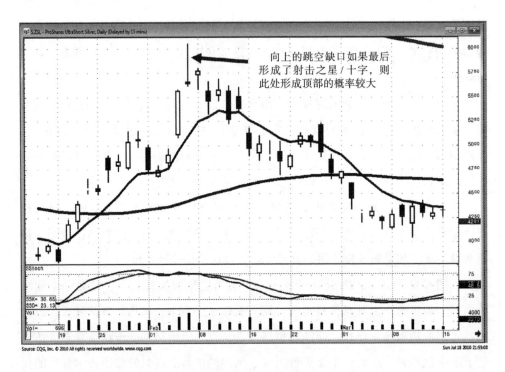

图 6-11　ZSL 公司的走势

卖出缺口

现在我们看看反面的案例。同样的热情也表现在对上涨的差距上，对卖方的不利方面也同样重要。卖空缺口的出现说明了投资者希望迅速离场（见图 6-12）。识别 K 线形态的卖出信号，为潜在的反转走势做好准备。顶部的十字、乌云压顶和空头吞没模式是明显的信号，表明市场准备下移。顶部十字是趋势反转的最佳信号。

知道了信号的含义就可以利用蜡烛图技术领先市场做出正确的交易决策。利用信号传递的概率信息，做好心理上和操作上的准备。识别缺口以及知道其所传达的信息，可以让投资者针对走势情况立刻做好准备。

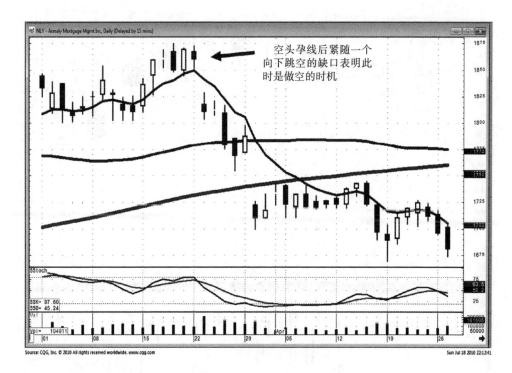

图 6-12　NLY 公司的走势图

圆弧顶

　　圆弧顶是由一系列小实体所组成，特征明显，投资者能直观地从视觉上加以把握（如图 6-13 所示）。投资者从圆形的顶端能明显地看出买入力量正在减退。当价格开始下降时，过程中形成了缺口，这证明空方的力量开始增强。

　　正如图 6-14 中 Clayton Homes Inc. 的图形中所示，股票价格的波动性与其之前相比大大下降了。随机指标进入了超买的区域，同时 K 线的体积变小。圆形顶端显示了投资者情绪的逐渐变化。当价格开始下降时，向下的缺口预示着空头的情绪开始占据了市场的主导地位。

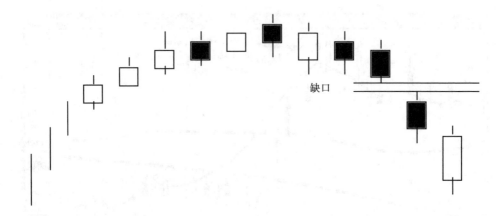

图 6-13　圆弧顶

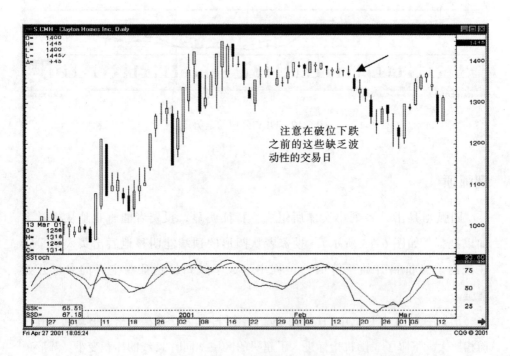

图 6-14　圆弧顶的形成说明了此时场内的投资者正准备开始离场

了解每一种模式是如何形成的，给了蜡烛图投资者一个巨大的优势。它可以

根据交易决策在任何时间执行交易。2008 年夏天的道琼斯指数（见图 6-15）就
是个很好的例子。从 2007 年第 4 季度到 2009 年第 1 季度，是大盘大幅下跌的中
继。很明显，下降趋势一直在延续。2008 年夏季开始，出现了缓慢、起伏不定的
上升趋势。然而，这段波动并没有什么交易机会。也可以看到，一个顶部结构正
在缓慢的形成。如果没有蜡烛图基础知识，许多投资者还可能会一直试图在市场
条件不利的情况下谋求利润。知道圆弧顶的形成，会为蜡烛图投资者提供有价值
的信息。这样的市场条件，可以让资金和投资者休息一段时间。因为不稳定的市
场环境不值得花时间和精力去冒险。

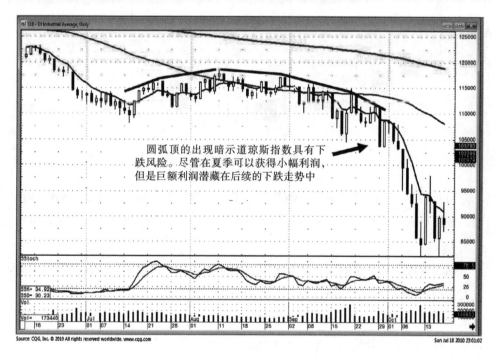

图 6-15　2008 年夏季道琼斯指数走势

明确圆弧顶的形成可以让投资者为下个趋势动向做好准备。圆弧顶是非常强
的下降趋势的前兆。出现这种走势，给投资者做空的时间是很短暂的。

锅状底部

与圆弧顶相对应的是锅状底部（如图 6-16 所示）。它是一个凹形的结构，在西方图表中被称为圆形底部。图中的小实体提供了多方如何缓慢影响价格的一个清楚的视图。在上升开始时出现的缺口表现了多方正在以一定的力量开始影响价格。

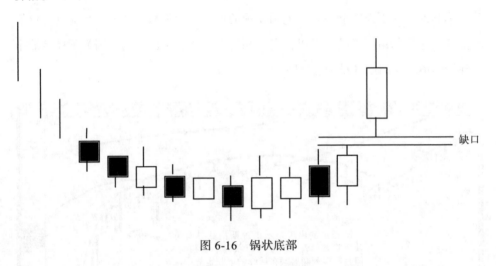

图 6-16　锅状底部

图 6-17 中，New Focus Inc. 图表是一个很好的例子。每天的价格波动范围有限，慢慢形成一个底部。一两个星期之后，向上出现了一个跳空缺口。这表明购买的力度占主导地位。

锅状底部的名字很贴切。不需要高水平的技术分析，就能看懂这种形态中的投资者情绪。这个模式之所以得名，是因为它看起来像一个锅底。这是一种缓慢弯曲的模式，向下延伸到底部，然后慢慢地从另一端出来。很容易理解投资者的情绪。在下跌趋势开始后，抛售开始减弱，下行趋势成为缓慢而不活跃的底部交易模式。

经过很长一段时间后，情绪几乎变得中立，形成了一个平坦的区域。这种交易清淡现象最终将投资者情绪非常缓慢地融入另一面。新的信号显示，买方慢慢介入市场，但买方的热情缺乏，与空方一样。然而，不同之处在于，卖空力量逐渐消失。买方力量逐渐增加。这种模式不同于其他模式，它采用随机指标予以配合，即当随机指标接近超买时，投资者的做多情绪达到峰值。

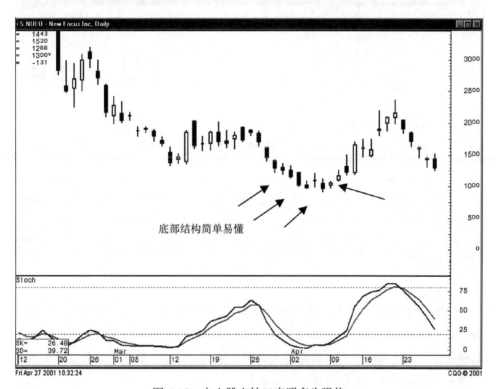

图 6-17 向上跳空缺口表明多头强势

当随机指标出现在超买区域时，投资者应该警惕。价格表明，信心已经随着一根多头蜡烛的形成而重新建立起来，或者是在跳空缺口处形成。这种买盘表明，投资者的情绪现已经对做多充满了信心。即使是在超买的区域，也会有一种购买的信号。这种热情来自长期的盘底，通常会形成强劲的购买趋势。

注意图 6-18 中的长达 4 个月时间的市场走势以及投资者信心发生的变化。突破的关键因素是锅状底部模式的形成。其他一些简单的分析元素也可以加入进来。如时间要素，底部形成的时间大约占用形成整个结构时间的一半。当然这不是一成不变的。简单观察即可发现，底部出现在锅状底部的中间部位。有了这些知识，投资者就可以估算出何时发生突破。

图 6-18　Isonics 公司走势

图 6-19 显示了一个非常缓慢的下降趋势，随后形成了一个"酒窝"。一旦出现了买入信号，但价格没有出现立刻上涨，事实上这是在缓慢累积信心。锅状底部模式分析方法独特，与当价格进入超买区域就大幅买入股票的方法不同。当锅状底部模式形成后，价格走势将一改常态。

训练眼睛识别一个模式是如何建立的，识别机会赢得利润。缓慢的下降趋势，紧随其后的是缓慢的上升趋势，将会出现不一样的价格走势。当交易接近完成锅状底部形态时，资金可以开始投入市场。

由于模式形成需要很长的时间，因此这不应该是交易利润的主要来源模式。然而，这种模式可以在时机变得明显时使用。虽然它们的发生频率不高，但所产生的回报是与众不同的。

这个模式可能会产生更多的买盘。然而，未来几天缺乏跟风盘也是有可能的。投资者可以将资金转去其他的交易机会。走势纠结的时期价格移动会非常缓慢。锅状底部形态的构造确实需要足够长的时间。

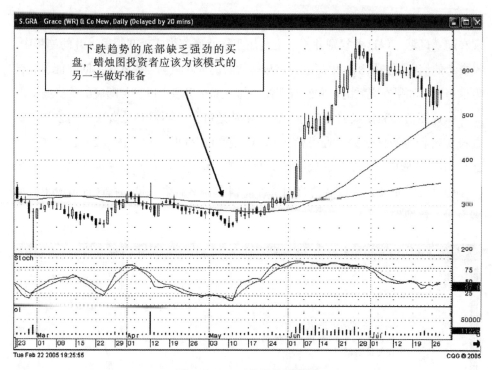

下跌趋势的底部缺乏强劲的买盘，蜡烛图投资者应该为该模式的另一半做好准备

图 6-19　WR 公司的走势图

我们学过锅状底部的基本规则是，底部通常出现在从模式开始到突破发生的中途。大约在 4 月 24 日出现的"酒窝"是一个时间信号。当再次接近于酒窝顶部时，投资者便可以寻找潜在的突破时间点了。5 月的第 2 周是加仓的好时机。大成交量出现在 5 月中旬，突破无疑是买入的时机。

> 每个留心观察并坚定地解决问题的人
> 都在不知不觉中成长为天才。
>
> ——爱德华 G. 布尔沃利顿

尽管突破发生在超买区域，但这一突破清楚地说明了投资者情绪的增长。每个人都有信心再次做多股票。

锅状底部形态的形成并不难分析。它应该被保存在你的脑海中，这一模式改变了传统应用指标的规则。在大多数买入信号出现的情况下，应该等待随机指标出现在超卖区域，但这条规则并不一定适用于锅状底部模式。在缓慢上升的趋势中，投资者的信心缓慢累积，顶部压力位只是暂时的天花板。当模式成熟时，能量就会得以释放。如果在突破的时候没有即使参与，那么仍然可以参与随后的价格波动。

　　蜡烛图信号和模式的主要好处是价格传达的信息不需要花费长时间去研究调查投资者资金流向何处，通过信号和模式就可以说明一切。图 6-20 是 ADCT 在2010 年 7 月形成了一个锅状底部模式的图案。我们可能不知道这种模式背后的原因，但这并不重要。投资者情绪因某种原因在积聚做多力量。在这种情况下，做多力量一触即发。

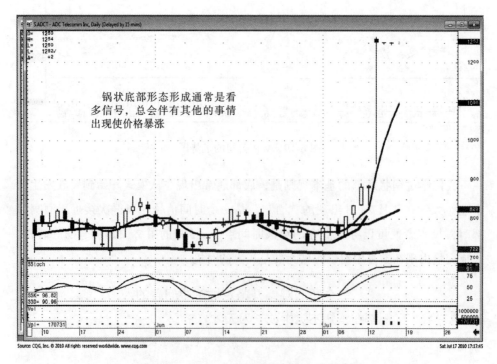

图 6-20　ADCT 公司锅状底部形态突破走势

　　锅状底部图案有其预期的特点，如果爆发出来，通常会出现大的价格波动。突破是明显的特点（见图 6-21）。总会有一些事情发生，导致价格暴涨或形成一个非常大的多头蜡烛。尽管此时价格出现在超买区域，但价格向上变动将是一个高概率的结果。通常情况下，投机者的超买行为是价格处于崩溃状态的指标之一。

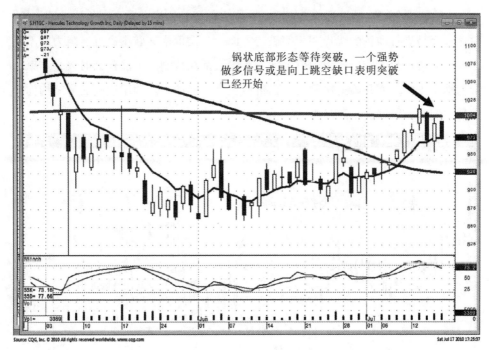

图 6-21　HTC 公司走势

J 形钩模型

J 形钩模型与锅状底部模型相似，但更有活力。该模型是在股票价格强烈上扬并开始反弹的情况下形成的。最初的上移结束后会确定一个 K 线信号。随机指标向下折转，确认下降趋势。数日后，无论从多头 K 线信号的形成还是从随机指标轨线开始趋于平缓都可以看出下降的趋势开始减弱。这一事件的信号提醒投资者密切关注接下来几天内的价格表现。尽管随机指标仍然处于较高或者中级范围，然而强烈的多头信号的出现要求对图形进行进一步的研究。如果随机指标开始向上反弹，J 形钩模型就很可能出现。

J 形钩模型有着与杯柄模型的杯部完全一致的元素，区别在于其过程比杯柄模型更为迅速。杯柄模型需要三四周的时间才能形成，而 J 形钩模型只需要一周多一点的时间。如图 6-22 所示的 JNI 公司的图像，最近的高点充当了很关键的价位。K 线信号会表明是最近的高点将成为阻力位还是价格会向更高价位继续上扬。对这一交易进行准备的优点在于突破的方面。一旦价格突破了高点，阻力就不复存在。股价运行于最后的阻力位会使所有的人都在猜测。上涨什么时候会结束？会上涨多少？空方开始退出舞台从而价格更具上涨动力。利用这些交易结构你会发现它们对增加收益非常有利。

图 6-22 J 形钩模型将股价拉回原位，股价创新高时可获得更多利润

最近的高点也可能成为一个警告。注意图 6-23 英特尔公司的图形。最近的高点充当了阻力位。根据其他的技术方法，技术分析师不断观察在前一个高点处会发生什么。在英特尔公司的例子里，它检验了高点并且拉回形成了一个十字，这表明了在关键价位上市场的优柔寡断。十字会警告 K 线分析者在收盘时抛售以获得收益，而其他技术分析的追随者在达到更低的百分比之前还不会肯定市场是

否缺乏力量挤过阻力位。有关上涨或者下跌是否会持续的远见可以保住可观的利润。能够在每次交易中保全额外的 3%～5% 的利润会很快地积累，一年内资金如此周转 20 次相当于 60%～100% 的额外盈余。

J 形钩是 1-2-3 波形的变体，利用蜡烛图信号可以很容易地识别该模式。当股价出现大幅波动后，选择卖出点是令大多数投资者感到头疼的问题。J 形钩便具备这一特性。首先，它始于一段强烈的上升趋势，投资者一般在很短的时间内会获得"超过正常情况"的回报。在价格大幅波动之后，股票通常会出现类似的走势。比如，由于部分投资者撷取利润，使价格出现短期的回调，接着价格回落到上升通道的下跌轨再次获得支撑，随后上升趋势得以延续。J 形钩描述了价格从回调的底部开始向上移动，形成了字母 J 形的走势。

图 6-23　J 形钩在上升过程中，位于前高的价位受到压力，此时投资者应该撷取利润，寻找下一个投资标的

J 形钩为投资者提供了一个非常简单的盈利模式，而且上升趋势的结束点位

通常一目了然。因为在顶部时随机指标会处于超买区域，或者非常接近于超买区域。尽管股价最初的上升趋势很强劲，但是投资者应该理性地接收信号，并执行卖出指令。即使有人认为上升趋势仍有继续的可能性，但也不应该冒险留在这笔交易中。当卖出信号很明显时，拿走你的利润，寻找下个目标。

什么样的特征能让投资者预测 J 形钩将会形成？分析价格趋势可以给你答案。例如，股票价格强劲上涨，市场指数也稳定上升，而且没有任何回调的迹象，此时市场中会出现部分投资者获利了结，促使股价回调。经过几天的调整后，投资者可以利用蜡烛图信号，在低位介入。这些信号会与随机指标一起，将价格拉回原有的趋势。

在价格回调过程中，蜡烛图出现了十字、锤头、倒锤头或多头吞没，与此同时随机指标也开始走平，这预示着市场中卖出力量减弱，J 形钩的交易机会便出现了。当蜡烛图和随机指标均出现卖出信号时，投资者便应该获利了结，以消除下跌的风险。尽管价格波动的力度会让人对 J 形钩模式产生怀疑，但价格依然可能回调 20%、40%、60% 甚至更大。

利用股票走势的特殊形态，结合蜡烛图技术便形成了一套简单的交易策略。投资者应该在该离场的时候离场。经过几天的回调，如果蜡烛图又给出买入信号，投资者可以再次介入市场。这笔交易的目标应该非常明确，第一目标位便是前期的高点。虽然这笔交易利润可能不大，但是这绝对是有利可图的。

在测试前期高点的压力大小时，投资者也可以使用蜡烛图技术。当价格接近最近的高点时，利用另一个信号卖出。因为那时的抛售压力显而易见，快速了结利润可以帮助投资者保住胜利果实。另一方面，如果蜡烛图给出明确信号，前期高点会被突破，则说明上方没有阻力，原有趋势会得以延续。

注意图 6-24 中的 J 形钩。一旦趋势开始，当价格回落几天后便会回归原有状态。而且随机指标没有进入超卖区域，只是微微回调后便被价格拉了回去。

这些信号表明，价格微微回调便有资金入场，并打算对上一周的高点发起挑战。向上的跳空缺口表明买盘力量十分强劲。投资者学习这种模式和结果，可以果断地在正确的时间节点上进行交易，为模式做好准备，知道寻找什么信号，创造机会参与盈利的交易，同时大大降低投资风险。

　　回调会回到什么位置结束？有时这是显而易见的；但有时不是。但是，有
些指标至少可以为回调提供一个目标位。

　　在图 6-25 的例子中，50 日移动均线成为明显的支撑位。尽管随机指标并没
有到达超卖的状态，但随着多头吞没模式的出现，最终走出了 J 形钩的模式。

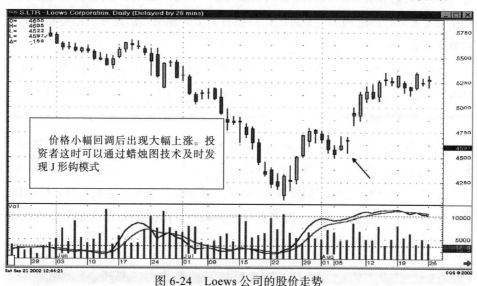

图 6-24　Loews 公司的股价走势

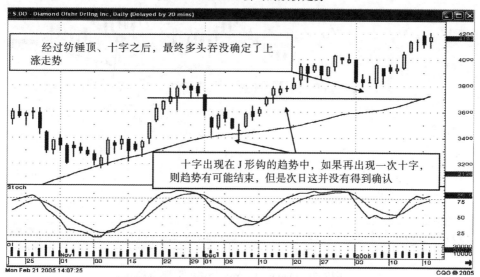

图 6-25　Diamond Offshore Drilling 公司的走势

模式信号准确，交易决策就会很简单。买入信号：主要技术支撑位，即使随机指标没有进入超卖区域。图中在 35 美元的区域内明显有支撑，基于原有趋势，有理由相信价格将会挑战最近的 38 美元区域的高点。而蜡烛图技术可以帮助确定在 38 美元的位置是否会形成有效的阻力位。出现十字可能是阻力信号，但价格在第 2 天低开高走则表明最近的高点没有卖出的迹象。由此可见趋势延续的概率明显很大。

随后价格一路上涨至 40 美元才出现回调，值得注意的是原来在 38 美元处的阻力位现在变成了支撑位。纺锤顶、十字说明此处的支撑，随后的多头吞没模式确定了上涨趋势的延续。

图 6-26 是 J 形钩的股价走势图。随着锤头买入信号的出现，结合随机指标拐头，最近的高点成为第一个潜在的目标价位。

在这个案例中，蜡烛图信号表明，44 美元区域的压力位不会被突破。纺锤顶、吊颈和乌云压顶信号均表明，做多力量已被耗尽。随后的蜡烛也表明价格在 44 美元的区域形成了有效阻力。

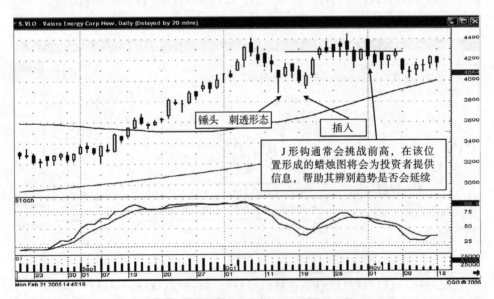

图 6-26　Valero Energy 公司的股票走势

图 6-27 展示的 J 形钩带来了潜在的盈利机会。参与 J 形钩交易机会是有利可图的。在 12.50 美元区域买进这只股票，等待它挑战前期 15 美元的高点。

一个交易机会具有 2.00～2.50 美元的利润空间，这是非常值得尝试的。如果价格达到 15 美元的位置，而蜡烛图出现卖出信号，那么不会创出新高是个合理的判断。但是，15 美元的阻力位被一根长阳线突破。这应该表明上涨趋势有大概率得到延续。由此可见，参与 J 形钩交易机会是非常有价值的——即使它在最近的高点突破失败，投资者也会有部分回报，如果高点被突破的话，投资者会收益颇丰。

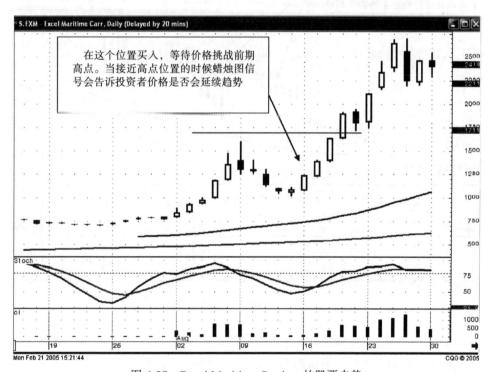

图 6-27　Excel Maritime Carriers 的股票走势

J 形钩是否总能让投资者高买低卖？答案是否定的！然而，要记住的是，投资的目的是保证你的利润最大化，而不是为了每个交易的利润最大化。

如图 6-28 所示，做多机会总是出现在股价跌不动的时候。在建立 J 形钩交易策略的过程中，低卖高买的情况是有可能出现的。蜡烛图技术分析并没有试图以绝对最低价买入，并在绝对最高价卖出。该技术解释了何时该买进，何时该卖出。大多数的时候，蜡烛图技术可以帮助投资者买在绝对底部位置。在趋势中利用买入信号，盈利的概率很大。虽然卖出信号会略有滞后，但是肯定会卖在顶部的"范围"。

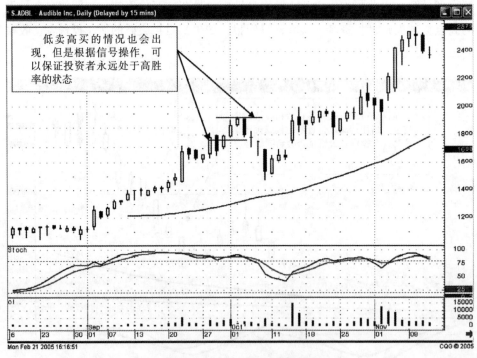

图 6-28　Audible 公司的走势图

　　了解 J 形钩的运行机制可以帮助投资者实现利润最大化。它可以让投资者避开趋势中的回调。当信号显示回调结束时，投资者可以重新进入市场，并在预期的方向上移动。不参与整个趋势的波动，大幅降低了投资者资金回撤的风险，根据蜡烛图和价格走势信号进行买卖，即使是以更高的价格买入股票，仍然可以保证投资者的高胜率。

　　如果信号显示回调可能性很高，为什么还要持有股票呢？把它卖掉！如果出现 J 形钩的走势，请把它买回来。

蜡烛图信号的好处在于能够揭示出何时买盘力度减弱，何时会出现回调。当股价上升的幅度很大时，它回调的幅度也可能很大。在回调的几天里，观察买入信号，并关注回调是否影响到整体趋势。当回调开始趋于平缓时，要注意辨别买入信号。当价格开始反转上升时，可以建仓入场。

J 形钩应该结合市场的总体情况来分析。在强劲的上涨之后，获利回吐是很正常的，因为蜡烛图信号可以让投资者知道涨势是否已经结束。然而，经过几天的回调后出现信号，蜡烛图投资者可以制定策略。这一策略应该包括是否该做空，还要准备重新建立多头头寸。

一旦蜡烛图买入信号出现在市场指数图表中，便表明 J 形钩可能在个股中已经出现，它给出机会让投资者做好准备。如果在趋势的第 1 个卖出信号中建立了空头头寸，那么是时候平掉这些头寸了，为 J 形钩的形成做好建仓准备。

在评估指数的 J 形钩时，持有个股本身会有额外的好处。如果处在市场的上升趋势中，股票价格上涨幅度超过了市场趋势，这就是第一个警示。简单地说，个股的趋势是非常强劲的。在该股出现回调时，如果市场趋势仍在持续，投资者需要关注个股中 J 形钩的出现。

图 6-29 是一个被多头吞没信号确认的 J 形钩。接下来的一天也表明有持续买入的迹象，这说明股价将挑战最近的新高。

如果在最近的高点出现了卖出信号，投资者应该选择离场。尤其是市场趋势处于缓慢看涨的状态时，这种情况下出现回调的可能性就更大了。而当市场不再出现任何严重的抛售行为时，就是进入市场最好的机会，而且走势强的股票还会创出新高。

这看起来很简单，蜡烛图分析师可以利用它们做出非常简单、快速的评估。蜡烛图分析投资的要点就是：每天下午花几分钟，在很短的时间内进行交易评估。

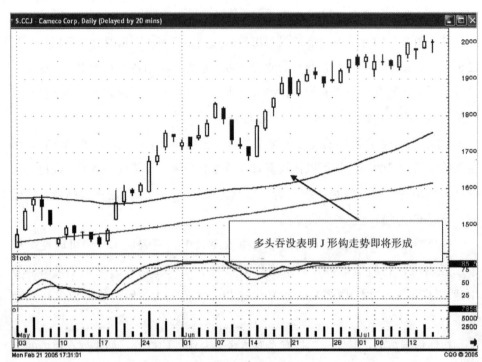

多头吞没表明 J 形钩走势即将形成

图 6-29　Cameco 公司

J 形钩总结

　　J 形钩是具有高盈利潜力的信号。正如图表中所展示的，J 形钩会发生在价格大幅变动的股票上。在应用蜡烛图信号，可以很容易地分析该回调到底是反弹还是真实的反转。

　　J 形钩在单边市场环境中更常见，这种情况下，趋势朝着一个方向稳步前进。价格大幅波动是 J 形钩出现的第一个标准。当价格出现卖出信号开始回调后，蜡烛图投资者就应该开始关注何时出现买入信号。小幅波动的交易日出现十字、锤头、倒锤头、空头吞没信号往往代表空方正在失去力量。当它们出现时，股价走势便会趋于平缓。

　　当价格回调后走平时，投资者可以开始关注蜡烛图买入信号是否出现。如果出现，则建立一个头寸，目标价格是前期的高点。在这一价位的操作是，如果蜡烛图卖出信号出现在最近的高点附近，那么很明显，该位置的阻力明显，交易可以立即停止。另一方面，如果蜡烛图表明买盘强劲，有突破前高的迹象，那么就继续持有。因为价格继续上涨是可以预期的。这次上涨一般会与回调前的第一次上升幅度相同。J 形钩是市场组成的一部分，一般市场的上升趋势越长、越稳定，J 形钩就越有可能出现。

塔顶和塔底

塔顶和塔底是明显相反的模型——明显到从图上可以一眼看出来。塔顶是在市场经历了向上的趋势后形成的。

在图 6-30 的图形中，出现了一个长的白色实线或者是一系列白色实线，这些信号构成了显著不同于其余上升和一般趋势的下降坡度的上升运动。当上升突然减缓，卖出信号出现，塔顶便随着使价格剧烈下跌的大的黑色蜡烛而形成。长的蜡烛信号的构成类似于塔的结构，模型因而得名。一些日本文献也把塔顶称为炮楼顶。

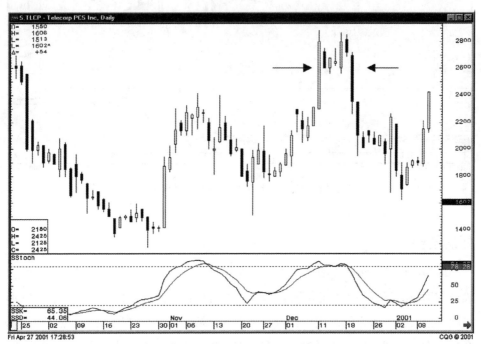

图 6-30　塔顶较易辨认，此处可获得较大利润

塔底很明显是在市场趋势底部出现的相反情形。一个长的黑色蜡烛信号或者一系列黑色蜡烛出现之后，下降趋势变得缓和。这时出现一个或更多白色蜡烛，在上下波动的趋势中还有长的白色蜡烛。像塔顶一样，塔底结构再次从普通交易中显现出来。图 6-31 的图形中，长的黑色蜡烛与长的白色蜡烛长度几乎相同，两者都大于通常每日交易的范围。这一结构对于长期投资者尤其有用，具有这一结构的月度图形很可能位于长期上涨趋势的底部。

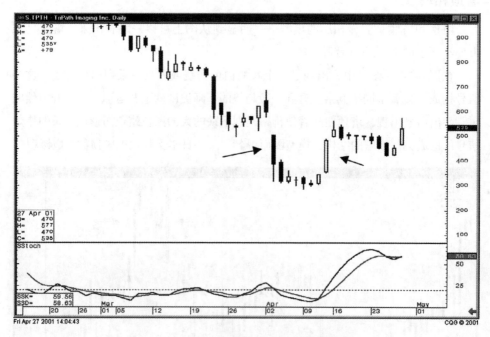

图 6-31 塔底表明投资者心态发生明显转变

杯柄结构

杯柄结构是一种很常见的结构，有时还被归入锅状底部结构，这一结构的构成当其形成之后在图形中很明显。K 线分析者可以有效地利用这一结构，从它形成的早期获利。西方的图表分析者会等着看价格是否能突破柄部的顶点从而将资金投入交易。超越这一水平时，会有突破发生。K 线投资者从相同的形态中可获得双倍的潜在盈利机会。观察到杯柄的形成，同时看到再次下跌的向下的轨线形成底部，K 线提供了从这一结构中赚取双倍利润的有力工具。

首先，如果杯底正在形成，K 线买入信号会在杯部结构开始形成另一侧时确定。收益可以很容易地计算出来。如果买进是在杯底位置做出的，最主要的阻力位将是杯柄的顶点，而这两者之间的差距将会有 8% 或者 12% 以致更高的回报产生，对于一个时间为两周的投资来说这已经非常不错。当价格接近可能成为阻力位或者突破点的水平时，K 线分析可以提供关于潜在盈利的额外提示。对随机指标的仔细考察会预示有多少购买力将停留在突破阻力区域的点处。当价格接近那一点时，随机指标进入超买区域，投资者就应该为 K 线卖出信号的出现做准备了。任何弱势信号都会使投资者在最佳盈利点上离开市场。如果随机指标在价格接近关键的价格水平时有力量继续停留同时 K 线卖出信号没有出现，则又会有额外的盈利情形。当价格达到这一水平时，知道新一轮大规模的买入即将发生会给投资者充分的理由增加头寸。

图 6-32 展示了杯柄结构。在杯形结构触底之后价格开始上升，目标是柄部结构的顶点。K 线结构与随机指标共同作用，提供相关信息以决定之前的顶点是否会成为阻力位。注意在突破第一水平的 K 线信号之前的那些 K 线信号并未表明市场转弱。尽管位于超买区域，随机指标也没有给出任何折转的信号。突破最近的顶点点 B [⊖]的 K 线信号形成了另一个没有卖出信号迹象的强烈的 K 线结构，这使得下一个顶点点 A 成为下一个可能的阻力位。从图 6-32 中可以看出，这一阻力位仍然被突破了。从突破水平产生的强烈的 K 线信号预示价格将进一步上涨。

图 6-33 中图形示范了在柄的顶点处微弱的结束。点 B 之上的收盘价虽然使当天有了一个上涨，却并不算是一个强有力的收盘。随机指标看上去正在延展。下一日的射击之星确实显示出了趋势的弱势，预示着多头在很容易观察到的柄部顶点点 A 处已经耗尽了力量。这一弱势信号形成于交易日结束之时的事实会使 K 线投资者在当天的收盘价这一很好的退出点上退出市场，而其他技术分析方法要到第 2 天或更低的水平才会预示趋势的失败。

⊖ 英文原图即无明显的 B 点显示，疑有误。——译者注

图 6-32　前面柄状结构的顶点可视为触底反弹的目标价位

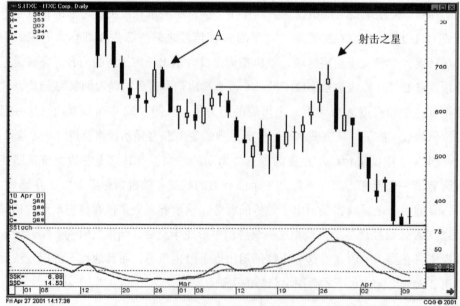

图 6-33　射击之星的出现表示多头在关键价位后继乏力，股价无法向上突破

引起惊慌的价格移动

在股票趋势中存在一些普遍的价格运动，发现其中的异类可以让你找到有利可图的交易。认识到一旦某个交易或趋势开始后价格的反应，会让你不致错过好的交易机会。

一个很常见的现象就是"最后喘息"的买进日，这往往出现在一个趋势发生逆转之后的第 3 天或第 4 天。注意图 6-34 中 Infosys Tech 公司的图形，在一个相对可靠的卖出信号之后 3 天之内买方是如何积极涌入的。其顶端被确定为纺锤顶，接着的向下曲线是由吊颈信号之后较低的开盘引起的。从随机指标方向的角度来看，这是一个令人安慰的空头行为。如果空头头寸是在吊颈信号之后的第 2 天开盘时建立的，则应注意之后的第 3 天如何将成为一个考验期。价格上升超过了进入点。

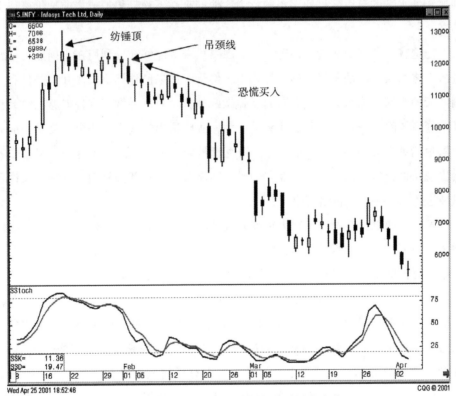

图 6-34　可以根据随机指标的变动调整仓位

如果进行了分析，观测到了信号，并且看到了随机指标向下的运动，最好的投资策略就是等待这一运动的结束。对于如此令人恐慌的现象，K线交易的一个基本原则就是使得交易日的结尾处形成信号，交易日中发生的情况将不会影响到交易决策。日本人花了很多年的时间来确定这些信号所带来的后果。具体的百分比根据个人赋予信号提示的权重不同而相异。

观察一个时间段结束之时的结构是非常重要的。图 6-35 中 Integrated Circuits System Inc. 的图形示范了顶端大量的买入现象。第 2 天的孕线信号表明买入已经停止，接下来那天的黑色蜡烛进一步肯定了这一判断。但是注意孕线信号出现之后第 3 天，买方是如何把价格拉回到第 2 个黑色蜡烛顶端的，这冲销了很大一部分收益。但是，随机指标正处于下降趋势中。买入是那些认为价格已经回落到比较低水平的最后喘息的多头的行为，他们赶在下跌趋势形成之前把价格往上抬高。

把这些事件都记在脑中，聪明的蜡烛图投资者能够充分利用在止损点与重新进入点之间快速移动所带来的好处。举个例子，如果已建好空头头寸，并且有一到两天的利润，那么要为反方向的反弹做好准备。对反弹做好准备能够在很大程度上降低风险。一旦观察到任何买进行为，实施退出的保守方法会使交易在前一天黑色蜡烛上方的 1/2 处停止。这里的逻辑是如果价格上涨到了这一水平，多方会出现从而把价格抬得更高，保守的操作则能够保全一部分利润。现在又有许多重新进入的策略可以付诸实施。

第一，如果价格上升了很大幅度并且开始在那一高点处徘徊，是时候再次做空了。原因在于：如果价格当天已经上涨相当比例，它还能再走多远？如果在当天结束时价格还没有开始反弹，交易可以以很小的损失结算。

第二，一旦价格突破了买入止损点并继续上升，一个卖出止损指令就要在起初的买入止损点附近发出。如果价格从那一水平回落，就证明了没有足够的多头保持价格的上升，下降的趋势将会持续。这一策略在价格上升的时候停止交易，保护了大部分的利润。如果上升持续，则没有任何危害存在。另一方面，如果反弹仅仅是一个反弹，并无大碍，当价格降至卖出止损水平以下，交易将重新恢复。这种保护的成本为双重的佣金。

图 6-35　信号可用于尽早判断趋势线是否继续维持

趋势线与趋势通道

清晰的模型可以从图形中看出，没有经验的投资者和经过训练的专业人员同样能够很容易地看到它们。每个观察它们的人都可以得出相同的结论。如果一个支撑位得到保持，那么就买入；如果一个阻力位保持，那么就卖出。这些表述中关键的词语是"如果"。对趋势的力量（随机指标）有一定的远见是很有优势的。在支撑和阻力位处观测到的 K 线信号能够提供领先于其他技术分析的出发点。这种时间优势往往可以区分出一个好的交易和普通的交易。

如果任何时候明显的信号能够给你带来好处，就一定要利用它。在一个通道的早期趋势线并不明显，但是早期的波峰和波谷却能够在通道结束时为一两个好的交易创造机会。就像图 6-36 中强生公司的例子，交易形式在接近通道结束之前都不会变得很明朗，但是它却创造了安全的短期交易机会。

图 6-36　根据趋势线可判断市场强弱，有利于蜡烛图投资者

注意图 6-37 中 Credence Systems Corp. 的情形，当存在纺锤顶买点时通过顶点的趋势线是怎样在底部形成一条平行线的。这一模型，与在随机指标转折点处产生的纺锤顶联合起来创造出充分的理由将资金投入交易。另外，空头头寸开始于趋势线顶部，数周之后可能在趋势线底部附近跳升后重新建立空头仓位。十字和射击之星以及随机指标中一些向下力量的出现会给卖空者在下跌中

创造利润。

这种做法要求预测是否有足够向下动能突破趋势线底部。如果趋势线底部未能起到支撑作用，如本例所示，那么有可能发生大幅度的下跌。这是由于所有观察趋势线的人一旦发现趋势线未能保持住，这些人就会卖出手中股票或者干脆卖空从而导致股价大幅下降。

图 6-37　在一关键支撑位上出现含义不大的蜡烛图形表示该支撑位难以继续有效

学习技术模型

在蜡烛图技术之外，掌握一些基本技术模型另有好处。有能力引入一些依靠其他技术分析的投资者进行决策的标准，虽然对于蜡烛图技术交易者来说并不必要，但可以增加 K 线信号的有效性。难道你不想在大多数投资者都在期待逆转发生时知道逆转实际上已经发生？而这一领先会为你的投资增加很大的盈利机会。一旦你由于对 K 线信号的识别而可以确认成功的模型时，记忆它们也就变得非常容易了。你会由于最有效的刺激来源——收益而保持对潜在的模型结构的熟悉。

> 耳听为虚，眼见为实，绝知此事须躬行。
>
> ——中国谚语

本章向读者展示了许多非常成功的技术模型，更为详细的模型列表与介绍可以在网站 www.candlestickforum.com 中找到。学得越多，在观察有利交易的形成方面越有经验。

拥有对于有利可图的价格变动前的图形结构的知识，配合 K 线信号，能够产生很优秀的投资远见，这些远见可以彻底改进个人的投资思维过程。深入的信号分析能够解释投资者的情绪，日本人增加了一个连最复杂的电脑程序都无法完成的因素：分析产生信号的思想。我们则接受了这一独特的研究方法论的成果。除此之外在哪里我们能学习到关于投资者思维过程的知识呢？艾略特波浪与模型确认方法涉及了投资哲学引起波动以至于价格运动的周期的事实。斐波纳契数列论证了衡量波动振幅的方法，但是很少能有一种投资方法可以分解每一种结构并且描述多方阵营与空方阵营中发生了什么，这些信息给 K 线投资者带来了空前的投资优势，传统的投资方法则显得很平庸了。你们将获得完善最大化投资回报的决策，你们将在余生使用这些技能并获得很多前所未见的机会，这在很大程度上是由于在投资圈中很少有人清楚地知道如何抓住机会。

永久改变你的投资能力

你的投资思维过程将会永久改变——不是因为你接触了一个革命性的新投资理念，而是因为你接触了一个革命性的旧投资程序。测试。证实。成功。这是正确的思考问题的方式。正如前面所提到的。这个交易计划并没有被隐藏起来。日本人从不拒绝对蜡烛图技术进行解释。大众却从来不要求教。阅读这本书能够表明，传统的投资建议和既有的财富没有满足你的期望，你想要更多。

第 7 章阐明了蜡烛图信号固有的投资基础，这些实践内容很容易陈述，但从未被纳入主流投资学科。坚持"蜡烛图课程"将会带来丰厚的投资回报，这将使你不再会回到与大多数投资投资者一样的平庸的水平。

| 第7章 |

革新投资心理

> 人们对没有亲身经历过的经验教训充
> 耳不闻。
>
> ——尼采

日本蜡烛图技术有着400多年的研究沉淀。这些研究是对投资大众人性弱点的总结，即情绪化投资。投资行为本身可以分为两类：理性投资和感性投资。在投资过程中，理性的逻辑推理会引发心中感性的部分，形成恐惧等情绪。在蜡烛图上找到底部，并在此价位附近建仓并不是一件难的事情，然而，当投资者不断重复这一动作时，理性建仓的逻辑总会被人性的种种心理所取代。当股价连续下跌时，理性的投资逻辑告诉我们这正是买入的时机，且买入信号清晰可见，但投资者总会有意无意地被其他因素所干扰。此时，股评家们也往往会保守地告诫投资者，该公司或行业面临危机，形势不容乐观。我们经常可以在电视节目或网站上看到他们高谈阔论，不合时宜地阐述各种显而易见的理由。

事实上，我们跟踪分析了数日、数月甚至数年各个不同周期的图表和其他参数，最后均给出了买入的信号，但是，尽管如此，普通投资者却经常因为犹豫不决而错过最佳时机，他们总是在关键时刻被其他因素所干扰。万一这次股评家所预测的是对的怎么办？万一自己的信号发生了错误怎么办？万一还有别的坏消息没有公开怎么办？即使是投资专家也承认过："我的研究结论表明，此时应该买入，但是往往我下不了决心。"这种犹豫不决的心理非常普遍，其最终的结果是投资收益率不及预期。

当经纪人在股票价格处于底部位置推荐股票时，我们经常会听到投资者说："在买入之前我想再看看股票的走势如何。"也就是说，投资者通常只有在股票明确上涨时才会愿意介入，因此，投资者在设定投资计划时，应该将这一心理因素考虑在内。

> 恐惧让人焦虑，令人浮想联翩。
>
> ——塞万提斯

如果股价突破前期高点，一般投资者都会进行追涨的操作。假设 A 股票在过去 3 周内价格从 10 美元涨到了 18 美元，你的表弟告诉你要马上买入这只股票，因为在未来的三四天里公司会宣布每股 32 美元的收购方案。大多数投资者在得到这一消息时心中会有两种情绪：一种情绪是贪婪，想想仅需几天时间就可以大发一笔横财！另一种情绪是焦虑不安，因为如果你选择保守行事，决定不购买该股票，那么在你表弟面前会显得多么愚蠢，万一这则小道消息成真了你自己也会追悔莫及。最终情绪战胜了理智，你决定购买 A 股票。投资者需要管理好自己的情绪，因为在投资决策中它的作用举足轻重。图 7-1 显示了大众情绪对股价的影响。

如果投资大众的情绪主导了市场，那么，即使是最一流的研究体系也得靠边站。几年前，K-Tel 公司宣布自己将通过互联网渠道来销售唱片及磁带。想必许多人都还记得 K-Tel 公司，多年来你总会在晚间电视节目里看到它的广告。那时这家公司的股价一直维持在 4～6 美元。在宣布互联网销售计划之后，它受到了投资者的热烈追捧，股价一路飙升至 60 美元。

图 7-1 是 Homecom 公司股价的走势图。该公司在 K-Tel 公司公告的次日也宣布了准备通过互联网渠道销售保险。3 天之内其股价从 2 美元飙升到了 18 美元，投资者争相购买，似乎人人都不愿错过这个好机会，毕竟谁会在看上去前景

一片光明的时候卖掉手中 18 美元的股票呢？

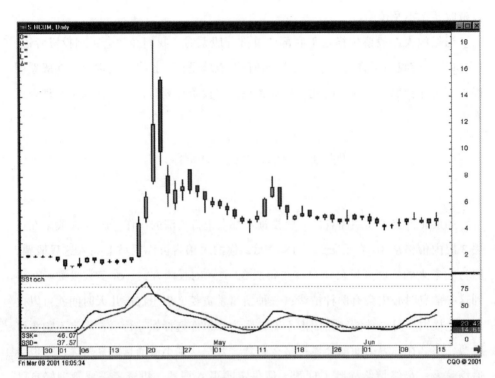

图 7-1 K-Tel 公司宣布网上销售唱片后，Homecom 公司也宣布通过互联网销
       售保险，其股价大幅飙升

为什么在公布坏消息后，股价反而会出现上涨呢？注意图 7-2 中的走势。精
明的投资者可能会在数周前就意识到，不好的情况可能会发生，所以他们在这一
坏消息公布之前就已经提前抛出了股票。

蜡烛图技术分析的优势显而易见。传统的技术分析方法在价格处在 B 点处并
没有给出明确的依据，以暗示股价处于底部，并且会马上返身向上。而价格大幅
低开高走则表明空方在底部被洗出场外，多方在此逐渐开始建仓。B 点处的长阳
线表明，坏消息早在 A 点处就已经反映在股价中，因而坏消息公布后可谓是利空
出尽是利好，股价反而出现上涨。

图 7-2　预计会出现利空的投资者在 A 点处已经开始抛售股票，而在 B 点利空
　　　　兑现时买回股票

学会如何进行投资

现在我们来研究普通投资者是如何寻找盈利机会的。蜡烛图描述的是，在特
定的时间里，投资者对于市场表现所反映出来的心理状态。

让我们来简单分析一下投资者是如何思考的。这不会太难，大多数人应该都
有这方面的经验。这一分析行为是我们从普通投资者反应中获利的重要步骤。投
资与其他需要准确评估的活动并无本质上的区别，如救援队练习救援，棒球队模
拟比赛，部队进行演习一样，充分的训练可以保证投资者在有压力的情况下发挥
出正常水平，因此投资决策也需要不断的训练。

幸运的是，搜索软件可以为投资者完成训练中的一部分工作。使用 TC2000
软件可以在数分钟内评估几百种图形。它可以根据各种假设条件，来寻找最佳的
交易策略，使我们对未来图形的变化做到心里有数。通过这种练习，你能够迅

速了解目前股票价格的趋势，优化你的投资，而不用依赖华尔街的专家帮你做决定。

券商究竟站在哪一边

了解券商在市场中的角色，可以使我们对大多数投资者的行为有更加深刻的认知。投资者往往在这个问题上存在误区，认为券商是帮助他们赚钱的。事实上这只是券商的第二个目的，券商的首要目的是保证自己赚钱，而其客户只不过是达到这一目的的工具而已。"当大众都开始涌入市场的时候，也就是该撤出的时候"，这一格言至今依然有效。

由于信息不对称，投资专家与普通投资者相比具有明显的信息优势，尤其是在 20 世纪 80 年代中期以前。投资专家将信息根据他们的需要精心编辑，通过证券分析师、经纪人推荐给公众。公众涌入市场很大程度是券商极力推荐的结果。那么是谁将投资者往火坑里推呢？正如你所想的那样，正是券商或经纪公司。

还有一种说法认为，投资者需要听取专家的意见，以便更好地理解投资信息。然而，专家的意见真的都那么可靠吗？近年来，随着互联网的发展，普通的投资者也可以方便、高效地获取投资信息，专业机构投资者的投资收益也未必比普通投资者的收益好，因此专家的权威性受到了严重的挑战。

掌握了蜡烛图技术分析知识你就会发现，券商推荐股票存在的问题显而易见。近年来大家也都注意到股评家很少会在底部推荐股票。图 7-3 是戴尔公司股价的走势。股价在 A 点处达到谷底，然后开始强劲反弹。在 B 点处一家著名券商开始强烈推荐购买戴尔公司的股票。可是他们为何不在 A 点处，股价为每股 36 美元时推荐，而在三周后 B 点处，即股价上涨 25% 之后达到每股 44 美元时推荐呢？

华尔街的高薪证券分析师们拥有最多最可靠的信息，在做出投资决策时考虑了各种各样的因素，他们没有在股价为 36 美元处及时发出买入信号，却在 44 美元时忙不迭地加以推荐，其动机确实令人怀疑。

退一步说，即使分析师目前刚发现戴尔公司的股票具有投资价值，那么为何不在股价为每股 38 美元、40 美元或者 42 美元时推荐呢？一种合理的解释就是，券商与股评家相互勾结，券商在股评家推荐该股票之前就开始建仓，一旦建仓完毕股评家就开始向外界推荐这只股票。由于股评家的推荐，许多投资者开始购买这只股票，成交量成倍增长。券商由于在低位时买入了大量筹码，因此，它可以在股价大涨时将股票卖给投资者。

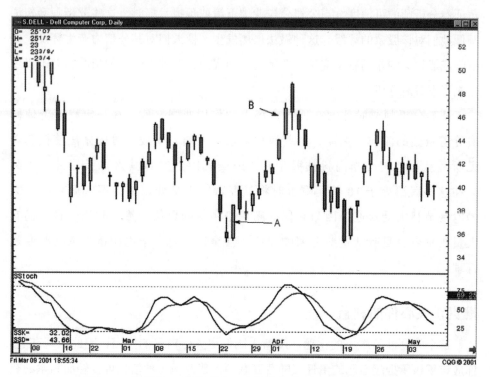

图 7-3　是谁在 A 点处买入？为何券商会在 B 点处推荐股票

券商的这一做法堪称一箭双雕！他们保证股价稳定，等待大家来接盘！在过程中，他们不仅一天可以赚到高达 120 万美元的交易佣金！还可以从股价的涨跌中赚取 2000 万美元。这也许就是很难看到股评家在底部推荐股票的原因之一。

如果盗窃可以使人变得富有，小偷也可变为绅士。

——托马斯·富勒

具备蜡烛图分析技术可以使投资者具有特殊的优势。你可以不再依赖于平时你喜欢的股评家所推荐的股票，而独立做出自己的判断，决定买入、卖出，还是等待更佳时机。

有许多电视节目会出现股评家的身影，而这些节目也极力讽刺挖苦华尔街高薪证券分析师的可信度。当公司公告业绩下滑或预报亏损时，这些分析师会匆忙调低他们对该股票的评级。这种做法屡屡发生，使人们对其公信力产生怀疑。分析师或股评家的作用就是应该在业绩公告前提前预测即将发生的情况，而不仅仅是充当事后诸葛亮。

证券分析师或股评家在证券市场上的作用非同一般，在一定程度上他们引导着资金的流向。然而，一些股评家前后矛盾，模棱两可的做法使投资者无所适从。他们会当高科技股票在120美元附近时将其吹得天花乱坠，又会在这些股票处于10美元附近时将其贬得一无是处。难怪那些讽刺股评家的电视节目大受欢迎，因为它们揭露了华尔街的虚伪。然而时至今日，仍有大量投资者盲目听从这些专家的建议，甚至还将自己毕生积蓄交由这些专家打理。

谁真正关心你的利益

这个问题涉及本书的主题。没有人比你更关心自己的投资！因此从现在起，你应该积极承担起自己的责任。随着互联网的普及，各种信息可以轻而易举的获取，而这在以前几乎是无法想象的。蜡烛图技术分析也是计算机时代的受益者，以往需要数小时或数天的分析过程，现在只需要几秒钟。

正如本书第1章所指出的那样，大多数人对于如何成功投资并没有明确的学习过程。极小部分投资者从一开始就从投资中不断获益，这些幸运儿之所以幸运并不是因为他们一开始就有什么灵丹妙药，而是因为他们使用了恰当的方法，包括制订明确的投资计划，以及在执行交易计划的过程中严格遵守纪律。

思维纪律——蜡烛图技术分析的内在优点

一旦建仓完毕，思维过程需要由纪律来约束。这种纪律与我们日常生活中做决策需要遵守的纪律并不一样，因此并无先例可寻。控制我们的思维状态需要大量的练习，而这种练习需要付出一定的代价，且往往具有风险。

对于新手而言，建议先进行一段时间的模拟交易练习，这种训练有助于区分及建立不同的交易形式，然而纸上谈兵终究不同于真枪实弹。

没有任何学校会传授如何控制自己的思维状态，你也许可以通过参加研讨会分享别人的经验，但真正的经验只有当你亲自投入资金时才能获得，正所谓"纸上得来终觉浅，绝知此事须躬行"。

日本人发明的蜡烛图技术在分析市场投资情绪方面具有内在优势。蜡烛图信号本身就反映了许多心理过程，熟悉这些信号的形成过程无疑对投资者有帮助。通过学习这些信号的含义，可以使我们了解那些失败者错在哪里，并从中吸取教训。尽管我们了解投资原理，但在实际操作中却往往忽略它们。

蜡烛图技术分析的优势

投资的基本原则是：低买高卖。就是如此简单，但是，这是大多数人投资遵循的原则吗？并非如此，如果不是朋友的朋友指点，就是因为投资新闻在报道石油部门，或者半导体部门，或者无论什么部门在过去的几个星期里运行状况良好，接着投资大众就将资金投到这些股票上了。这样做的问题在于，当某个部门开始表现出复苏的迹象时，我们原本应该在此之前就买入该部门的股票。当每个人都注意到了这种走向时，其变动的主要趋势已经形成了。

图 7-4 即为 Allen Telecom Inc. 的股票走势。当随机指标在超买或超卖区域时，或者随机指标正发生变化时，交易信号显而易见。

低价买入，高价卖出。明确自己期望的信号，能够帮助你在最低点或底部附近及时买入，而且电脑简化了蜡烛图的反转确认，指出那些潜在反转走势的指标目前来说也并不是那么困难。

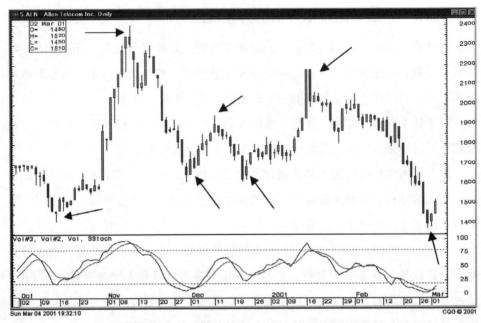

图 7-4　价格转折时候的信号显而易见

股价的波动

　　注意图 7-5 Adamai Tech Inc. 的图形，它的下降并不是线性的，也有一些短线的回调。投资者需要知道，价格的波动和振荡与投资者的回报成正比。不要错失良机，投资者应利用价格波动的机会，将资金切换到另外一个交易上，然后再回到这笔交易中来。这也许会大大地提高回报率。资金应放在能将利润最大化的股票上，而不是坐等利润变为负收益。

　　波动或振荡给投资者创造了获得潜在高收益的机会。在大量的以波动为导向的技术分析中这是显而易见的，比如，艾略特波浪理论、斐波纳契数列技术、相对强弱指标方法（RSI）、平滑异同移动平均线技术（MACD）、随机指标、布莱克形态认知方法和其他的一些技术。所有的这些技术方法都来自于价格运动的波浪形态。

　　虽然日本蜡烛图分析是一个很好的技术分析工具，但也可以结合其他技术方法一同使用，从而更加精确地观察蜡烛图信号的变化，比如，寻找支撑或阻力区域这些被动分析的方法。被动分析是投资者在某个位置买入或者卖出的预测。蜡烛图信号则告知了我们价格瞬间的行动方向和情绪变化。

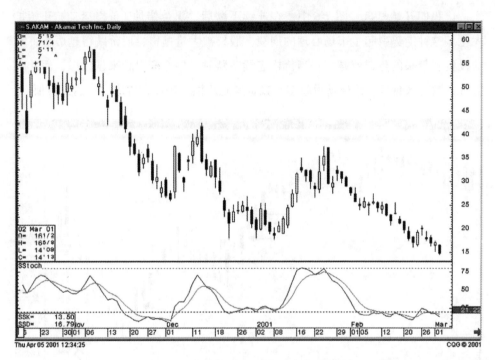

图 7-5 价格上升及下降呈波浪形运动

懂得蜡烛图的运动原理后，也可以使投资者在面对价格变化时有着更成熟的心理状态。在学习信号的过程中，投资者应该对价格运动了然于胸。窗口和缺口有利于鉴别起始信号。趋势顶部的十字信号会产生的结果十分明确。

下面的例子说明了一系列的基本价格变动，关于这些价格变动的蜡烛图投资者应该在确认信号时加以关注。

投资心理——贪婪与恐惧

对投资者来说，鉴别蜡烛信号是最有价值的分析行为。了解学习那些不成功投资者的心理过程，对成功投资是很有价值的。研究市场如何反映出投资者的情绪，是探索价格运动的关键。分析蜡烛图形态整合了对单个信号的解读。理解信号形成的原因，可以帮助我们更好地理解市场。

让我们开始复盘，图 7-6 中，在连续下跌后，黑色蜡烛（价格运动）开始扩大化。这种走势引起了市场心理的崩溃。股票被大量抛售，股价跌得越厉害，它给投资者带来的焦虑就越多。当价格连续下跌时，多方变得越来越焦虑，而此时空方人数越来越多。价格跌得越多，投资者越恐惧。恐慌在谷底之前达到峰值。

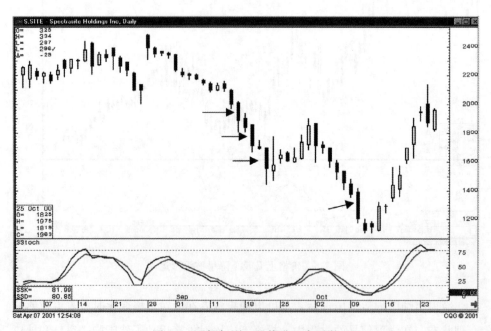

图 7-6　恐惧加剧，股价进一步下滑

这是一个常见的现象。记住，这是常态，它将会不断重演。但是，是什么使得这样的形态一次又一次不断地重演？其实就是大量的投资者无法控制住自己的情绪。这会改变吗？不会！永远不会！收益总是留给那些有原则的投资者。要理解为什么价格变动是创造利润的机会，以及发现反转信号的时机。

观察图 7-7 中 Wilbros Group Inc. 股价的变化。留意上升趋势是如何在波动结束时加快的。思考一下，如果有一位普通的投资者，面对股票这样的连续上涨时，他的投资情绪会变得越来越矛盾。分析师们描绘了股票的最好前景，CNBC也报道了这个行业有多伟大。股票／行业的行情正在飞涨，但是随机指标表明了股价处于超买状态。股价在过去的几天里已经涨了 30%。在普通的投资者看来，这是一件多么好的事情。即使股价已经涨了 30%，前景仍然很乐观，是时候搭上这趟火车了。

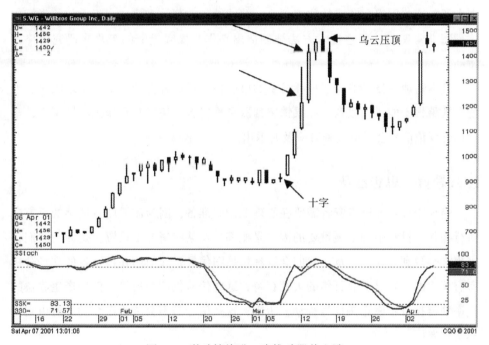

图 7-7　激动情绪进一步推动股价上涨

　　是什么导致了这样的繁荣？贪婪！矛盾！这些图形表明到了该卖的时候了，但是看起来好像又应该是买进。逻辑与情感相对立时，该怎么办？回头看看图 7-7，记住这个形态。在 1 月下旬的时候，这只股票是以 6～7 美元的价格交易的，在 3 月 8 日，刚好出现十字信号的第 2 天，就到 9 美元了。在接下来的 3 天里，股价的上涨幅度超过 50%。普通投资者现在有了购买的信心。随着每一天股价的上涨，投资者的信心会变得越来越强。但这阶段股票的繁荣却使 K 线投资者感到隐隐的忧虑。

在蜡烛图投资者的期望中，股价应该是什么样子呢？面对这种走势，蜡烛图技术分析投资者会观察到一个反转信号。随机指标处于超买区域。除非公司宣布，它们最近有了新的创意或者新的产品即将诞生，否则谨慎是非常必要的。知道情绪造就了市场繁荣，这能让蜡烛图投资者为潜在的反转做好准备。价格不会永远上涨，也不会永远下跌，它们总是浮浮沉沉。情绪会反复变化，套利也就产生了。这些因素在艾略特波浪理论、斐波纳契数列、支撑位、阻力位等指标中体现得非常明显。这些技术方法被创造出来作为探究投资的工具来研究价格的波动。

日本蜡烛图技术消灭了鲁莽行事的可能性。投资者在十字信号出现的第 2 天就会被警告不能买入股票。如果情感驾驭了投资者，使得其在繁荣时期买入，至少乌云压顶信号会提醒投资者应及时退出。

K 线教育＝思想准备

蜡烛图技术分析投资者需要在心理上做好准备，因为需要朝着情感的反方向执行操作。投资中一个最重要的因素是**概率**。在某些情况下投资，是因为我们将来**也许**会盈利。在下一章，我们会解释蜡烛图信号是如何站在投资者的立场分析所有概率的。经过了数百年的去芜存菁，这些信号仍广为流传，信号产生收益的概率使得投资者愿意按信号行动，否则，这些信号是不会传承至今的，所以它们非常重要。

蜡烛图方法给其使用者提供了能够获利的交易模式。通过识别反转信号，投资者可以在市场中获得优势。在交易中，良好的心理建设与保护本金和执行力具有同样重要的地位。

使用最好的工具

蜡烛图信号与随机指标配合使用效果极佳。再次回到概率问题上来，现有的技术指标必定是在统计领域具有一定的可靠性，才会被沿用至今。如果没有良好的盈利记录，它们早已被历史淘汰。将经过历史检验过的信号与高概率的指标结合使用能够创造了一个概率更高的交易信号。随机指标为投资决策提供了有价值的参考，它提醒投资者在低风险时买入，在高风险时卖出，加以确认的信号将更加具有优势。当随机指标出于超买区域时，买入信号是没有可信度的，相反，卖出信号在下降趋势的末端也没有它在上升趋势的顶端出现时那样重要。

改变投资心理的第一步

耐心。过去的一些投资习惯，比如我们会跟风炒热点，在一定程度上这是可以被理解的。毕竟在过去的十年或更早以前，想要获得专业性的研究信息是很难的。大多数时候，我们都无法了解热门新闻的全貌。想要研究产业信息、公司状况几乎是不可能的。事实上，如果我们有足够多的资金，任何投资新闻都是可以加以利用。当然，现在计算机信息处理已经戏剧化地改变了这一切。

低买高卖。现在分析工具众多，想要遵循一定的规律选择股票还是件相对容易的事情。投资者可以购买的股票的数量已经从 10 年前的平均 20 只，变成了现在的平均 200 只。投资者可以对上千家公司理性地进行投资——包括道琼斯、标普、纳斯达克和罗素 3000。这还不包括成百上千的小额股票，也不包括成千上万的投资基金和外国公司。

> 耐心和桑葚叶造就了丝织衣。
>
> ——中国谚语

今天，我们有了一定的独立研究能力。蜡烛图分析在互联网上可以轻松获得，基本面分析在互联网上到处都有，投资者不用像几年前那样到处打探，最终才获得极为有限的投资信息，我们的投资世界已经扩大了。每个人都有一定投资资源分析和比较能力。10 年前，公司的大量信息是很难获得的，然而今天，拿到公司的报表只需要几秒钟的时间。

耐心是如何融入股价走势中的呢？图 7-8 的走势图，与图 7-6 中见到的类似，随着底部日益临近，阴线变得越来越长。这提供了信息：底部临近，但是什么时候介入才最有利呢？你应该什么时候抓住掉下的刀子？蜡烛图解决了这个问题：在信号告诉你行动的时候你再行动。你会得到绝对最低的价格吗？这当然并不一定。但是当走向朝着有利于你的方向变动的时候，你再买进。

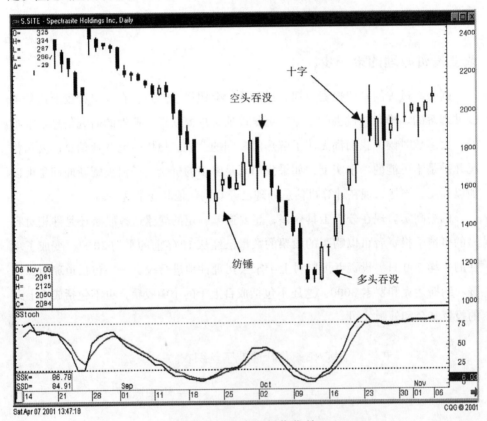

图 7-8　根据信号操作获利

在纺锤顶出现后，紧跟又是一根小阳线，证明下降的趋势已经告一段落。然而，一个星期以后的空头吞没模式告诉投资者，是退出的时候了。这是一笔划算的交易吗？不是。我们但看看结果：交易不是特别好，但是起码盈亏平衡。如果时机把握得好，也会有3～5个百分点的收益，事实上对于这类走势而言，这是一笔不错的交易。

　　两个星期以后，下跌趋势停止，多头吞没模式出现。随机指标显示价格处于超卖状态。记住，日本人在十字出现在最高点的时候，总会卖出离场。这笔交易在十字出现后结束，交易回报良好。在多头吞没的末端买入，或者在第 2 天开盘的时候以 12.95 美元买入，在十字出现的时候以 19.50 美元卖出，回报率是 50%。

　　这是一个解释蜡烛图是如何告诉你何时进出市场的经典例子。一些人也许会说十字不是最终的高点，另一个在 21 美元价位形成的十字才是。这个问题的答案正是蜡烛图技术分析需要思考的一部分。为什么要在超买区域持续交易，那时已经出现了卖出的信号，而且在很短的时间内获得了 50% 的利润后还能获得 7.6% 的回报？拿走利润去找一个低风险的交易吧。

最终的投资准则

　　旧观念影响下的投资原则是"基于已有的信息与所需要的时间，为资金寻求效率最高的投资方向，并不断研究信息优化投资"。由于此前研究的困难性，大多数资金都会倾向于将资金投资到现成的研究结果中去。

　　今天，同样的基本面分析和技术分析在我们的个人电脑上几秒钟内就能看到。这完全改变了投资原则。在对可获得性信息没有限制的情况下，投资逻辑应该是"这是我投资的最好选择吗？"这可以让投资者不断优化自己的投资策略。

　　投资者需要鉴定潜在风险 / 回报最优的股票。对于那些迫切想让自己的资金发挥作用的投资者来讲，蜡烛图分析技术分析满足了这个需求。如果你确定要买入，搜索软件会在几秒钟内找到上升走势最强劲的股票，还有一些软件程序能够找到低风险高收益股票的买卖点。

　　图 7-9 清楚地描绘了一个非常棒的交易机会。随机指标出现在超卖区域，通常的感觉是股价肯定会有几天的连续下跌。而十字信号暗示了牛熊实力已势均力敌。在接下来的一天，价格走势形成了多头吞没模式，表明多方正在进入。进一步的研究显示成交量急剧放大。MACD 指标表明它刚刚穿过中线，或者投资者可以分析其他任何你想要使用的指标。

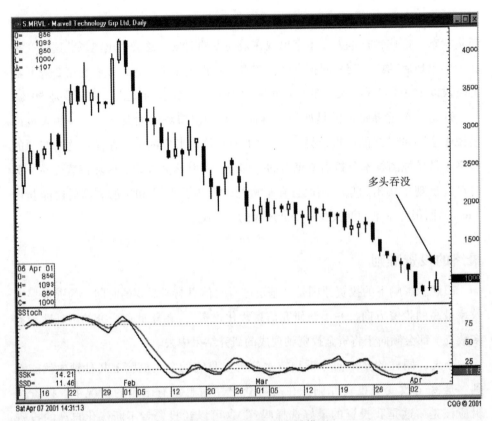

图 7-9　低风险高收益交易模型

　　在任何一天里，都会有许多像这样潜在的交易时机。所有的概率都证明这是一个最佳交易点，那么为何要冒着极大风险将资金投向别处？你也许以前从来没有听说过这家公司，但是谁又在乎呢？不用费时费力分析这么多的公司，蜡烛图会告知你多方因为某个原因开始买入这只股票了。

　　对那些需要长时间才能信任这种纯粹技术分析的人而言，了解公司的基本运作情况的确有助于确立信心。你可以占据两个方面的优势。如果蜡烛图寻找到了一个完美的买进信号，公司的基本面情况可以在几分钟内从网上查询到。把基本面分析融合进投资战略只是为了使投资者在建仓的位置更加舒服。事实上，基本面不会在短期内改变股票的价格。

投资情绪的变动才是股票价格变动的因素。股票价格在一天内上涨了 5%，不是因为公司的基本情况有所改变，而是因为投资者观察到公司在今天比昨天更值钱了。价格变动的原因是无关紧要的，能够从变动中获得收益才是最重要的。

投资世界里有超过 9 900 种可能性。把所有的机会都适当地串起来，搜寻很可能会每天产生 10～100 种好的预期。即使在情况最差的日子里，也至少有 5 种可选择的机会。蜡烛图的简易性会产生比大部分投资者所能掌握的更多的机会，这意味着一个投资者要有耐心，要等待最好的投资机会出现。在股价已经波动了很大比例时，就不要再继续跟进那些热门的股票了。由于信息不对称，不要把更多的资金投入到那些平庸的个股里。

价格反转每天都会出现，投资者可以通过蜡烛图技术买在价格反转的底部，从而降低风险，反之亦然。同样，蜡烛图技术也会在股价顶部给出信号，提示投资者了结利润离场。学习蜡烛图技术并了解投资者心理，可以在可控的风险范围内将利润最大化。通过简单地搜索，投资者会发现这样的交易机会每天都有。为什么投资者在股价上涨的末端仍要持有仓位呢？此时已有的利润已经非常可观，完全可以了结这笔交易，投资于另一个下跌概率更小，上涨可能性更大的机会。

控制

日本蜡烛图技术能很大程度上改变你的投资心理。所有高收益的投资要素都是可获得的。信号本身代表了那些被仔细研究过的高概率情况，是对投资者有利的。一旦你熟悉了反转信号，你就能成功地控制投资收益。蜡烛图投资解决了投资者对美好交易的盲目期望，以及不知如何处理投资组合的问题。产生高利润的每个要素在交易被执行以前都已经建立了起来。处理和消除损失交易已经成为一种机制性功能，情绪被赶出了投资公式。

接下来的章节主要说明如何分辨错误和正确的信号。描述性的说明能帮助你控制情感上的弱点。其他投资者表现出来的相同弱点为蜡烛图投资者提供了利润。

投资策略很多，从使用简单易懂的常识到西方技术分析中的信号都引导着投资者。无论你感觉更倾向于哪一种，都不要过于在意。日本蜡烛图信号提供了基本的投资理念，能够大大提升每一个投资者的水平。

仔细研究信号有很多好处，投资者的行为也会在信号中有所体现。明白创造图形的情感可以提供大量的优势。从你自己的投资反应中消除情感因素可以总结出良好的和可控制的投资规则。

当你学会了如何最大限度地使用信号时，你的投资能力将会大大地超越你的期望。你掌握着你自己未来的财务状况。你的投资能力只需能够鉴别信号，知道信号代表什么意思，以投资原则来对其做出反应就可以了。不需要用广泛的研究来辅助交易。事实是，信号能够表明股价正在发生什么样的变化，若能够正确解释信号中所蕴含的信息，就不必在研究所里进行长期研究了。当然，在看待股价是如何变动的时候，数小时的调查努力还是作用明显的。将时间花在找出哪些股票能够产生利润上。股价波动的原因不重要，蜡烛图信号只关心什么在变动或者在明天或者后天什么股票有很大的概率能带来高利润。正如威尔·罗杰斯（Will Rogers）投资哲学里所陈述的原则：在股价上涨的时候买入，否则观望。

把蜡烛图分析和常识结合起来就是每个投资者都在努力搜寻的东西：可获利的交易程序。信号简化了基本的投资概念：低买高卖。蜡烛图分析是获得这些结果的指示标。接下来的章节把交易信号融入到了具有逻辑性的交易里。蜡烛图洞察了走势和力量变化的细节。感受接下来的章节所展示信息，提高你的投资能力。在交易的时候，请审视自己的内心、梳理交易流程，它们会帮助你达到你所期望的结果。同时，对交易框架有完整的认识也可以拓展你的投资视野。

| 第 8 章 |

分析可获利交易

成功是由一连串小胜利组成的。

——拉迪 F. 胡塔尔

什么是投资的主要目标？这个问题很简单，每位投资者都有一样的答案，即用最小的风险来获取最大的利润！但是，如何来量化地看待利润最大化，多少利润才算最大化，100 个人中有 99 个都会感到迷茫。正如在这本书前面所讨论过的，大多数投资者甚至连投资计划都没有。一般的个人投资者顶多会去资产管理咨询公司制订一个理财计划，该计划也是为了退休、大学教育、房地产投资等做准备。这对那些不打算花时间在投资上，只想要获得适量稳定回报的投资者来说是非常不错的选择。人们更愿意每个星期花时间去计划如何陪孩子去踢足球，而不是去计划如何购买证券。作为一个正在阅读本书的读者，如果想要最优化你的投资能力，你必须要明了其中的区别。

需要什么要素才能做到连续盈利？蜡烛图提供了答案。鉴别价格反转信号是成功的交易的核心，它可以让我们很好地利用蜡烛图所显现的概率优势。

将参数设置在搜索软件中，可以帮助投资者高效地找出合适的交易机会。正如在第 5 章中提到的，软件可以帮助投资者寻找盈利最大的交易，将最小风险和最大收益相匹配。这听上去可能有些不可思议。寻找这样的交易机会在今天的科技背景下几分钟就能做到。

本章主要面向商品交易者，不用评估太多因素，仅用蜡烛图来分析单个商品、债券或者现金的走势，如糖、英国英镑、30年期债券等，没有太多外部因素的干扰。而股票似乎受很多外在因素的影响，如市场导向、产业重点、竞争、管理问题、供给因素等。

常识

常识是每个人都知道的，所以要想从中发现投资机会，最好综合利用信息。在同一时间，将越多正面或者负面的因素联系在一起，信号会越有用。正如在前面章节里提到的，若出现多个信号，则其透露出的关于市场的准确性就非常高。但是，为了更精确地进行交易，还要做进一步准备，其实准备无非就是K线图信号的基础：常识！将简单的逻辑融入评判过程。常识因素为获得收益创造了很多的可能性。

这也许听起来很简单，然而，大多数投资者无法正确地使用这一方法。投资者只有将正确的逻辑梳理清楚，然后反复练习，最终在面对市场时，投资者才可能在几秒钟内找出最好的交易机会。

交易的最佳步骤

遵循以下几个简单步骤，就能抓住最有利可图的交易机会。每天只需要花费几分钟即可做到：

- 辨认信号
- 分析随机指标
- 分析成交量
- 回顾其他的技术指标
- 回顾过去的走势
- 应用传统图表技术

信号的自主性

信号的重要性可以用一句话总结：**信号是一段时间内参与股票市场的所有投资者认知的体现**。如果你没有记住关于蜡烛图的所有知识，那么记住这句话。以另一种方式表达就是，一只股票的价格变动，是所有投资者对该公司发生的事情、所在行业、市场指数、政治、时事或者阿拉斯加天气等所有因素的反应。在某一段时间框架内，每一个操作股票的投资者，其投资决策都是基于所能获得的信息。这就是 K 线图信号特别有意义的原因，它显示了普通投资者无法获得的信息。

信号是某一段时间内所有主动投资者认知的总和。如果某只股票在某一天有很强烈的买入信号，而大盘指数却暴跌，其中的信息必定错综复杂。投资者不管大盘指数狂跌而买进股票，这表明还有其他因素影响着投资者对这只个股的看法，而交易信号是由当天所有的多方和空方对于股市发展趋势的合力影响得来的。

K 线图信号是反转指标的第一真实标志。所有其他的技术分析可以作为辅助，用于提高 K 线图信号的准确性。尽可能地使用可获得的信息能加大实现成功交易的概率。

随机指标分析

在第 5 章的讨论中，随机指标扮演了一个重要的角色，它们对确保低风险 / 高收益的交易至关重要。随机指标对完善信号的可信度很重要。随机指标在极端的超买和超卖的区域很容易测定其买入和卖出的合理性。如果股价是在超买区域，单一的买入信号并不意味着什么；相对应地，当随机指标出现在超卖区域，单一的卖出信号也没有太大的意义。

如果仅仅依靠随机指标来进行投资决策，交易者会认为最为乐观的买入或者卖出时间是随机指标金叉和死叉时候，这个方法确实很有效。然而，以这种方法交易无法将收益最大化。当价格反转发生的时候，把 K 线信号与随机指标结合起来能取得很好的效果。

注意图 8-1 中戴尔公司的情况：锤头信号会提示 K 线投资者在 10 月 8 日进入，而那些依据随机指标交易的人会等到 10 月 10 日随机指标发生交叉时才会进入，而此时股价已上涨 17%。

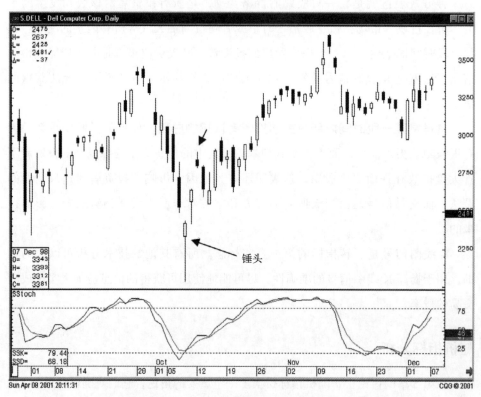

图 8-1　随机指标区域相应的较强买入信号意味着高盈利潜力

当买入信号确立时会发生什么事情呢？如果随机指标处于下降趋势而且大部分进入超卖区域又会怎样？对卖出信号也有同样的问题——当随机指标出现在超买区域时该如何处理？

K 线信号投资决策的权重占比有 80%，随机指标占有 20%，你需要进行主观的分析。当信号和随机指标不吻合的时候，主观性就要发挥作用。当然，最好的反转点出现在 K 线图既有买入信号，而且随机指标也从超卖区域的低点开始上扬的时候。

简单的观察可以决定信号是否真实可靠。首要的分析是一个简单的回顾：在最近的时期内，随机指标是如何在反转区域内演变的。

注意图 8-2 伊丽莎白·雅顿公司的走势，随机指标在其进入超卖区域之前就有了反弹迹象。这幅图画得很清楚，随机指标不是一定会进入超卖区域的。很明显，当随机指标在开始上扬时已经出现了 K 线买入信号了。在每个例子中，这种上升的趋势都在继续着。那么现在的波动曲线又意味着什么呢？在这些情况下，很有可能是：一次上升又开始了。

图 8-2　当出现明显趋势时，信号本身的重要性超过随机指标位置

接下来分析结果。当 K 线信号出现时，随机指标出现在超卖区域或者已经很接近超卖区域了，会有什么样的结果呢？如果股价在买入信号下开始上涨，那么

概率显示它们在这里也会上扬。如果存在疑惑，为什么不试试看呢？要么等着更进一步的确认，要么等着下次搜寻获得更好的机会信号。

当一个很强的买入信号出现时，随机指标却出现了下滑趋势，这会发生什么情况呢？一些情况可以预测到。买入信号将会继续使得价格上涨，并把随机指标提升。或者上扬走势立即随随机指标萎靡，呈下滑趋势。然而，回头看看前提假定：信号是买入指标，经验认为价格在下跌趋势里会有反弹迹象。如果进行多头交易，需要做好灵活应对的准备。警惕价格在下一次卖出信号出现之前上升两三天。然后可以预期价格将下跌，并把随机指标移动到超卖区域。

注意图 8-3 是 Cephalon Inc.，倒锤头是一个多头信号，在随机指标接近于超卖区域时出现。图 8-4 中的健康管理协会走势图提供了一个价格从多头吞没模式上涨的案例。几天以后，一个"吊颈"信号打击了这种反转趋势。激进的 K 线交易者会从交易中获得 4%～5% 的利润。而下一次的多头吞没模式则提供了 18% 的获利机会。

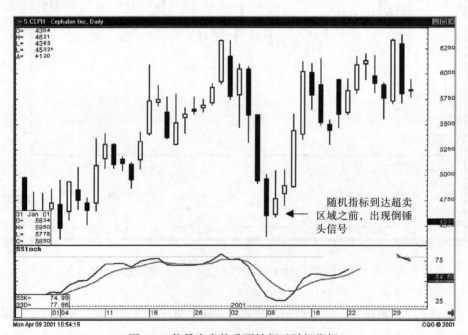

图 8-3　信号本身的重要性超过随机指标

图 8-4　下降趋势底部再次出现的买入信号更具说服力，应增加持仓量

　　为这种情况做好准备，也就是为投资做好了利润翻番的准备。如果买入信号排除了随机指标进入超卖区域的可能，它也许已经开始形成双重底了。事实上，买入信号表明多头对目前的价位产生了兴趣。如果一两天以后上升走势开始萎靡不振，卖出信号便会出现，随机指标没有明显的上升趋势，应尽快行动收获利润。

　　图 8-5 显示在首次纺锤顶部区域有潜在的买入机会。随机指标只是刚进入超卖区域，但是还没有真正到达。

　　当价格从该处开始回落后，股票应该被列入预警列表，已经显示有买方进入。既然明显的趋势已经被空方掌控，而且在反弹出现以前，那些觉得走势不会结束的空方会在这个时候停止进入市场，他们把价格重新拖到了谷底处。记住，这个价格区间是原来多头愿意介入的位置。如果随机指标在反弹的过程中没有很大幅度的回转，它们应该更接近于超卖情况，尤其是当价格下跌的时候。紧跟着纺锤顶的长阳线确认了多头正在强有力地进入市场。

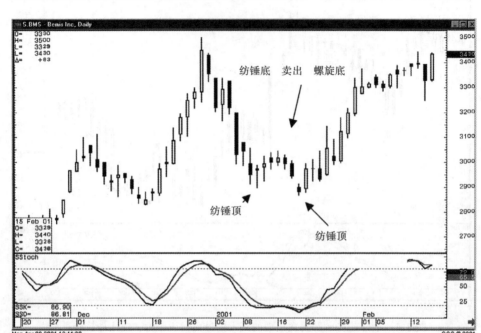

图 8-5　双重底表示绝佳的盈利交易机会出现

那么到目前为止，交易风险在哪里呢？一个买入信号出现了，但是随机指标却不是很确定。交易过程中，投资者担心市场会急转直下。如果波动继续，随机指标将会出现上涨的趋势，而且会有一个很好的积累收益的机会。如果变动不大，收益可能不多，平进平出，或者出现损失都是有可能的。如果明确了最小损失，那么最坏的情况也就是可接受的那部分。

现在还剩下什么呢？ K 线图已经表明，多方已经在几天前接近或者稍微在这个水平以下的时候就愿意入场了，接下来需要一点时间来等待另一个购买信号的出现。这次，随机指标将在更高的位置出现反转。如果一个很强的买入信号发生在最低点附近，这就变成了一个反转信号。如果价格再次回落到前一最低价附近，则另外一个买入信号就形成了，这是非常积极的信号。投资者会在这一水平再次入场。

如图 8-6 所示，第 2 个买入信号有很强的干扰。首先，双底结构很明显，投资者应该会继续持仓。第二，如果第 2 个买入信号位于或者很接近原来的最低点，止损位置可以设在该点以下的价位。最后，如果买入信号表明上涨开始，空头没有十分的把握确定价格会继续下降则会转而开始平仓，这也给了多头更好的机会。

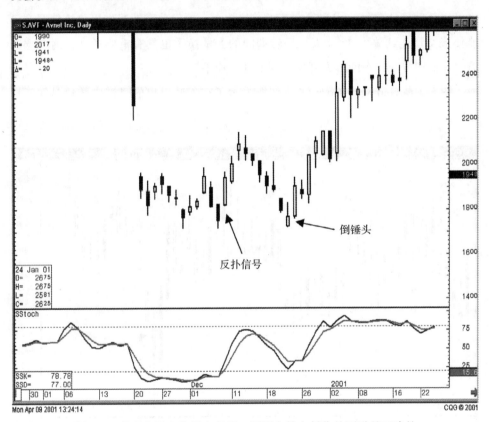

图 8-6　当多个买入信号出现后，证明之前在低位的买进是正确的

随机指标是对 K 线信号的确认。它们最开始的功能就是用作搜寻潜在交易，同样也被用来决定交易的时间。确认信号不仅局限于使用随机指标，在过去几年里，新的软件和指标不断发展，将不同指标结合使用可以提高预测的准确率。然而，经过几年的测试，我们发现随机指标与 K 线信号最为匹配。这是一个很好的

过滤指标，特别是对那些喜欢研究交易系统的投资者来说。

成交量的分析

评估信号的有效性的时候，成交量不是一个主要的指标，但它可用于提高交易决策的可靠性。当 K 线信号出现时，成交量虽然不是一个必要因素，但是确实也可以帮助确认信号。成交量在某天突然放大，预示着有情况发生，该情况有可能使成交量连续放大 2～4 天。反转期间的大量换手也具有重要意义，通常意味着恐慌的空方或亢奋的多方开始出现疯狂的换手。

图 8-7 是 Genzyme Corp. 的走势，显示了在谷底卖出的恐慌中数量是如何扩张的。

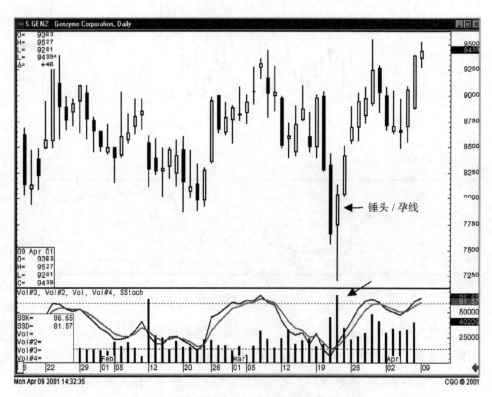

图 8-7 成交量放大进一步证实买入信号有效

　　知道了转折信号形成，随机指标出现在超卖区域，成交量也表明当天交易不活跃，投资者会以很强的信心投入资金。图 8-8 是 Claret Corp. 的股价走势，成交量在十字信号当日放大，当长阳 K 线上升时反转更加可信。

　　这个例子表明了股票最大的换手日并不总是发生在谷底的那天。信号是促使交易的诱因，随机指标确认了它，成交量变动增加了可信度。

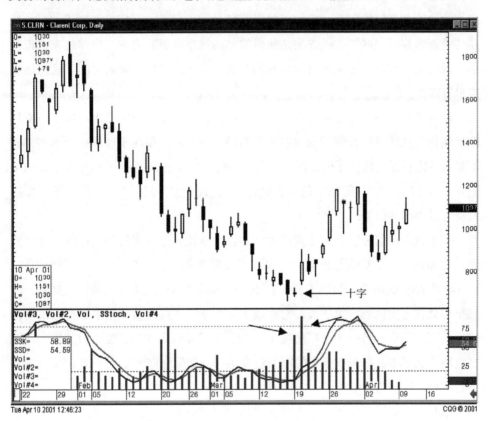

图 8-8　向上跳空缺口伴随巨额成交量，是一种明确无误的买入信号

鉴别错误信号

　　反对 K 线信号理论的主要理由是，投资者会认为在没有出现反转时，选择持仓并观察价格走势存在风险。这是错误的逻辑。正如我们在本书前面部分讨论过

的，不是所有的 K 线都会产生反转信号，另外，并不是所有的反转信号都意味着反转将会发生。真正的问题在于，你如何正确地加以区别？

正如在随机指标部分讨论到的，观察信号和随机指标联合出现的地方是最关键的。许多信号的形成需要确认。比方说，一个锤头出现在长期下滑趋势的底部，要求第 2 天出现长阳 K 线（或者多头形成）予以确认。分析这些信号，随机指标的位置和最新的信息，反映了投资市场是如何思考内部信息和常识的。分析要比听起来容易一些。K 线方法是通过简单的观察发展起来的，操作起来也很简单，没有复杂交错、必须要有解析性的分析。K 线信号在正确的时间正确的地点是最有效的。

错误的交易信号往往是因为没有结合确认指标。要知道在很大程度上，交易信号的优劣往往是以投资者的偏好来判断的，这同样也说明了这样一个事实：它不是百分之百保险的。无论比例是多大（68%、74% 或 83%），它仍然有错误的可能性，即 17%、26% 或 32% 的不正确性。为错误的可能性做好准备，能使 K 线投资者最大化其收益。

一个错误的信号能马上被判断出来并且快速被排除。强信号也可能会忽然萎靡，比如在一个孕线信号形成后，出现了长阳 K 线，但之后的走势与预期不同。图 8-9 是 Aspect 电信公司的走势，表明一个很强烈的买入信号出现在晨星中，随机指标处在超卖区域。第 2 天，它形成了一个孕线，这绝对不是多方进入市场的信号。两天以后，另一个晨星出现了。一个孕线表明多方没有强有力的进入。但在这两个例子中，只会有很小的损失会发生——如果之前 K 线投资者正确地观察并且解析了这些信号的话。

信号的定义是当天所有参与到该股的投资者的所有认知的总和，这个定义为你的投资组合出现"意外"找到了理由。并不是说错误的信号不会发生，相反，意外经常会发生。收入下降、分析师道德败坏、执行官退休或者证监会的调查报告都会对股票的价格产生冲击，无论你是否做了技术分析、基本面分析或者买入并持有，都是没有办法来防止这类事件发生的。但是这也把我们带回了概率这个基本面上，肯定有一部分比例的信号是不起作用的。然而，不起作用的大部分交易能很快被鉴别出来。98% 的情况下 K 线投资者能够以很小的损失、盈亏平衡或者微小的收益退出这些交易（这是常见的）。

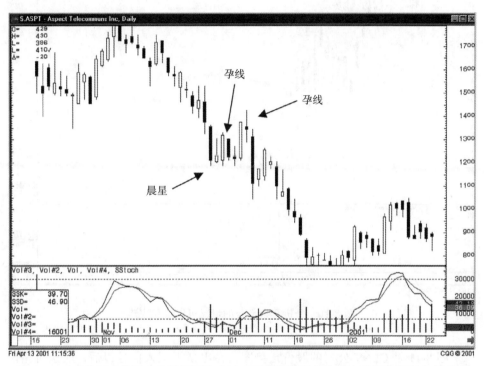

图 8-9　正确的买入信号有持续的买盘支持，而错误的买入信号次日就会遇到空方反击

剩下的 2% 的"错误信号"将是灾难。在很强的购买信号指示下买进，甚至与所有的确认指标都匹配，但在第 2 天开盘之前，股价仍然可能受到负面消息的影响。股票在第 2 天早上开盘的时候下跌 20%，你手足无措，然后看看图表走势选择有利的时机重新进场。

正如图 8-10 所示，Celeritek Inc. 的晨星信号出现在意外收益的前一天。但是对于每一个与信号相反的意外情况，都有 3 个或者 4 个正面的交易意外情况来匹配。这些损失会时有发生，别为它们担心。记住，K 线信号在概率上是有利于你的，这意味着你会从大部分交易中获利。你会只在你遭受很少损失、盈亏平衡或者获得微小收益的时候进行交易。当然，偶尔也会有很意外的情况出现。

图 8-10　分析其余部分的情况可以避免灾难

　　图 8-11 是 CLNT 公司的股价走势图，在出现了买入信号以后，股票价格出现了意料之外的上涨。注意，在随机指标下降的情况下价格是如何保持相对平稳的。

　　幸运的是，信号的作用可以减少出现较大损失的概率。回到基本面上来，信号是由当天参与到该股交易的所有投资者的认知积累而形成的。这就回归到了概念上，如果在个股上有很强的买入信号，有非常大的概率是因为有利好消息要宣布。每一个由 K 线信号所引发的利空情绪，已经被三四个大的利好消息抵消了。

　　十字是信号的原始例子，而不应被误解为错误的潜在标志，它们能在任何地方发生。如果你记住十字的原则，所有的错误信号都会消失。当十字在强烈上升趋势的顶端出现时，日本人建议马上卖掉。在一个长期下跌走势的末端出现的十字意味着需要多头确认，市场的力量仍然可以把价格打压下来。

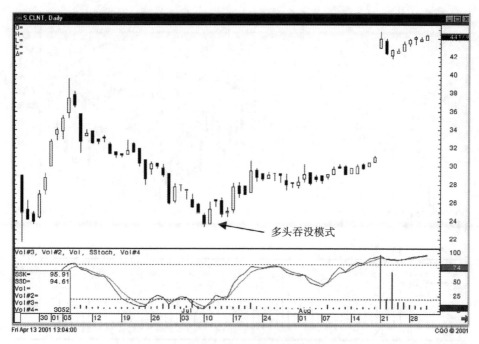

图 8-11　信号表明出现利好消息的概率增加

　　如图 8-12 所示，戴尔公司股价的走势表明了一些十字信号的案例。当它们出现在被认为是错误的区域时，该如何来评价这些十字信号？重述前面的观点，日本交易者说你应该一直关注十字——无论出现在哪里。十字信号表明市场在熊市和牛市之间还没有明确的界定，要一直注意这类 K 线。

　　顶端的十字是一个非常明显的卖出信号。4 天以后，晨星信号出现。这是另外一个上升的开始吗？随机指标没有出现在最好的位置，下降的预期仍然是存在的。投资者应保持谨慎，看看第 2 天价格将如何变动。另一个十字 / 孕线出现，意味着牛市没有被确认。晨星信号现在被解析为错误信号，但是十字加孕线可以很容易辨别出方向的反转。

　　图 8-13 是 Juniper Networks 的走势，第 1 个墓碑十字得到了第 2 天长阳 K 线的确认。然而，一个射击之星 / 孕线表明其力度不够。随后的乌云压顶说明了做多力度无法持续。此时投资者应该清仓，然后寻找一个更好的投资机会。

图 8-12　十字表示价格方向随时可能发生变化，应特别加以注意

　　在这个例子中出现的第 2 个墓碑十字表明了十字信号是需要被确认的反转信号。信号未被确认说明多头并未掌控大局。这种分析并未偏离以下事实：**信号是由当天参与到该股炒作中的所有投资者的信息积累形成的**。但是如果当天的股价多空争夺激烈，通常应该思考为什么会出现这样的情况。如果有明确的答案，如今天纳斯达克下跌了 150 点，而且看起来明天还会跌得更厉害，K 线投资者就要为第 2 天可能出现的情况稍微做点准备了。

　　对待在非最乐观的地方出现的信号仍需谨慎。出现在接近底部的一个强买入信号，若不在超卖区域中，投资者也应该仔细考虑。现在也许不是进入的时机，但是信号表明，多头开始关注并接近这只股票了。这就是一个警示。价格在慢慢接近吸引购买者的价格水平线，一个大的反转可能马上就会到来。

　　在 K 线图分析方法中，错误信号是一种由那些经验不足、不知道如何正确理解使用 K 线图的投资者所造成的。一旦你知道了如何来评估那些信号，错误自然就会消失。

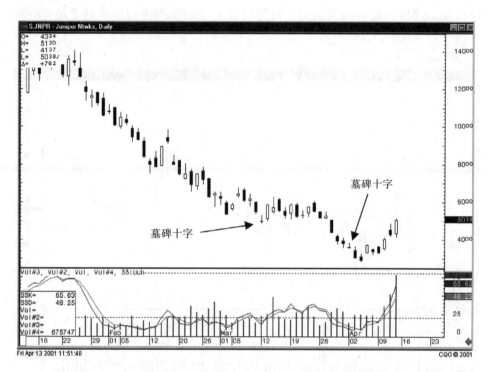

图 8-13　当一个信号出现后，紧接着又出现若干个相反信号，应及时撤离市场

应用简单的西方图表技术

正如你在第 6 章里读到的，有一些更为简单的技术能增加成功交易的概率。观察数据是大多数的图表观察者所做的事情。如果在图表上出现了匹配的走势模式，那么就使用其他信号来进一步确认。趋势线和趋势通道是简单的确认工具。如果你能看出明显的趋势线，那么市场上的其他人也会注意到这一点。K 线投资者的优势在于对于价格具备更多的知识，而其他人则是在等着看将会发生什么事情。

这在图 8-14 中表现得很明显，价格通道已经确立。纺锤顶 K 线后面紧跟着一根阴线，随机指标处在超买区域，这都是价格已经无法上涨、即将下跌的信号。另外，纺锤顶端已经到达上升通道的顶部，投资者应该抛出股票，转而做空。随后的走势确实证明了价格在接下来的几周内就回落到了趋势线的下轨。

图 8-14　蜡烛图信号与关键点位的买卖趋势相当吻合

按照交易计划操作

采取合适的步骤衡量交易，将极大地提高你成功的概率。每一个步骤都包含了常识的评估，过程很简单。

（1）超过 400 年的 K 线分析的经验，为投资者提供了鉴别反转信号的工具。

（2）将蜡烛图信号和随机指标一并使用，能够加强反转信号的成功率。

（3）观察走势的发展，找到可以表明买入或者卖出力量能否延续的信号，这样能让投资者进一步获利或者以最小的损失去结束不成功的交易。

（4）使用其他的方法来进一步确定是否继续持仓。今天投资者所拥有的优势是电脑上不计其数的技术性工具。MACD、量能变化、相对强弱指标等，均可以与 K 线技术结合使用。

采取这些简单步骤可以使投资集中在获利概率最大的交易上。根据这些知识，投资者有能力分析各种交易策略。通过实施这些步骤，可以让 K 线图分析师快速精确地分析交易方向。要想进一步提高盈利的潜力，请关注第 9 章中介绍的如何在交易过程中引入更多因素以确保实现交易利润的最大化。

收益最大化

不入虎穴，焉得虎子。

——谚语

　　在专业的投资领域中，交易正确率能达到 55%～65% 已经非常可观了。而在商品期货交易中，成功率达到 55% 更是可以为投资者带来不菲的收益。了解如何辨别蜡烛图带来的交易信号仅仅是成功交易的一部分，正确使用这些信号进行买卖操作才可以让投资者获益颇丰。适当地运用蜡烛图分析技术，搭配简而有序的交易规则，能使交易胜率接近 80%。

　　本章将重点讲解获得成功交易结果的几大要素。再次强调，日本蜡烛图技术的核心优势在于，它可以为投资者提供更具概率优势的交易机会。正确地辨识蜡烛图交易信号，同时辅助使用其他技术指标，能够让投资者在价格反转时准确地捕捉到交易机会。尽管本章主要针对股票交易者，但其中提及的交易规则也同样适用于商品期货市场。事实上，蜡烛图分析技术更加适用于商品、债券甚至外汇。因为类似于白糖、英镑、30 年期债券这些标的，它们价格的波动受外部因素的影响相对较小，而股票则不同。股票指数的走势、行业周期、市场竞争、管理手段、供求关系等，都会给个股的价格走势造成一定的影响。

　　事实证明，"常识"是蜡烛图分析技术的核心逻辑。每一种蜡烛图交易信号均能体现出这一核心逻辑。其理论基础简单明了，没有复杂的公式，不需要深层次的心理思考。在明白每个信号的意思后，你会感受到：**它们是有道理，有意义的**。正是因为这一正确逻辑贯穿于交易流程中的每一个环节，所以蜡烛图分析技术才能造就最高的交易胜率。

请牢记这一点：正确使用你能获取的所有信息。越多有利的信号在同一时间发生共振，则这些信号产生的交易机会就越可靠。正如之前章节所述，蜡烛图信号本身就有着极高的准确性。但是，要想在交易上获得成功，熟悉蜡烛图技术只是一个最低门槛，在交易过程中交易者还需要灵活运用一些正确的交易逻辑，将两者合二为一后，形成基本的交易规则。该交易规则将为交易者提供绝对可观的交易收益。

这听起来似乎很简单，但是，在一个有利的交易机会出现时，交易者却常常难以遵从"交易规则"的指引来完成这笔交易。在究其原因之前，我们先来分解学习下"交易规则"包含哪些内容。首先，交易者面对交易机会时，应该评估在此时建立仓位是否符合逻辑。该评估体系应包括以下几点。

（1）市场的趋势是什么方向？"市场"可以被定义为纳斯达克指数、道琼斯指数或是标准普尔指数等。

（2）市场的某一板块的趋势是什么方向？

（3）这一板块中哪一只个股具备最大的上升潜力，同时与之对应的风险怎么样？

（4）这只股票次日开盘表现如何？

遵从这些步骤将显著提高交易的胜率。尽管如此，在建立成功的交易计划之前，交易者还需要明确两大前提：

- 你的投资能力；
- 市场自身的状态。

正如本书之前所提及的，大多数交易者并没有一个考虑成熟的投资项目。每一个投资者都应该评估他自身的投资能力。这里所谈及的投资能力并不是指交易技巧上的能力，而是说交易者自己能够付出多少时间和精力用在他们的投资项目上。早些年，交易者大部分的时间和精力都花在了与证券经纪商的沟通上，个人投资的灵活性受到了一定程度的限制。幸运的是，个人电脑的出现给交易者提供了与多年前完全不同的交易体验。投资者对他们的投资有了更强的把控力，并对投资的标的也有了更加深入的研究。

如今，每位投资人都可以决定花多少时间和精力来研究他们自己的投资项目。实时报价系统的出现更是为各种周期的交易策略提供了便捷，投资者既可以利用它进行日内交易，也可以用于买入并持有的长期策略。电脑让交易者实时与市场保持互动，而通过看晚间报纸来得到股票收盘价的时代已一去不复返。

> 计划把你卷入到工作之中，但是你必须自己寻找出路。
>
> ——威尔·罗杰斯

每位投资者都需要建立适合自己的交易计划。如果无法每日盯盘做短线交易，那么投资者就需要考虑使用长期持有策略；如果投资者可以一直坐在电脑前，那么采用短线甚至日内 T+0 的交易策略都是可以的。

一旦投资者建立了适合自己的投资计划，那么下一步要着手去做的便是思考如何将利润最大化。

实现利润最大化的要素之一是思考市场自身的状态。这一点与正常的投资计划不同。大部分投资者都倾向于使用买入并持有策略。可是，是什么使大家都存有这样的想法呢？答案是美国国税局！你知道有多少投资者为了省掉 8% 的税收，而在应该卖出股票的时候没有卖出，最终眼睁睁地看着它们下跌 20%？实际上，持有标的的时间应该由市场自身的状况所决定——而不是人为制定的投资标准。如果某只个股很明显每 5 个月都会从波峰跌至波谷，那么在反弹之前投资者明知道价格会出现 40% 的回撤，为什么还要继续持有呢？在获得 40% 收益的时候支付更高的税收难道不比在有 12% 的收益时支付更低的税率更加符合逻辑吗？蜡烛图发出的信号可以更加准确地辨别出价格的顶和底。为什么要让已经获得的利润凭空消失呢？如果市场已经表明，获得最佳利润的时间周期是 30 天或 90 天，那么我们就可以利用这一参数来构建一个可以得到最大盈利回报的交易策略。

投资者另一个错误的认知是，当市场趋势向下时是无法赚钱的。这种思维逻辑使投资者错过了大量的潜在利润。如果投资者运用蜡烛图作为投资工具，则可以轻松辨别出市场的运行方向。比如说，如果蜡烛图显示未来两年内市场的运行方向是向下的，那么你就可以利用这一结论来使用相应的交易策略。当然，在这种前提下做空应该是最好的选择。为什么要让可以轻松获得的利润从我们身边溜走呢？

卖空股票

做空股票对于大部分投资者来说并不是一个清晰明了的概念。"如何卖掉一个并不属于自己的东西？"是被提及最多的问题。如果你也有这样的疑问，请仔细阅读本章。

卖空并不是个非常"美式"的想法，因为，卖空似乎蕴含着不好的意味。事实上，这一概念是由股票经纪商推广出来的，原因很简单，因为这样操作可以为他们带来更多的额外佣金收入。当投资者将做空股票的指令发给某个证券经纪商时，经纪商并非像接收到普通买入指令一样，简单地填好委托单交给下单室即可。相反，经纪商会要求另一位工作人员核查该公司的账户中是否持有投资者所需要做空的股票标的以及该投资者账户中是否有充足的保证金。如果均无问题，则经纪商会将公司持有的股票借给投资者，从而投资者可以拿着借到的股票在市场中卖出。如果经纪商的账户中并未持有投资者所需要卖出的股票，那么这家经纪商会向其他证券经纪商寻求帮助，让他们将股票借给投资者卖出，这种业务在华尔街是十分常见的。正如你所见，相较于简单地买入或卖出股票，卖空股票的操作要复杂得多。为了减少麻烦，股票经纪商有时也并不鼓励客户做空股票。尽管如此，当股票价格快速上涨时，你能猜得到，很多场内交易员正在大量卖空这些快速上涨的股票。

如果你分析下卖空的定义，你就会发现，卖空的行为在生活中随处可见。当你走进凯迪拉克代理店，填好订单，定制一辆具有特定颜色和功能的车。这个时候代理店里并没有这一辆车，他们实际上是在卖空一辆车给你。当你在蛋糕店里预定一个生日蛋糕，准备明天来取时，实际上他们是在卖空一个生日蛋糕给你。

市场不断地上下波动，一次又一次。那么，投资者又为什么要限制自己获利的机会呢？又有谁不想在 2000 年 3 月的时候以 125 美元的价格卖出高科技股票，然后在 2000 年 9 月的时候以 15 美元的价格再把它给买回来？低买高卖是股票市场上永不改变的赚钱法则，而操作顺序是无关紧要的。这一概念对于商品期货交易者来说更加容易接受。在那些市场上，先买或先卖的交易顺序都是十分常见的。

卖空股票的替代做法

如果做空股票仍然让你难以接受，那么还有其他的替代方法。其中一个方法即是在普遍下跌的市场中寻找仍然强势上涨的股票。当然可以预见的是，在这种情况下可供选择的投资标的并不会太多。尽管如此，我们仍要强调一下蜡烛图交易信号的核心意义：蜡烛图包含了在给定的时间内，市场中所有参与交易的投资者对该股票潜在价格走势预判的集体意愿。这意味着，在整个市场都在下跌的情况下，如果某只股票发出了买入信号，那么这一买入信号是由全市场的投资者（包括买方和卖方）的共同意愿所决定的，是他们共同创造出了买入信号，虽然大家也都知道整个市场仍然处于下跌的趋势中。这种机会固然很少见，但当这种机会出现时，大概率是因为某一家公司的运营表现在支撑着股价，而非某一板块或是整体市场。在趋势向下的市场中，可交易的机会将急剧减少，如果在某个股票上出现这样高胜率的交易机会，那么它会吸引更多的资金涌入该股。

一些养老金的账户是被限制做空交易的，但这并不要紧，因为有一些共同基金会设立专门做空基金。这意味着你可以申购这些基金从而实现做空股票的交易。买入这样的基金可以使你在下滑的市场或板块中仍可盈利，这将增强你的潜在收益。市场的方向并不会限制你的盈利，蜡烛图分析技术可以准确提供市场的运行方向，无论在市场上涨或下跌的情况下，该技术都可以为投资者在交易胜率上提供一定的优势。

胜率最大化

> 只要口袋里有钱，你就是智慧与美貌
> 的化身。
>
> ——犹太谚语

　　市场在向何处运行？这个问题的结果对投资者来说价值百万。正如前文所述，蜡烛图技术可以有效地把握整个市场的脉搏，分析个股的方式同样也适用于指数，再使用随机指标加以配合，成功的概率将大幅提高。

　　如果市场已经出现连续多日、多周或是多月的上涨，此时蜡烛图提示了一个卖出信号。那么我们就需要思考，此时的市场是否处于超买的状态——尤其是当随机指标也同时发出超买信号。正如纳斯达克指数在 2000 年 3 月出现的反转走势所示（见图 9-1），图中可以很直观地辨别出顶部的射击之星，在次日又得以确认，这为使用蜡烛图技术分析的投资者提供了一个可信度很高的头部信号。两周以后又出现了第 2 个卖出信号，更加确定熊市行情即将来临。

图 9-1　蜡烛图明确提示了市场头部的位置

蜡烛图技术在判断市场情绪上十分有效。熟练使用这一技术可以让投资者在交易中占据优势。很显然，当指数出现超买状态的时候，其下所包含的个股应该都与指数的状态类似。寻找卖空的信号来操作应该更具有概率上的优势。

使用指标软件是另一种判断市场走势的方法。

指标软件可以帮助判断市场走势

判断市场方向的时候我们需要进行恰当的逻辑推理。而这一恰当的逻辑可以借助软件，让其自动搜索识别所有蜡烛图技术分析出来的交易信号。有一款实用软件叫作 TC2000。这款软件包含多种分析方法，对投资者来说价值是无限的。

TC2000 可以搜索出市场中（道琼斯指数、纳斯达克指数、标准普尔指数所囊括的所有股票）最具概率优势的股票。它可以瞬间诊断出近 10 000 只个股的整体走势，并且可以依照投资者定制化的标准来挑选股票，同时它还自带许多技术指标。TC2000 这款软件的价格也很便宜，相较于能给投资者节省的时间而言，它的性价比还是很高的。

目的明确的搜寻具有两个重要作用。首先是可以辨认出最好的交易机会，其次是提供了合理分配资金的有用信息。对于投资基金流入流出的区分将给投资者提供极为可靠的盈利机会。搜索的参数可以被设定为：辨认出最好的潜在做多机会和最好的潜在做空机会。如果最终结果做多和做空比例一样，而潜在的某个方向的机会更大，则我们会推断市场将会向该方向运动。

比如，你已经为想要的交易设好了参数，在扫描了全部股票之后（或你个人定制的可交易股票的总体），搜寻的结果将产生常识性的信息。如果 400 只股票属于超买的类别，具有出现卖出信号的潜力，同时 100 只股票表现为超卖，具有出现买进信号的潜力，很明显将要做空的仓位调至做多仓位的 4 倍。如果一只股票已经持续上升了一段时间，在这种背景下你就得担心市场可能出现反转并且下滑了。市场上出现 400 个潜在卖出的股票从而引起大盘下跌的可能性比出现 100 个潜在的买入的可能性更大。

对市场趋势的判断不需要非常精准。一个最高点或最低点往往需要 1 天甚至几周时间才能完全显现出来，甚至在趋势明朗之前，会有整月的不稳定、反复多变和巩固。只要你能对市场方向做出大概的评估，成功交易的可能性就会大大提高。

如果投资组合中的股票头寸与大盘走势相反，那么收益将不会表现得很好。但这并不意味着，在熊市中股票不会有上涨的可能，只是这种情况发生的概率低于下跌的概率。就像这两条陈词滥调："趋势是你的朋友""游泳时不要逆流而上"。为什么不把资金放到收益可能性最大的头寸上呢？如果图表告诉你大盘走势向下，并且潜在卖出远大于潜在买入，将大部分资金用来卖空股票显然是正确的选择。

K 线图信号是技术分析中最重要的一个因素，其底部的反转能够表明，在不利的条件下多方正在进入市场，其反转强度表明其他因素影响股票价格运动的强弱程度。在某种意义上可以说是"投资者意愿的集合"。

我们再来看看前面那个例子，指数出现了最高点信号，同时搜索结果表现出 400 个卖出信号及 100 个买入信号。尽管事实表明潜在卖出是潜在买入的 4 倍，但潜在买入仍然是考虑介入的。鉴于单个投资者投资计划的不同，搜寻的特定结果对具有不同投资目的的投资者都有意义。这 100 只股票也是潜在的投资机会。例如，可能出现信号的这 100 只股票中，大部分都来自于一两个行业，这条有用的信息可以很快被辨认出来，这些行业将得到重点关注。有些时候，基本原则的变化，会使得大盘中大部分股票下跌，而特定行业中的一大批股票却呈上涨走向。

每个板块的价格移动方向

TC2000 有搜寻个别行业走势的功能，这些搜寻可以将行业指数从最超买到最超卖——区分出来，这一分析方式可以应用于单只股票，也可以应用于行业指数。K 线符号辨认出来了吗？随机指标的状态如何？

注意图 9-2 中的 OSX 费城油气服务走势图，一个确认的孕线信号表明反转即将开始。如果这种情形发生在市场其余板块都在下跌的时期，这将很明显地告诉

K 线分析投资者该板块即将走强。而对于传统的西方图表分析师而言，可能还需要一两天才会发现，这个特定的行业会有一次反转。

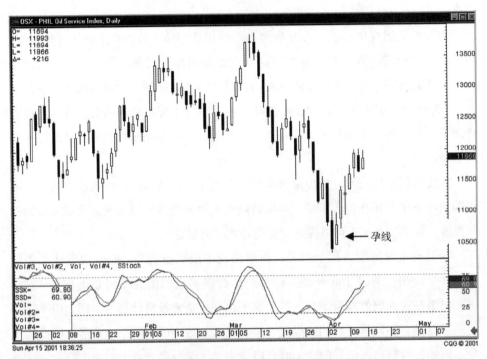

图 9-2 部门 / 行业分析

短线的 K 线交易者必须警惕资金的流向，即使是在一个下跌的市场中，买入交易机会也是可以辨认的，短期交易者在下跌的市场中也有可交易的机会。长期投资者可能会关注行业上升的大趋势，如果每周和每月的图表与每日图表都保持一致，长期投资者就可以辨认出，应将资金长期投资于哪些板块。期权交易者可能会找到一个良好的机会的买入期权，一个持续下滑的市场将会极大地降低期权的价格。在大多数投资者前面，也在市场上升之前，辨认出一个行业或一个特定组合中的股票，将会带来极高的盈利机会。简单地说，当卖出交易更多时，你仍然可以找到买入方。当然，反之亦然，在急剧上升的牛市中仍然会有好的卖出委托。

现在我们把所有的可能性都放到对我们有利的一边，我们的分析与我们交易的股票联系最紧密。以下面这种情况为例，市场已经全部出现了清晰的反转信号，到了买入的时候。TC2000 搜寻表明有 500 个非常好的买入机会，但只有 60 个好的卖出机会。你只需要 2 个多头头寸用于第 2 天的交易，你将怎样缩小范围来获取有最大增长潜力的股票？

TC2000 下一步将针对特定的行业进行搜索。在前些时期的下滑趋势中，哪些行业下滑的百分比最大？哪些行业体现出最强的买入信号？哪些行业随机指标最低并且开始变得明显？这些都是要应用到 TC2000 搜寻中的参数。结果的产生是瞬时的，这些结果将指引投资者达到具有最高盈利潜力的组合。例如，TC2000 搜寻将最好的潜在交易缩小为 3 个行业，这些行业在下滑趋势中具有最明显的下降，它们现在表现出最强的买入信号。在这些行业中，具有巨大潜力的领域被缩减为 50 个。从这些数字中，投资者可以评估出哪 4 个或 5 个是最具潜力的交易标的。

板块中哪些股票具有最好的增长潜力和最小的风险

投资计划的目标是什么？产生最大的收益的同时最小化风险。K 线图分析如何实现这一点？回到基本的原则：常识！如何把具有潜力的 50 个领域缩减为 3 个或者 4 个？

让我们来回顾一下。为了达到这一点，K 线图在视觉上阐明了市场的方向，然后买入信号会通过图表呈现出来。TC2000 通过超过 500 个潜在买入机会与 60 个潜在卖出机会相比较，来验证市场处于什么方向。TC2000 进一步的搜寻，将辨认出最好的潜在行业组合。这些组合将提供 50 个最佳的投资机会。

从这些机会中挑选出最好的需要哪些参数呢？每个行业指数中都包含很多这样的股票。如果筛选可以辨认出买入信号，同时随机指标出现在超卖区域并且正在上行，我们就可以假设，该指数所包含的股票将有几乎同样的表现。尽管如此，每只股票的图表还是会有所不同。有些并不像下跌的市场那样下降得那么迅速，某些股票被极端的超卖，有些股票可能几天或者几周前就开始爬升，而这些股票现在具有更小的增长潜力，因为一部分上涨能量已经被耗尽了。

最好的交易机会源于当天通过最优参数筛选出来的股票。哪些股票今天或昨天呈现出强劲的买入信号，并得到第 2 天开盘的确认？我们的评估是为了挑选出最强劲的交易信号，并由处于最优状态的随机指标予以确认。这并没有否认那些被筛掉的 45 个股票的盈利潜力，它们仍是优秀待选的状态。这一评估过程只是为了最大化潜在利润，我们评估过程的每个参数都在提升我们的胜率。

有效的止损

在获得最大化收益的同时，我们也要注意将潜在损失最小化。K 线图信号使我们很容易建立止损标准，这个过程依赖于纯粹的常识。如果投资者在某一特定价位进入市场，并且这是一个 K 线反转信号，趋势会改变的可能性（在过去的400 年间得到证实）非常大。那么是什么形成了那个买入信号呢？是多方制造了一个压倒空方的市场氛围。从这个简单的概念出发，即刻设置一个简单的止损策略。图 9-3 Marvell 技术集团有限公司走势图就是一个例子。

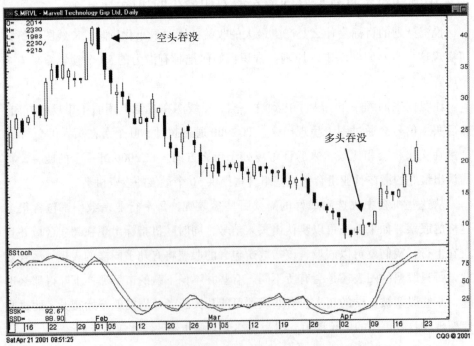

图 9-3　多头吞没模式的开盘价变成明显的止损价位

　　第一个明显的信号就是空头吞没形态，图中清晰地表明在 42 美元附近卖出者开始做空。将信号解析为几个要素。在 42 美元价格水平，买入停止。第 2 天，空方接管，创造了空头吞没模式。从开盘起市场中就明显有更多的卖出，顺理成章地在约 37.75 美元处建立空头头寸。

　　那么止损标准是什么呢？如果从空方认为在 42 美元的水平表明他们正在控制价格，那么很显然对于 K 线投资者来说，如果价格超过了 42.125 美元，则表明多头力量控制着市场。这种情形会反复发生吗？概率对我们说不。事实是，该信号在概率上更加有利于下降趋势。随机指标位于超买区间，增强了下跌的动能。价格能从 37.75 美元回升吗？当然可以！只要价格运动没有否定卖出信号，对走势的态度就是偏向下降趋势。

　　在 42.125 美元处卖出信号结束，多头重新取得市场控制权。多头还可以使价格上升多少呢？天晓得，但是谁又会愿意冒这个风险呢？拿着钱去寻找另一个有着高盈利可能性的信号。尽管如此，不要忘记这只股票。这些信号对于传统图表追随者们揭示了什么事实？空方正在带着力量进入。在你的脑中牢记这一信息，盈利性交易的特点已经自我阐明了这些特点。随机指标表明这只股票处于超买状态，空方在这些水平上表现得十分明显。买入再次被卖出压倒的可能性似乎不大，除非多方可以将价格提升到新的水平，否则在随后都要警惕另一个卖出信号的出现。第 2 个卖出信号通常会为价格持久的移动创造更大的潜力，第 1 个信号在现有趋势的拥护者中引起怀疑，第 2 个信号说服这些趋势的拥护者们方向已经反转。

　　同样的逻辑也可以被应用于多方。多头吞没信号表明多头已经占据市场主导，随机指标已经上升超出超卖区域。如果多头表明，在当天阳线 K 线底部存在买入压力，那么很显然如果价格从该水平下跌，价格就仍然在空头的控制之下。止损点应该比当天的开盘价低一个单位。

　　注意图 9-4 中 Fidelity National Financial 形成的晨星模式。信号出现两天后，趋势出现了戏剧性的反转。如果下降趋势的缺口你没有止损，那么在晨星模式下阳线的底部，则是你的第二止损点。这是一个不赚钱的交易吗？当然！但是损失是最小的，并且资金被套牢的时间也是最少的。K线对于了解何时进入与何时退出交易是非常有效的。

寻找最明显的表明该移动没有用的水平线，时刻记住信号的解释。之前趋势的反转已经发生。一旦价格低于信号水平，很明显趋势并没有反转。

图 9-4　止损位置显而易见

股市第 2 天如何开盘

什么组成了一个强劲的反转信号？K线定义表明，投资者倾向出现了变化，该变化背后的原因十分复杂。信号本身表明，市场上出现了与现有趋势持相反观点的投资者。如K线信号中的两个特例：倒锤头和吊颈。在信号出现的后一天，股票的开盘价与新趋势运动的强劲程度有着紧密的联系，同时它也可以决定新趋势到底是否会实现。

　　思考一下图 9-5 中的买入信号，假设，现在是多头掌握市场。我们需要期待第 2 天将会如何开盘？更多的迹象表明，多头仍然存在，空头应该逐渐撤出市场。第 2 天应该会出现持续买入力量，价格也不应该表现出过分的疲软。买入信号证明了存在潜在的多头，强度应该会在第 2 天的开盘得到体现。开盘价接近或者高于前一天的收盘价以表明并确保买入力量依然存在。向上的跳空缺口是多头最好的确认信号，它表明买入力量正在变得越来越有侵略性。

图 9-5　在关键点位止损可以抽出资金进行反向交易

　　如果价格在产生信号的当天上升很快，在前一天价格范围内的顶点附近出现一个十字或者一个小范围的交易幅度，这并不是一个很糟的信号。投资者会得到合理的利润回报，除非市场上仍然存在令人难以确信的空头。图 9-5 是 Spectasite 公司的走势，注意第 2 天走势显示出优柔寡断，但是它并没有表现出疲软的迹

象。第 2 天向上的缺口将成为多头仍然主导市场的有利证明。为了增大盈利的可
能性，我们可以观察寻找特征明显的信号。一个 K 线信号表明投资者认可市场
方向发生了变化。如果这样的话，第 2 天就不应该否定这个观点。这个逻辑很简
单！倘若多方目前掌握主导权，那么第 2 天这一事实应该被延续。图 9-6 代表的
是 Powerwave Technologies Inc. 的走势，很明显地表明，反转信号出现后，第 2
天多方力量的匮乏。晨星反转信号失败了。简单地设立一个交易准则，如果在开
盘时建仓，但价格跌到前些日子实体部分的 50% 位置，应该停止交易。这条法则
背后的逻辑就是，如果多头积极地参与市场，价格不会下跌那么多。

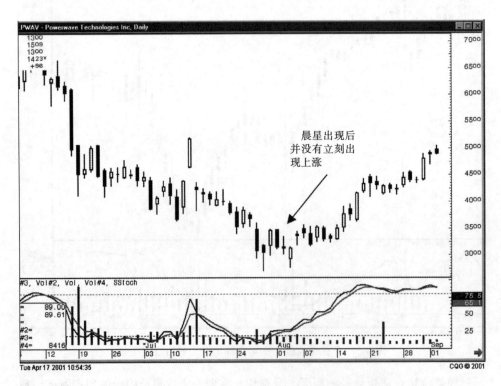

图 9-6　次日的开盘价提供了许多有价值的决策信息

开盘价信号日阳线实体下方，意味着空方占据优势，这表明空方正在进入市
场，从而控制价格走向。

在图 9-7 中形成了一个孕线信号。一个孕线信号的重要意义是什么？它告诉你现在的方向很有可能会变化。孕线信号的位置十分重要。从视觉上看，投资者可以很容易地理解市场隐含的投资者心理。一个处于前一交易日蜡烛实体低端的孕线信号意味着多头力量的极度缺乏，我们要为市场走弱做好准备。

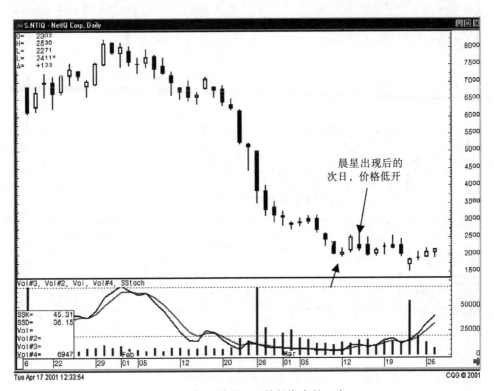

图 9-7　信号说明了目前投资者的心态

孕线信号处于前一交易日蜡烛实体的最高点表明，空方力量薄弱。通常情况下，在价格重新开始上升之前会有 1～3 天的盘整期。

在强劲的买入信号后，开盘疲软并不能排除这只股票有可能成为潜在的交易标的，但它确实提醒投资者，上升趋势暂时还没有确立，这为投资者提供了资金效率最大化的机会。买入信号的出现应该能让 K 线投资者意识到已经有做多力量进场，应该紧密盯市。注意图 9-8 中戴尔公司的图表，第 1 个信号失败了，但是第 2 个信号为强大的集结提供了动力。如果随机指标仍然处于超卖状态，第 2 个买入信号将在今后几天内出现。

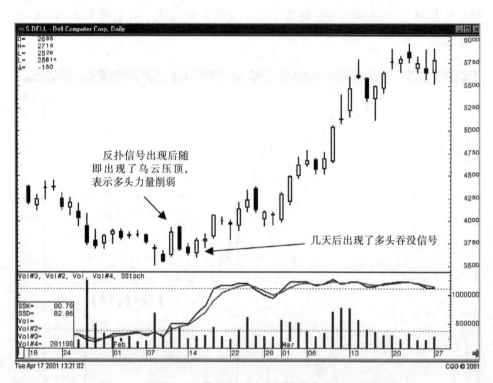

图 9-8　强烈的买入信号之后出现的卖出信号缺乏说服力

交易信号本身会极大地提高交易成功的可能性，它归结了市场上的诸多信息。股票开盘与买入信号的情况一致吗？也就是说，买入信号的出现紧接着出现更多的做多力量。向上的缺口体现了极大的购买需求。以前一交易日的收盘价或与之接近的价格开盘预示着多方仍然存在，并且力量强于买盘。

利用这个简单的步骤来形成最好的交易状况。有时候研究的过程可能会提供比所需要的更多的交易机会，这就为我们利用那些体现持续购买压力的头寸提供了机会。

简单的培育过程

选择大概率成功的机会是件相对容易的事情。每周 15 分钟的额外分析，可以产生一个高效的评估程序。尽管如此，大多数投资者不是不理解这个过程，就是不肯花时间和精力去做。

通过视觉上的解释和搜寻结果来分析 K 线信号，给寻找盈利交易奠定了一个良好的基础。这里需要强调的是，要顺从市场趋势方向投资。何必要逆流而上呢？某些时候特定的板块和行业会比其他的表现更好，搜索程序会发现华尔街的投资资金都流向何方。在这个过程开始之时，K 线信号会远在投资领域其他人注意到之前提醒 K 线分析师。

一旦那些行业被辨认出来，搜索将会分析出最好的个股交易机会。这个培育的过程将会减少潜在交易的股票数量，直至被确认信号肯定。在缩减后的这个股票池中，每个标的都处于被监控的状态，这样就可以找到最强有力的反转信号，并与随机指标匹配使用。

最终股票池中的股票数目可能还会大于第 2 天所需要数量，那么这就需要调节仓位，匹配可能性最大的投资机会。止损应该有明确的标准。这个过程可能不会减少第 2 天待投资的股票数量，但它应该筛选出哪些股票将成为优先候选者。

培育过程的最后一步就是缩减交易的标的，即第 2 天的开盘价。为了验证反转信号，第 2 天的开盘价应该传递着与信号同样的信息。第 2 天最好有至少两只股票的开盘价确认此前的买入信号。倘若超过两只股票符合要求，你就可以凭主观来判断来选择你认为最有增长潜力的标的。

如果确认信号的标的少于两个，那么你可以分析一下，前面缩减的股票池中，是否有开盘就体现了强烈上涨意愿的股票。最终的投资标的将符合所有最优条件，但这并不意味着其他的候选标的不具有良好的投资机会。如果最终候选标的没有通过测试，我们仍然要往回追溯到此前范围更广的股票池，这些股票中可能具有合适的投资机会。

如果遵循所有这些步骤，你将会极大地提高投资组合盈利的可能性。这不仅给你带来丰厚的利润，也给你带来了心灵的舒适与宁静。再也不用怀疑你介入一只股票是太早还是太晚。如果某次交易不成功，也无须牵动个人情绪。K线投资者应该在心中牢记，不成功的交易仅仅是一次商业损失，是所有可能性中的一部分。对于失败的交易至多说一句："那是笔坏交易，我现在已经跳出来了，并且找到了另外一个前景看好的交易。"一旦建立这个思维过程，坏交易将给你带来最小的损失，同时好交易将在下一次反转信号出现之前给你带来最大的收益。

　　下一章将会更详细地讨论如何执行一个交易计划，以获得最大的利润、最小的损失，同时排除所有情绪的干扰。

|第 10 章|

交易程序

完美的法则要求对可靠性有深度的认
知。绝对可靠性要求严格遵守法则。

——乔治 F. 凯南

美国著名外交与国际问题专家

严格遵守交易程序对于持续盈利十分重要，没有它，想要保持盈利将变得极
为困难。建立一个程序，就完成了成功投资的第一步。为了产生有利的结果，你
必须努力研究各种交易方法或者程序。一般而言，投资者不可能由亏本的交易统
计数据得出一个正确的交易程序。人人都想开发出好的交易方法以获得收益，这
是交易程序存在的意义。

遗憾的是，各个方面的因素集合在一起和维系适当交易规则会相互冲突。一
旦交易程序被改变，偏离了最小化损失和最大化收益的要求时，要想通过交易方
法获得理想的结果就非常困难了。一旦买卖的标准被人为因素所影响时，交易程
序就失去了意义。人类的情绪对完成交易有着巨大的影响。对于大多数投资者而
言，情绪是他们完成整个投资过程的最大障碍。如果不控制好这些情绪，自己就会
成为其他投资人获利的来源。K 线图交易方法就是从这些情绪控制的缺陷中产生的。

如果大部分投资者的失败是由于恐惧和贪婪，而 K 线图分析深度剖析了这些
情绪，那么如何利用它们并从中获益呢？这个问题不是美化交易程序的作用，而

是在引导投资者，避开容易出现错误的情况。

下面的投资程序经历了 15 年的研究开发，它将 K 线图信号的知识以及其他程序相结合。运用建立程序的原理，开发出一个最适合你的交易程序。本章和接下来的几章，将介绍运用 K 线图分析的投资程序。

最佳交易

比起那些不严谨的或者随意的方法来说，经过精密设计的投资程序及严格的执行无疑会从市场中赚取更多利润。能够持续产生利润的方法具有复利效应，优于简单的购买并持有方法和那种赌博性的博彩方法。在持续主动决策的基础上交易需要在过程中去掉人为的感情因素。

建立成功的交易程序，第一步就是要对方法有信心。假设本书前面章节引用的数据属实，那么至少 3/4 的交易将成功完成。遵循利润最大化的步骤能使成功率上升至 4/5。有这些数据作为交易的支持，你将很有理由期望获得每月 10% 的回报。这看起来可靠吗？遵循这种逻辑和过程，取得这些回报。

为了取得良好的结果，最优的交易程序需要一些基本元素。

- 交易时间可以方便地使用计算机。
- 低佣金的经纪公司。
- 订购搜索软件。
- 容易获得交易反馈。

了解你的交易日程

优化上述过程要求投资者每天都可以较方便地使用计算机。可以使用计算机是非常重要的，它是搜寻最好交易和执行指令的媒介。书中提及的交易法则平均持续 2～5 个交易日，包括同一天清算的失败的交易，同样也包括在有效的反转信号出现前持续 10～14 天的交易。使用搜索软件，如 TC2000 或是 Telescan，把搜索过程简化至每天 5～10 分钟。上述两种软件同时提供定制化搜索。

在所有的市场循环中，总有一段时期某一种结构比其他结构运行得要更好。这种性质并不独属于哪一类 K 线图信号。例如，当价格经过一段时期的上涨之后开始回落再次冲高时，J 形钩模型可能比处在最初底部状态的股票能产生更好的收益。分析每种结构每分钟的情况可以清晰地比较出此时应该集中投资于哪一组股票。

研究可以在市场交易时间前、后或进行中的任意一个阶段进行，但是在开盘的 15 分钟和收盘前最后的 15～30 分钟内，使用计算机是至关重要的。下面介绍交易执行时将详细解释这一点。

低佣金

折扣经纪公司的产生使获得最大回报交易的机制更加完整。正如在第 9 章讨论的，人们普遍认为，当交易无法证实 K 线图信号时，就会立即了结头寸。某段时期，市场不稳定，在运动方向确定之前会有大量进入和退出的交易。进入和退出的成本越低，对于账户权益的影响就越小。

即使每次交易成本只有 8～12 美元，也不要以为这样买卖的成本不大。经纪行业之所以存在，就是试图在每一笔交易发生时获取利润。收益会因每笔交易而减少，减少的幅度则要视你所付佣金的高低而定。在进入或退出交易时，你可以通过常识性的手段大幅降低成本。

不要忽略佣金，它也是交易的一部分。使用交易的 K 线图方法是为了从市场中取得超额收益。糟糕的委托成交不应该作为是否进行该项交易的标准。一项交易的潜在收益应该至少达到 10%，否则这项交易就不应该优先执行。

资金分配

当交易的所有事项都已就绪，资金到位，搜索软件可以使用，追踪市场动态和股价的软件已准备好，接下来就应该是分配资金了。以 100 000 美元的账户为例。怎样能够最好地分配使用每一笔交易的资金？任何一次交易，最佳的头寸数目应该在 7～10。任何多于这一数目的交易都会影响评估其他股票的时间，投资者在做交易是应该保持头脑清醒。任何少于这个数目的交易，都无法体现出概率上的优势。

例如，一个投资组合中有 8 只股票，每个头寸应当被分得 12 500 美元或者接近这个数字。买股票时要尽可能保证数目在最接近的整百股。如果买入某只股票 900 股需要花费 12 800 美元或者 11 300 美元，你不必为了使得花费必须维持在 12 500 美元而购买些零头。

重要的是，不要使得某些头寸的份额过大，而某些头寸的份额太小。原因很简单，当所有的 8 个标的伴随相应的市场信号买入时，概率仍将会产生少数的赢家和多数的输家。没有人能够百分百预测哪一个信号能使投资者成为赢家或输家。过分注重某一个头寸只会把情感的因素引入投资决策。在一个头寸上比另一个头寸投入更多的资金，足以显示出你投资的勇敢，即认为某只股票一定比另一投资少的股票走势好，如果你真能做到预测准确无误，从一开始就不需要投资计划了。

头寸分配越平均越好。一项差的交易带来的损失将会抵消投资组合中另一个好的交易产生的盈利。平均分配将会使得决策过程尽可能的机械化。K 线图交易的历史数据为将资金分散在各个均等的投资机会中提供了正面的结果，所以没有必要使自己陷入再次怀疑自己的境地里。

开始建仓

简单的复利效应可以产生高于平均水平的回报。从本金加额外资金中获得回报要比从本金减额外资金中获得回报容易得多。这听起来很简单，但是并不被大多数开始投资的投资者所重视。初始资金的使用极大地影响着复利的效应。在我们的例子里，账户开始有 100 000 美元。回报率建立在交易计划时间里产生的利润上。

第一笔交易的表现对于开始运行的整体回报率有着重要的影响。例如，交易所需的一切已经准备完成。正如第 9 章所描述的，你已经分析了市场走向，分析了有最好潜力的标的，发现了许多极好的 K 线图买进信号，并且准备进行投资。

第 2 天早上，你买入了明显是可以继续买进的 8 个股票。但是，在当天下午 1：33，格林斯潘或伯南克在白宫政策委员会的听证会上进行了一个小小的错误的暗示，市场情况立即发生了翻天覆地的变化。到当天结束时，账户上的金额下降了 8 000 美元。这不是你的错，也不是市场信号的错，只是生活中一个影响因素的错。尽管如此，账户的结果在数据上是符合理论的：3 个稍微上涨，2 个持平，但另外 3 个跌幅很大。最终的结果是导致账户总体金额减少。不必过分忧虑，立即割掉不好的投资仓位和／或者建立新仓位，在或短或长的时间（如几天、几个星期，甚至几个月）内弥补损失，但是弥补损失只能依靠更少的投资本金了，在这里，需要依靠 92 000 美元赚回 8 000 美元才能保本。

有两个动态的要素会影响投资者未来的收益。第一，投资者需要赚取更多的比例才能弥补原有本金的亏损；第二，当实践亏损后，时间成本是无法挽回的。短期看来这似乎不算什么，但是从复利的角度出发，这将带来完全不同的结果。接下来的内容便会告诉你，少赚一月利润对投资者来说意味着什么。

100 000 美元复利 12 次

延迟一个月，即 11 月与 12 月的差别，产生的效应是在年末的时候该账户减少 28 531 美元。保守的方法可以在刚开始建立投资仓位时，只投资最好的 3 笔交易。如果市场没有受到意外的冲击，损失应当是最小的。这些仓位可以被重新评估，并且在第 2 天根据新的市场导向做出调整。如果一切都按照预料的情形发展，那么 3 个仓位中的 2 个极有希望获利，而剩下的另外一个则显示轻微的损失。在理论上，绝大多数的投资仓位应当在每天显示为盈利。几天后，所有的 8 个仓位都开始运作。此时，每天的培养过程将使投资组合保持最好盈利状况，并且可以排除盈利差的仓位。

培养投资组合

一旦投资资金被全部分配出去，投资组合就可以进入维持利润最大化的过程。每天都要对投资仓位进行评估，某些投资仓位可能运作 1 天、2 天、3 天等。每个仓位上升的潜力、不利的风险、是否存在上升趋势疲软（即弱的 K 线图结构）以及随机指标的运动状态等指标都要进行评估。所以，评估过程可是：第 3 个仓位达到了最高点，第 7 个仓位如果在第 2 天开盘显示疲软的话就将其卖掉，第 6 个仓位在过去的两天里已经上升了 14 个百分点，它有可能回调，而其他的仓位看起来有着不错的长期利润。

这些评估需要与最近的搜索研究结果相比较，有可能发现存在买入信号的标的，资金可以从已有标的中卖出转向另一个更有潜力的交易机会。如果对第 3 个仓位的评估是：它已经有很好的表现，并且仍有继续上升几个百分点的可能，那么决策可能归结起来就是：是继续坐观等待上升 6 个百分点，还是应当把资金转到一个上升潜力有 15～20 个百分点的新仓位。这是一个难题。搜索程序会一直提供良好的交易机会，现存的仓位有可能一直上涨。

这种交易模式的前提是做好心理建设：当断不断，反受其乱。如果在某种状况下犹豫不决，应立即退出。如果目前没有好的投资标的，那么就选择等待。搜索软件程序能够在瞬间审查 10 000 只股票，每天至少能找出 1～2 个高盈利的交易标的。如果资金能找到低风险、高盈利的投资标的，为什么还要将资金投入到其他更不确定的交易中去呢？图 10-1 和图 10-2 就是极好的例子。

如果在看涨吞没的情况下买入 Marvell Technology Group 股票，那么将获得超过 100% 的收益。而现在股价处于随机指标中的超买区域，问题在于它还剩下多少上涨的潜力，市场也没有任何卖出的信号。应当将这个图与最近的搜查结果相比较，Bell Microproducts Inc. 的随机指标已经上涨到超卖区间以外，在连续购买之后出现了晨星信号，这看起来是很好的买入机会，但是账户资金已全被分配完了。

这就是 K 线分析投资者经常遇到的两难困境。现在要决定哪儿才是你运用资金最好的地方。评估变得很简单，这两个标的上升的潜力还有多少？Marvell 股票可以继续上涨得更高，Bell 看起来似乎能够填补前几个星期的缺口，使价格上升到 10 美元，近似于从 8.25 美元中获得 25% 的收益。Marvell 股票能够在同样的时间内涨到 26.50～27 美元吗？也许。不过目前 Bell 的走势图似乎看起来更具有上升动力。第 1 个逻辑的目标，10 美元和 12 美元一样，看起来并非不可及。说得更简单些，"如果今天仍然还有现金可以继续投资，我会投资哪个头寸呢？"这是一个每天都需要应对的问题。

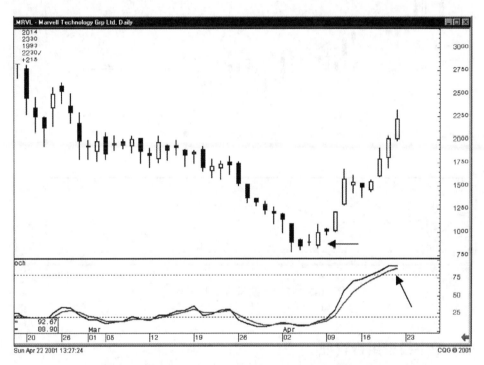

图 10-1　当股价为 22.5 美元时，其风险和收益如何

　　这个过程将极大地改变投资者的心理。每天存在大量的有利可图的交易，投资者需要不断地锻炼自己，以减少任何可能影响交易的情绪。这种想法和下文即将讨论的单一数字投资组合管理一样，都需要减少投资决定中情绪的影响。去与留的决定不再受别的因素的影响。重要的问题仍然是，"潜在的上涨和下跌的风险相比，哪个大？"它指导 K 线图投资者分析，促使交易账户整体的利润最大化，而不是从某些单一头寸中盈利更多。评估的原则永远是把资金用在潜力最大的头寸上，好的交易中若头寸盈利不佳也会被淘汰，而亏损交易的可能性更是降低了。

图 10-2 该股下跌风险及上升潜力如何

单一数字投资组合管理

　　除了恐惧和贪婪，投资者还要处理另一个主要的情绪因素：自我！自我并不
是说投资者会走出去，吹嘘自己是多么伟大的投资人，它指的是当进行一项交易
时，我们自己的分析主观意愿太强。没人喜欢赔钱的交易，并不只是因为它带来
损失，更是因为它带来自我否定的评价。在我们自认为比同龄人聪明的时候，股
价的下跌会使得我们的自我意识消亡。因为自认为有着高人一等的智慧分析，我
们决定购买一只股票，但事实证明错了，这时自我就会起作用。我们太聪明了以
至于不能接受失败，所以我们相信这只股票一定会回升。如果价格更低，我们的
自尊受到更大的打击。

　　这时，投资战略就成了持有头寸直到它回到盈亏平衡点，然后再把它卖出

去。首要的问题在于为什么这只股票一定要回到你买它时的价格？这是一个大多数投资者都要面对的典型问题——如果他们没有一个可信任的投资程序。一项交易因为某一套理由被放弃，而因为另一套完全不同的理由被继续。亏损的交易存在的主要原因在于"自我"问题。不幸的是，坚持正在亏损的交易不能使利润最大化。

按计划，以同样的金额维持一系列投资头寸是投资决策中减少情绪因素的第一步。完全摒除情绪因素的方法是使用**单一数字投资组合管理程序**（single-figure portfolio management program）。这个"单一数字"是底线。每天的交易结束时，我们只需要关心：投资组合的价值是多少？今天的净利润或亏损是多少？

这种分析方法减少了投资者对个别股票表现的过度关心。每天收盘时，每个头寸的成本基础成为当天的收盘价。这种过程减少了自我意识带来的干预。整个投资组合的表现情况会更得到关注。如果 K 线图的观念是正确的，那么大部分的头寸应该上涨，少部分会下降，从而使一天的总收益为正。

投资组合的整体价值由每个头寸的利得和损失与上一个收盘价比较计算而来。任何买卖的股票头寸都是通过与收盘价的比较而计算得到的。交易日购得的股票和当天收盘价比较就能知道它们是盈利还是亏损。交易日卖出的股票应该和前一日的收盘价相比以计算利润。

这个过程消除了每个头寸不同成本所引起的情绪干扰。每天，每个头寸可以被客观地以 K 线图信号、随机指标及最近的价格运动的状态来衡量。最初付出的价格变得不相关，重要的标准变成：第 2 天或未来几天内该头寸会怎样变化以利于单一数字的运用？

困窘

分析所有的因素、评估图表上头寸的可能走势，将会减少另一种情绪干扰。知道决定何时买入和卖出头寸的方法是减少自我困窘的过程。就像本书序言介绍的那样，大多数投资者交易的方式可以通过判断某人发现我的这个或那个失误来预测。

让别人发现自己持有的 Marvell 股票在 22 美元卖出之后又上升至 64 美元是令人尴尬的。或者，你以 20 美元买入 XYZ 公司的股票，以 18 美元亏损卖出之后该股票又升至 48 美元。这种困窘通常是自我感知的。在多数情况下，谁会知道的比你自己还要清楚呢？

使用 K 线图信号可以在两方面帮助投资者解决这个问题，它形成了参与和退出交易机制。如果 Marvell（见图 10-1）的股票在 22 美元时被卖出，因为这是那一特殊时间内的最好投资决策。如果它上升至 64 美元，那么了结它必定基于正确的理由。一个好的盈利机会没有被完全挖掘是很遗憾的，但是，概率引导投资者在当时取得那些利润，然后转到其他交易是有意义的。如果一个人在正确的时间做了正确的事情，那么没有什么好尴尬的。程序不是为了使每一笔交易的利润都最大，而是使整个账户的利润最大化。

其次，无论盈亏，K 线图信号都会告诉你何时进入何时退出。如果 XYZ 公司的股票先是以 20 美元买入，然后表现不佳，以 18 美元亏损卖出，同样有可能因为表现好而重新升至 21 美元。同样，这也会导致自尊和困窘的两难困境。记住，单一数字法并不介意。好的交易信号就是好的交易信号。如果你第一次对它的判断是错的，不要因为一只股票而不好意思。记住，你的账户的 99.9% 永远不会被别人看到，不要使情绪成为你自己最大的敌人。

市场方向

如第 9 章中所介绍的，明确市场的方向对于正确交易是非常重要的。大多数时间市场趋势是非常明显的，但是有时候市场也会波动，方向很难把握。幸运的是，K 线图信号比其他交易程序表现得要好。信号的先天作用是它们证明了投资资金正在流向何处。在没有方向的市场中，这成了无价的"气压计"。

有时候市场变得过于波动、无序以至于根本无法交易。例如，如果市场处于超卖状态，股价仍在缓慢下降，每一个当日较强上升看起来都会像是反转的信号。希望仅在于第 2 天经历更多的下降，使得损失变小。如果你不能对市场产生感觉，将资金抽出，直至比较明显的信号出现。这并不经常发生，但是有时候的确会出现这种情况。

尽管存在这种走势，但信号仍然可以产生好的交易。分析市场行为，这也许需要一段周期，成功的交易会经历 2～3 天或是 3～5 天。它同样可以应用在行业指数的走势上。如果总体上价格上下振动，一个板块可能因为持续的一个方向运动而凸现出来。研究那个板块，按照程序集合资金。

确认板块

确认板块运动方向的好处有两个方面。首先，这大大减少了每天搜寻潜在收益交易的过程。即使搜索软件可以在几分钟之内找到好多好的交易机会，但从吸引投资者注意的板块中找到好的交易机会会更有优势。其次，搜寻的范围被大大缩小了。投资资金被注入一个特别的板块产生更多的时间来微调分析过程，确认最好的 K 线图信号。

板块搜寻还可以获取到其他信息。投资者能够看到投资资金流向何处，从而将其借鉴到自己的投资策略中，这放大了可能盈利的概率。在一个上升的市场中，知道哪个板块有最大的上升潜力可以增加盈利的机会。这就是所谓的水涨船高。确认板块 K 线图信号，使得投资者能够最大化收益。上升市场中的强烈信号瞄准有过度资金流入的板块，这就提供了一个超越"上升潮"的机会。更明显的收益来自于当市场整体下跌的时候，它能够帮助投资者确认资金正在注入的板块。在这种情况下，K 线图信号就是市场交易的首要原则。如果卖空股票的操作并不合适你的投资，那么确认在下降的大市中盈利的板块就是绝佳的投资方式。

预测板块趋势的其他好处是，可以更多地消除错误的信号。影响一个行业或是板块的消息，是使得该板块有吸引力的最基本的元素。意料之外的利空消息的概率被减小了。即使遇到会极大地影响股价的意外的利空消息，投资者也能够以平稳的态度应对股价的变化。

在板块指数中，使用 K 线图信号既有利于最大化长期投资利润，也有利于短期交易。每周、每月的 K 线图清晰地解释了何时长期趋势出现了改变。

长期投资程序

对于那些没有时间或者不想每天、每周甚至每月研究投资组合的投资者来说，K 线图信号也能够提供有效的帮助。如前面描述的，这些信号是对投资者特殊时间内情绪的描述。无论时间框架是 1 分钟还是 1 个月，产生的信号是投资者在那一时间框架之下的心理度量。对于 K 线图投资者来说，月图的底部多头吞没模式和超卖的随机指标，应该和每天、每分钟的图表有着一样的警示作用，唯一的区别就是时间周期的因素。

如图 10-3 所示，Stewart 公司有着长达 1 年的下跌走势。在随后的交易中，经过 3 个月的僵持，长阳线和随机指标上移，显示出长期趋势已经改变。当随机指标上穿时，多头吞没的出现给长期的投资者提供时间工具。为了证明反转的趋势，每周的图表同样能够被用来证明长期市场情绪的变化。

图 10-3 月份图与短期图共同作用

K 线图信号的用法强化了沃伦·巴菲特的投资理论：买入一些当时没人要的公司和行业的股票，持有 3 年或更久，直到商业周期使得这些公司变成热门公司。有能力看到买入的最好时机将极大地增加潜在收益。当价格在底部时，它减少了停在一只股票上的投入。在 Stewart 公司的例子中，1999 年中期的孕线信号表示做空力量基本上已经停止了，一年半之后，价格才开始上扬，在 2000 年之前购买都会有不错的回报。如果你是沃伦·巴菲特旗下基金的客户，积累的时间是需要关注的，不过若你试图最大化回报，时间的选择就是很重要的了。

你作为一个投资者可以利用 K 线图来建立长期的头寸，可以使用简单的交易程序。分析每月的图表，以图 10-3 为例，分析研究显示这些股票已经离开了底部。这些底部可以作为长期的支撑或者下降之后有明显的 K 线买进信号。K 线图提供的优势在于清晰地将买入情绪可视化。每月图表的信号能够被每周图表上相应的信号确定。一旦你决定了投资于长期头寸，每日图表将为你提供积累头寸的机会。

中期投资：出现不利的新闻时购买

一项交易的交易周期越长，公司的基本面就越显得重要。所有的公司和行业都会面临有利的经济环境或不利的经济环境。一只股票的价格曲线很少呈直线上升。公司总要经历成长所带来的阵痛，有的公司变得太大太快，或是管理层变动，或是公司做出了错误的决策。值得分析的是大多数投资者没有考虑到管理层的能力。K 线图指标正好可以帮助人们分析这一因素，以寻找获取巨额利润的机会。

当一家公司正处于在挣扎状态时，其股票价格往往会有一个明显的下跌。股票价格下跌得越多，就会有越来越多的情绪因素被带进股票的价格当中。聪明的投资者会在股票价格下跌之前就将资金抽调出来。他们会预测哪些经济因素或管理层决策产生的结果，会导致股票价格下跌。投资者对于价格下跌的预测信心越强，股票价格越是一路下跌。投资者通过观看财经板块的新闻，从而得出分析师对股票价格走低的分析，最终，利空新闻会被公之于众。一项亏损警报，一宗重要合同的丧失，市场份额的丧失——这些被认为是导致过去 3 个月股票价格下跌的主要原因，现在公之于众了。那些始终持股的投资者最终只得黯然接受这一事实并被悲惨地套牢。被财经新闻所报道的关于过去 1 个月所发生的事情很明显是真实的，股票价格在一开盘就下挫了 25 个百分点。

这是买入或卖出的好时机吗？K 线图将给出这一问题的答案。在股票下跌当日的特殊蜡烛图里面包含着大量的信息，它给出了明确指出是否应购买股票以及应在何时购买的信号。股票价格回升甚至涨到远远超过当初巨幅下挫的价格水平的现象比比皆是，这种现象一般会在接下来的 3 个月内发生，或是更快，它所带来的结果是在 3 个月的周期内获得 25% 甚至更高的回报率。这对于任何投资项目而言都是一个相当不错的投资回报。

为什么这种现象会发生？这是由人们的情绪因素所导致的。利空消息是财经媒体研究了数个星期甚至是好几个月的结果，此时所有的新闻都是负面的，没有人想再持有这只股票。**但是**，如果所有人都在卖又有谁会买呢？

它的购买者将是那些对公司管理进行预期分析的投资者。一家公司如果没有良好的管理做保证，就无法在现在的社会上生存，将来也不可能。管理并不是静态的行为，成熟的公司都拥有合格的决策制定者。他们升到公司高层的职位凭的是能力和真才实学。请注意，在这里"成熟"一词非常关键。成长型公司所提供的产品或服务具有成功的潜质。尽管公司的创始人还缺乏管理技巧，但公司的唯一独特性可以保证在一段时期内企业的成长。当一家企业成熟以后，要在非主营市场上进行竞争、拓展业务时，管理层的重要性就更加凸显出来了。一家管理良好的公司是不会停止思考的。

同样的不利因素会导致聪明的投资者将资金在股票价格居高时调走，公司高级管理层对这些情况了然于胸。这些情况在提醒管理层，要采取一系列的纠正行动。尽管无论做什么都无法避免利空消息出现，但仍然要尽力，以力求使问题得到解决。当利空消息被公之于众的时候，纠正的措施有可能已经在顺利地开展了。未来将不同于现在，这也就是有些人会在恐慌的股民以极大的割肉幅度抛售股票时大量购进股票的原因。

K 线图能够告诉使用者大量买入大幅贬值的股票的最佳时机。恐慌性抛售所呈现的 K 线图形中蕴含着有价值的信息。正如图 10-4 所示，Plantronics 公司公布了利空消息，造成股票大跌，但随后投资者迅速买入。长阳线表示的是在开盘时最大的抛售行为已经完成，接下来的买入是因为某些人认为，抛售行为已经太过夸张。现在就是预测未来各种可能性的时候。阳线说明了在开盘价后，买入超过卖出。在大多数情况下，交易量较低点所形成的阳线，可以作为未来交易的支撑位置。请注意，两周后，一个"倒锤头"后面紧跟着一个很强的阳线，这一情形说明存在着第 2 次做多股票的机会。大致上是在股票大跌的 6 个星期之后，股票价格回升到原先的水平并进一步上升。当股票价格回升到 4 月 19 日的位置时，在 17 美元左右买入股票带来了 27.5% 的收益——这对于一个为期 6 周的投资来讲，无疑是一个可以接受的回报率了。

图 10-4　特大利空公告后出现的阳线表明某些投资者认为正好是买进时机

价格大幅下跌后的长阳，为使用 K 线图的投资者提供了有价值的信息。当天多方力量十分强势，这告诉我们，已有足够多的买盘吸收了抛售的股票，而不像图 10-5 所展示的那样，在开盘以后，空方仍占统治地位。这很明显地说明了，尽管价格出现了大幅下挫，但利空消息所带来的影响却远远超过市场的预期。一个阴线显示，空方在开盘后还远远多于多方。

长阴线是一个清晰的信号，说明股票抛售行为并没有结束。在这个例子中，在其后的 5 个交易日内，大量购入股票的征兆并未出现。孕线信号表明抛售动作已经结束了。第 2 天的高开说明了多方继续占据市场主导。图 10-5 中所示的公司在 16.50～17.00 美元的支撑长达 7～8 周之久，直到价格回升到当日大幅下跌前的水平。5 月 4 日，价格回升到 23.63 美元，持股到此时大约会得到 29% 的回报。在价格大幅下跌的当日，出现的阴线是提醒人们利空消息还没有完全消化，股票市场上空头占上风的形势仍在继续。在这种情况下，要在几日后才能确认买入的信号，到那时就可以做一笔漂亮的、相对低风险的交易了。

图 10-5　利空公告后出现的阴线表明利空仍未消除

找出这些交易并不需要付出太多的时间和精力。投资者只需在每一两周里关注一下股市行情，就可以使用这种投资方法做出一笔很好的交易。搜索程序可以设计出来专门寻找这样的交易机会，参数也可以很容易设定出来。

- 股票价格在过去 30 个交易日里从最高点下降了 X 个百分点。
- 股票价格在过去 7 个交易日里大幅下挫了超过 20 个百分点。

这些搜索程序可以在数量众多的股票中找到足够多的满足要求的股票，可以保证任何时候对 6～8 只股票保持较高仓位的投资。这种交易程序成本不高，而它所带来的收益却绝对是让人满意的。使用软件只需遵循一些基本的原则就可以达到想要的效果。这种走势从基本面的角度来说是公司努力采取措施，使失误和不利的经济因素得到弥补和更正。从技术上讲，股票的价格在利空消息披露时，往往总是处于被过度抛售的情形下。股票价格的大幅下挫最终会反弹回来。使用 K 线图寻找买入的时机，可以准确地发现切入的时机。任何显示买入时机信号的低点，都可以被用来作为合理的止损点。不仅如此，通常的成功投资逻辑线索也被引入到这套交易程序当中来。那些不愿意将大量时间花费在仓位分析上的投资者，可以通过周期为 3～16 周的持股交易而得到不菲的投资回报，而仓位调整的工作则可以通过每一两周花费大约 30 分钟的时间就可以完成了，并不需要进行多么复杂的计算，我们就可以意识到这种仓位可以在 1～4 个月内产生 20～30 个百分点的回报率，并滚进下一次仓位中，这就产生了堪称经典的复利计算效果。

K 线图分析法为投资者提供了一件有力的分析工具，用以开发有丰厚回报的交易程序。这一程序可以根据每个投资计划而进行相应的调整和改进，而它带给我们最重要的东西，就是可以使我们准确把握表征股票市场动向的各种信号。无论这种市场动向是长达数月还是只有短短的几分钟，都不会改变 K 线图的作用，这些信号可以衡量投资者在具体的时间增加时所产生的情绪波动。

日间交易

小额订单执行系统（Small Order ExecutionSystems，SOES）是市场崩盘所导致的结果。美国证券交易委员会规定小规模投资者通过股票经纪人来进行操作，而在股票市场发生巨幅动荡以至于这种操作都变得不太可能时，应有一定的途径使他们可以参与股票市场的交易。1987年的崩盘就是最好的例子。道琼斯指数在一日里狂泄了500点。打到股票经纪公司那里的电话线都已经严重阻塞了，只有与场内交易商有直线联系的机构才能进行股票交易。一般人则根本没有办法去下订单。

一般投资者进行股票交易的途径的匮乏，正是放开证券交易选择的最初原因。执行订单的新途径被创造了出来。这就产生了一种新型的投资交易方式，即日间交易。随着新的电子交易系统的日益先进，在线交易的方式也被极大拓展开来。

小额订单执行系统交易公司造成了证券交易市场的恐慌。媒体大肆鼓吹对于小额订单执行系统——这个所谓的强盗交易会产生新的市场不确定性。而事实上，日间交易商有能力使做市商的利益受到很大的损害，从而迫使这些做市商不再能够像以往那样随心所欲地控制股票交易。这个灵活性导致了更多的价格不稳定，但这并不是关键，如何使用K线图所给出的信号赚钱才是最重要的主题。

一个日间交易商的利润主要来源于通过短期套利或是依据短期的市场动态而炒作股票。K线图所给出的信号应用于1分钟、3分钟、5分钟和/或15分钟图中可以创造出非常成功的交易。对这些图表的成功运用可以使交易商交易程序的效果成倍增长。1分钟图表作为交易商用于持续监督每一笔交易的最基本工具，可以同时在一天内促成数十笔产生高额利润的交易。正如你在图10-6中所看到的，在日间图表中所使用的变量仍旧适用于1分钟图表。当随机指标处于抛售过度的区域内时，一个买入股票的信号就会出现，这意味着可以做成一笔带来高额利润的交易。

在这种情况下，这笔交易可能持续3分钟、5分钟、7分钟或10分钟。请注意那些箭头清楚地指出了K线图结构、晨星信号、暮星信号以及股市处于空头吞没模式下所呈现出来的图形。投资者处理这些图形时可以信心十足，当然这需要相当快的处理能力，还需要一个交易实体时刻保持其流动性。如果交易实体不能

很容易地进入或退出，那么良好的交易信号也会变得不那么有价值了，买 / 卖价
差会达到难以克服的地步，又或者是成交价格被过分夸大，使有利可图的交易很
难出现。纳斯达克的期货、标准普尔的期货或者是道琼斯的期货都为日间交易的
成功进行提供了流动性，它们都拥有持续的流动性，使得交易的进入和退出十分
快速和简单。

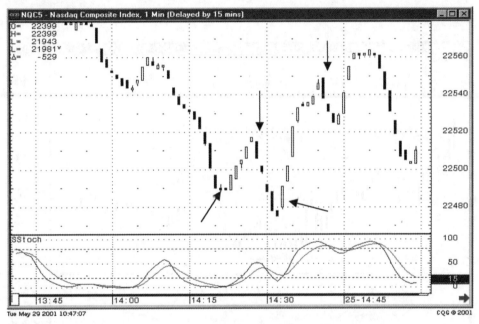

图 10-6   每分钟走势图对每天交易的短线投资者非常有用

　　仔细观察图 10-7，请注意 15 分钟图已经形成了晨星走势，这表示长期的股
票市场动向可能会发生变化。在图 10-8 中对 5 分钟图的分析，揭示了趋势，表明
有资金强力介入。这些图所传递的信息都可以被归结于 1 分钟图。下一个多头信
号可以作为交易的安全进入点，它将在当天的剩余时间里持续 45 分钟，直到抛
售信号出现为止。

　　日间交易商不能或者不愿意因一笔交易在某些地方有其他选择，而不得不每
一分钟都盯在电脑屏幕前，统计研究可以在更长的日间交易程序中轻易地完成。
例如，当 15 分钟和 5 分钟图表同时显示 K 线图购入信号随同随机指标出现在超

卖区域时，更少但是更好的高盈利交易可能会成为更好的选择。当这两幅图所显示的情况相符时，1分钟图可以被用来决定在最佳的买入时机。图10-7和图10-8显示的是同一时刻构成底部的图形结构，这为下次1分钟图表产生了一个买入信号，与随机指标共同出现在股票被过度抛售的情况下。这一交易可以确保一直持有，直到15分钟和5分钟图表同时出现一个卖出信号。这种性质的交易往往可能一次要持续几个小时。

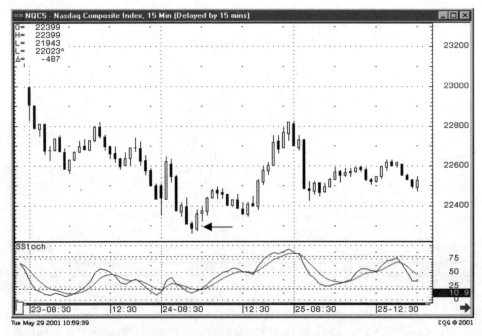

图 10-7　NASDAQ 15 分钟走势图表示

　　不同交易周期与不同周期的图表可以完美结合。事后测试可能会发现3分钟和10分钟图表的结合使用有73%的可能创造盈利的交易，而5分钟和15分钟的结合使用有67%的可能创造成功的交易。无论统计测试结果如何，K线图的信号都为测试提供了基础，这些信号起到了催化剂的作用。反转成功的可能性在于信号的内在因素，将这个因素运用于其他成功的结果特征上，会创造出一个交易程序，该程序令辨别空头趋势变得更为简单和迅速。在日间交易程序中确认趋势变动的速度是十分重要的。在一个趋势开始后执行交易和在一个盈利趋势出现反转时退出交易，具有不同的意义。头寸应该在趋势反转的第一个信号出现时就已经持有了，在该趋势结束的第一个信号出现时就退出。K 线图的结构使日间交易者能够预测哪些信号何时会形成。先于大多数交易者进入交易或退出交易，这将会极大地减少趋势变换时出现的损失。

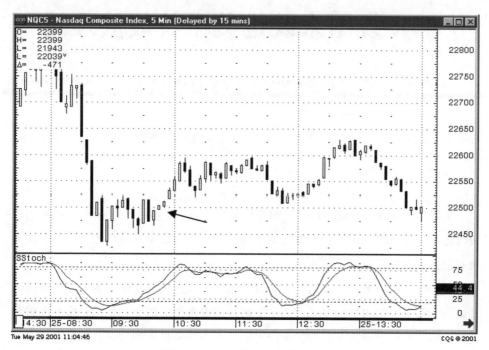

图 10-8　NASDAQ 5 分钟走势图

　　运用这些信号进行交易，能够减少不必要的猜测。建立一个交易原则，并以该原则为框架来执行日间交易，将会给交易者带来统计优势。知道一系列相应的买入信号，有更大的可能性产生盈利交易，会使得交易者行动更快，从而具有执行优势，在交易中优于其他的交易者，这些优势使得日间交易者在执行交易程序时更为容易。

第 11 章

使用 K 线图来改进艾略特波浪理论[⊖]

> 我们需要的是一种不推翻旧理念的新
> 理念。
>
> ——*Peter's Almanac*

艾略特波浪理论是使用最广泛的分析工具之一。据估计，约有 80% 的机构投资者将艾略特波浪分析运用于他们的交易程序中。这会使得市场趋于一致，因为所有的投资者都参考同一参数。

如果你对艾略特波浪理论并不十分熟悉，那么你仅需花费不多的一些时间来理解和学习下面的内容。本章讲解了艾略特波浪模型的历史和基础。全面理解和精通艾略特波浪分析需要花费大量的时间。本书并不是达到这一目的最适宜的教材。再者说理解和精通艾略特波浪分析对于熟练掌握 K 线图并不是很重要。然而，了解一些简单的基础知识将有助于我们辨别反转时机，明确在何时所有的艾略特波浪分析者都预期价格反转。同样，艾略特分析能够合理地辨别股票波浪变动的事实，这也可以使我们了解投资市场存在的预期。

本章的主要目的是改进艾略特波浪分析概念现有的组成要素。将 K 线图信号融入艾略特波浪分析中，使得该分析更为客观。艾略特波浪理论在主观方面可以

⊖ 有关艾略特波浪的详细分析可参见《艾略特波浪理论》一书，此书中文版已由机械工业出版社出版。——译者注

辨别交易标的的运动方向，这也是艾略特波浪分析本身需要攻克的难题，K 线图降低了这一难度。

艾略特波浪理论的背景

拉尔夫·尼尔森·艾略特（Ralph Nelson Elliott）于 20 世纪早期公式化了他对波浪的定义，他的理论相对简单。价格变动包含了五个上升波浪和三个下跌波浪。正如图 11-1 中所示，浪 1，浪 3 和浪 5 被称为**驱动浪**，浪 2 和浪 4 被称为**调整浪**。同样的分析也适用于下降趋势的市场，如图 11-2 所示，驱动浪代表了价格下跌，调整浪代表了逆于主趋势的上扬。

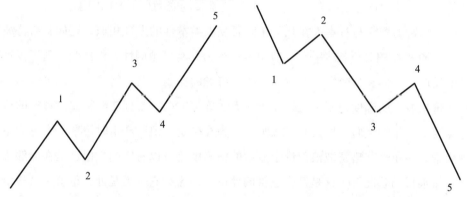

图 11-1　市场呈上升趋势时的艾略特波浪　　图 11-2　市场呈下降趋势时的艾略特波浪

艾略特所做的研究是值得称赞的，其所有的著作都用于解释他所阐述的概念。即使在几年前，获得道琼斯的历史信息也是十分困难的，因此，在 20 世纪 30 年代艾略特的资料收集和解释工作一定是极端困难的。

艾略特假设投资具有长期的特性，他断言所有事情都是以潮汐的形式变动的。由于市场在最为真实的状态下保持着连续性，时间便不是一个影响因素。为了全面地了解艾略特的理论，理解他所阐述的概念是十分重要的：

- 自然法则
- 宇宙秘密

- 波浪原则
- 解释市场因素
- 斐波纳契比率的运用

在艾略特的著作中，他声称："自然法则包含了所有要素及时间。自然法则不是一个系统或者市场运行的方式，它是一个记录所有人类活动进展的现象，将它运用于预测中是革命性的。"他所有的发现都基于自然法则。他说："只有当市场先以市场的角度审视，然后再以这种方式分析时，其背后的规律才会被发现。简单地说，股票市场是人类的创造，因此反映了人类的特质。"这个理念与K线图信号所反映的概念是吻合的。人类的情绪是市场变动最重要的因素。

艾略特的概念与日本人在几百年间研究人类本性的发现相似。正如艾略特波浪理论和K线图分析技术一样，股票价格行为具有可预测性。价格变动基于投资者的反应，恐惧和贪婪之间的波动导致了市场的振荡。艾略特波浪理论可以用于预测价格波动的幅度，不足之处在于其无法确定方向。掌握艾略特波浪理论的概念需要若干年的经验。原因是什么呢？因为在确定"浪"产生时掺杂了大量的主观因素。多年来艾略特波浪理论中显示的精确度是可以肯定的，但这是在能够正确分析浪形的状况下。这是符合逻辑的评论，因为如它一无是处，也就不会被沿用至今天了。

每位投资者都有预测未来的动力。艾略特在预测未来情况方面很有见地。他声称："所有人类活动都有3个截然不同的特点：模式、时间和比率，在这3个特点中我们可以观察到斐波纳契求和数列。"这导致了他对浪形的解释及辨别未来价格变动的大小都需要依赖于斐波纳契比率。这个观点与一度流行的随机游走理论（random-walk theory）相悖，随机游走理论认为交易实体是没有模式可循的。

掌握艾略特波浪理论可以带来许多极为成功的交易，然而，掌握这种方法需要多年的分析和长期的经验。我们有理由相信，如果五浪模式具有一致性和且易于辨别，基础概念就是正确的。艾略特最重要的观点之一是："一个完整周期或大众心理周期应包括5个上升浪和3个下降浪，总共是8个浪。这些模式有预测价值——当 5 个上升浪形完成之后，3 个下降浪形就会随之而来，反过来也是如此。"（见图 11-3。）这是艾略特给出有价值且准确的预测之一，市场在大量时间内都显示出了与此一致的模式。

　　与艾略特的分析一致的是，第 5 浪末尾是一个投资极为安全的区域。在偶然情况下，第五浪的扩展可能会绕过这个安全地带（见图 11-4）。幸运的是，这正是使用 K 线图分析的最好理由，它可以用于确认方向发生变化的概率。

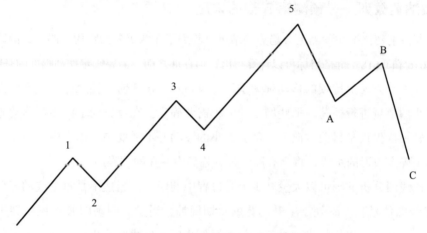

图 11-3　5 个上升浪，3 个下降浪

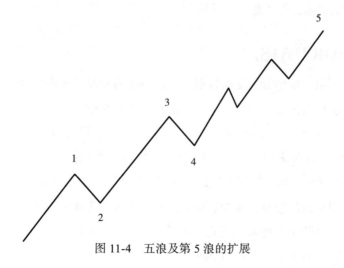

图 11-4　五浪及第 5 浪的扩展

时间不会对浪形构成影响。你可以在日内、每日、每周或每月的图表分析中观察。艾略特给五浪运动规定了 3 条基本准则：

（1）在大多数情况下第 5 浪与第 1 浪是非常相似的；

（2）概率证明第 3 浪通常是最长的一浪；

（3）第 4 浪在上升趋势时不应该达到或突破第 1 浪的顶端。

斐波纳契数列——预测第 5 浪的末尾

斐波纳契比率在预测上升趋势的结尾时起到了非常重要的作用。两个关键数字是 1.618 和 0.618。价格目标可以计算得出，但在那之前，需要确定摆动幅度的基数。

在一个方向上持续的移动称为**摆动**（swing）。在任何一种趋势中，价格都会以很小的增量进行振荡，那些增量的大小需要确定。在反方向上的小幅移动应当作反转浪或仅仅是目前方向上一部分，小的波动并不需要被考虑在内。建立一套标准来确定浪形的组成，将会有助于减少趋势中存在的"噪声"。

K 线图分析准则可以大量减少上升过程中的回撤。当然不是每个波动都会触发 K 线图信号。观察处于上升趋势的短期回抽，当没有明确的 K 线图反转出现时，或者如果随机指标没有处于反转的区域内时，K 线图分析可以帮助确定价格只是暂时性的回抽，并不是一个反转。

斐波纳契比率 1.618

将分析运用于市场时，艾略特很少给出明确的规则。然而这些年来，人们尝试将他的概念传播出去，便建立了一些准则。当三浪模式形成之后，第 5 浪的顶端就可以被计算出来。第 5 浪的顶端应当是比第 1 浪到第 3 浪顶端之间的距离高 0.618 倍。那么如何确定第 3 浪的顶端呢？首先，第 3 浪应比第 1 浪长；其次，在一个上升趋势中，第 4 浪不应跌破第 2 浪的底端（见图 11-5）。

然而最主要的问题是，很少有规则的五浪出现。艾略特为了使他的概念包罗万象，曾试图描述所有的浪形模式，包括：锯齿形、平台形、三角形、联合形以及延伸浪（见图 11-6、图 11-7 和图 11-8）。

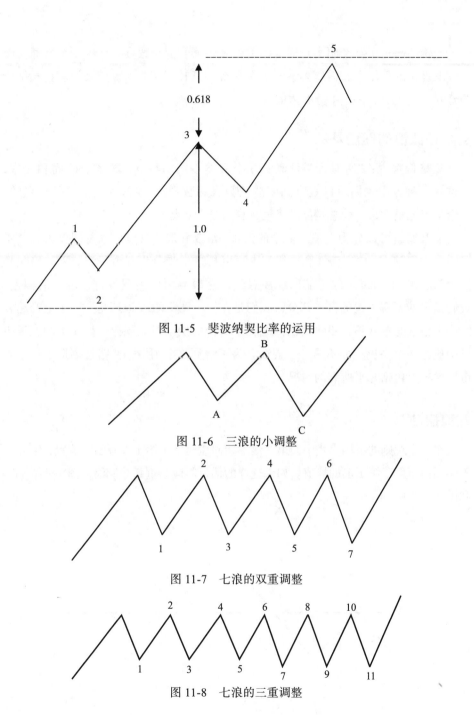

图 11-5 斐波纳契比率的运用

图 11-6 三浪的小调整

图 11-7 七浪的双重调整

图 11-8 七浪的三重调整

当价格超过了某个阻力点时，浪的模式可能会完全改变。作为一个精通艾略特波浪理论的使用者，需要大量的主观判断。当K线图与艾略特波浪理论相结合的时候，便提供了一个十分有力的分析工具。

艾略特波浪的理论基础

艾略特曾说："所有人类活动有3个截然不同的特点：模式、时间和比率，在这3个特点中我们可以观察到斐波纳契求和数列。"他认为波浪总是存在的。无论牛市还是熊市，他总是能准确地预言市场的走势。

上升通道可以分为五浪。上升的浪1、浪3和浪5可以分别再细分为五个**中级浪**。中级浪1、中级浪3和中级浪5可以再进一步分为五个**子浪**。下趋势包括三个浪：A、B和C。你可能已经注意到，这很有可能出现各自主观上的偏差。我们描述的是哪一浪的哪一部分？我们是在一个调整的A浪还是在一个上升趋势的第3浪或是第4浪？更主要的问题在于五浪的摆动极无规律性。完美的五浪市场构成是一个特例，而不是一个规律。为了解释这个困境，艾略特创造了一系列市场模式以包括几乎所有的情况。

五浪摆动

在一个规则的市场模式中，第2浪不能回撤至低于第1浪开始的位置，第4浪不能回撤至低于第1浪的峰值。如果这样的话，就应当重新绘制浪形图（见图11-9和图11-10）。

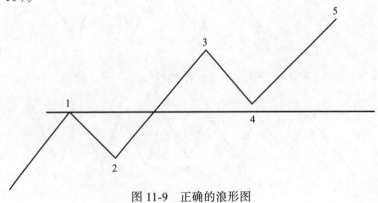

图11-9　正确的浪形图

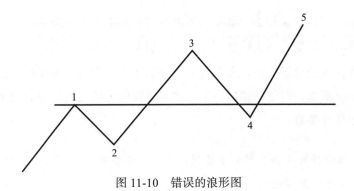

图 11-10　错误的浪形图

调整

第 2 浪和第 4 浪是调整浪，可以分别细分为 3 个更小的浪。第 2 浪和第 4 浪的模式相反。如果第 2 浪是简单模式，第 4 浪就将是复杂模式。相反，如果第 2 浪是复杂模式，第 4 浪就将是简单模式。艾略特通过观察将自然法则和人类行为联系起来了。松果和菠萝上的螺旋状花纹是先顺时针然后逆时针的，这与第 2 浪和第 4 浪的状态相符合。

艾略特认为，考虑到三角形解释的不确定性，一部分模式用于预测未来价格变动是比较困难的："学生们直到第 5 浪开始都不能肯定一个三角形是否已经形成了。"他发现调整的标准类型并不能包含市场行为的所有可能，这就必然要求进一步解释更为复杂的调整。

这样就再次提出了在一个十分模糊区域内的一个突破点、一个市场变动的确定问题。艾略特确实曾经说过："在理解替换规律的前提下，知道延长浪 C 何时出现是有可能的。"但是从他的观点中我们无法明确预测浪 C 的准确度，是形成了一个小浪、双浪还是三浪？在浪的行为的末尾该趋势如何移动呢？

正如我们早先提到的，浪形变化的多样性使得分析人员要花费几年的时间来学习以便对市场变动的开始有所感知。正如我们在前面描述的，简单的五浪模式可能有几百种变化。主观的判断和解释在每个方向变化时是必要的。

以上的论述如何能够对初学者有所帮助呢？最为重要的是要清楚艾略特波浪

理论的使用者们在寻找什么。如果你知道在哪个价格点大部分的投资者都预测到一个方向的可能转变，那么你就可以进行预测并按大多数人预测的方向移动。如果每个人都在同一价格买入，那么这个预测就成为一个自我实现的预言。尽管艾略特的浪形很繁复，但也确实提供了一些需要被谨记的规则。他的关于波浪运动的基本原则是可靠的：

- 一个推动性的或调整性的市场周期至少有 3 个浪；
- 第 3 浪通常是最长的。

艾略特波浪理论的缺陷在于最初建立时的不严谨。该分析并没有建立一系列严密的、精确的准则来确定浪的数量，而仅仅是当简单模式没有按预期的模式运作时才加入新的规则。这就使得一个浪形模式运动的可能的数量持续增加，从而增加了在分析中的主观因素。幸运的是，在当今电脑软件技术十分成熟的时代，有许多完善的电脑软件可以进行艾略特波浪分析。以反转点作为调整的目标位置，结合蜡烛图的信号，可以帮助投资者把握价格的转折点。

在艾略特波浪分析评估中，利用 K 线图提供的信息判断趋势的方向，使得艾略特波浪分析在波浪形成时更易于观察。一个很好的例子就是频繁使用的斐波纳契回归水平线。回归一般有 3 个水平：38%、50% 和 62% 的区域，在这些位置附近有可能出现反转点。然而，在哪个点价格移动才会发生反转呢？运用 K 线图方法就可以很容易地回答这个问题了。

掌握 K 线图信号什么时候以及如何出现，艾略特波浪理论的使用者就可以明确哪个水平是反转点。如果随机指标向超卖区域，即价格接近 38% 的区域移动，就应当注意在该水平是否有 K 线图的反转信号。反过来，如果随机指标显示出更大的下降压力从而没有任何潜在的反转信号出现，我们就可以对 50% 和 62% 的水平进行测试。

在图 11-11 中，我们给出的是 Elantec Semiconductor Inc. 的例子，上升运动正好在 38% 的水平上停止。使用 K 线图的投资者应当能够利用这个点将利润最大化。随机指标显示出该股票已经进入到了超买区域。在过去的 4 周上涨趋势之后，价格下跌了。这正是一个关键性的警告，说明上升趋势即将结束。知道了这一点，并且能够看到在 38% 的位置将成为使得其他艾略特波浪理论使用者获利的一点，为我们提供了足够的信心，说明价格仍有充足的上涨空间，这样我们就需要测试 50% 和 62% 的水平。

图 11-11 在第一个回撤水平上出现 K 线图信号，说明该区域是盈利区域

图 11-12 所示的是 Carbo Ceramics Inc. 的股票价格将会突破 38% 或 50% 的水平而持续上涨至 62% 的水平，让我们来分析一下随机指标。在 38% 的水平上，随机指标虽然位于超买区域内，但没有显示出任何下降的信号。在最高峰时，收盘价在 38% 水平之上，这就说明 38% 不是一个回撤水平，然后接下来我们就应该测试 50% 水平。另外一个应该持有仓位的原因是，上一个月这个位置产生了一个缺口。假设大多数的缺口都会被回补，而回补这个缺口在 38% 幅度之上，我们有理由相信，这个缺口在第 2 天被回补是大概率事件。

图 11-12　在 62% 回撤水平前没有市场减弱的 K 线图信号

　　第 2 个交易日的价格几乎到达了 50% 的水平。既没有随机指标也没有 K 线图信号说明卖方要入市，然而还是需要密切注意股票价格的变动。第 2 天开市略高于 50% 的水平，在这一点上，投资者应当做好随时变向的准备。当价格从 50% 水平开始上涨，我们有理由认为 62% 水平是一个重要的阻力位。当然，在该价位上可能有两种情况：价格可能停止于该价位，或突破该价位继续上涨。在这种情况下，看到当天的价格最高点正好位于 62% 的价位上是一个关键性的信号。如果这还不足以确定，那么第 2 天价格冲高回落的确在暗示投资者可以获利离场了。

　　注意图中 K 线的另一个特征，即在趋势结束时当日交易波动的区间，此外还应注意双底现象。我们应当铭记一个正常的趋势不会出现突然的转变，而通常是经过多轮的换仓（空头或多头）来确定是否应该转变调整趋势的方向。

K 线图信号可以作为警惕，告诉艾略特波浪理论的使用者现有趋势在何时将会结束。在图 11-13 中我们可以看到，纳斯达克指数可能无法到达点 3 的位置。在随机指标转为下降的同时，出现了一个十字，说明现有趋势可能要转为下降。点 4 可能是下一个目标。使用艾略特波浪可能是一个预测波动大小的方法。在进行本章的分析时，有一个缺口与点 4 出现在相同位置，这是趋势移动至该区域的另一个有力证明。

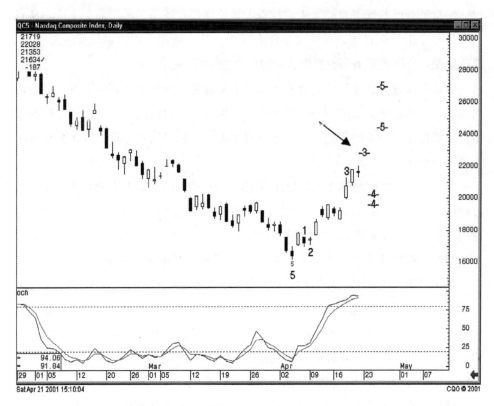

图 11-13　掌握简单的 K 线图交易规则为最大化收益过程提供了信息

从趋势转换可能要发生的位置开始，新的一系列点位可以被计算出来。对于点 5 的两个预期可能因为第 3 浪没有带到预期的高度而具有新的值，这个提前的警示使得使用 K 线图的投资者具有了一定的优势。艾略特波浪理论使用者的头寸变换可能提供了一个短期的依据，K 线图信号的提前预警为我们提供了更多的信息。

三浪图

价格波动形态简单易识别，利用三浪图比使用艾略特波浪理论更为简便。艾略特波浪理论自身相当复杂，大多数投资者都无法持续地使用它，最后转而使用三浪图分析。它在投资界的使用标准不尽相同。当投资者在一笔交易中投入资金时，便有了自己的投资目标。无论投资者是长期持有还是短线交易，无论交易者的交易是出于什么目的，或是交易什么标的，其价格都会因为市场反应而变化。简单地说，价格的波动会对投资者的情绪造成影响。

价格上涨过快会导致盈利盘的涌出。如果价格波动缓慢，则会对投资者的情绪造成另一种影响，形成不一样的走势图。事实上，价格波动图是技术分析的依据。随机指标、斐波纳契数列、艾略特波浪理论、趋势线或是其他技术分析方法均是以价格移动为基础。

主流的波浪理论均源于艾略特波浪理论。50 多年前，R.N. 艾略特再观察价格波动时得出了连续波浪的结论。他认为这种现象很自然，源于大家的投资心理。这些波浪显示了投资者内心的恐惧和贪婪。

艾略特观察出了各个类型的波浪形态，但他研究的波浪主要基于两种类型。一个是主升浪，与市场运动方向一致，包括 5 个小浪。还有一个是调整浪，与主升浪方向相反，主要分为 3 个子浪。不幸的是，这两种浪形都是基于形态数出来的。艾略特波浪理论的尴尬之处在于会出现千人千浪的结果。因为没有给出每个浪的定义，最后会出现各种浪中浪的解释。

艾略特波浪理论中浪形自身也会出现各种演化，有 7 种或 9 种衍生浪。即使是艾略特本人也承认，波浪理论的演化过于繁杂，可以将其应用于趋势分析，但是趋势各不相同，分析取决于最初浪形的结构。他自己解释道，没有明确的定义与规则明确数浪的过程。

　　显然，有一些波浪分析的追随者，他们已经能够将知识应用于价格波动。他们可以用他们的交易程序创造可观的利润。艾略特波浪分析人士一致表示，要想成功地分析波浪，需要多年的经验积累。这对那些渴望学习如何变为成功的投资人来说是很好的。

　　对于那些想要在短时间内，有效地学习和使用方法的投资者来说，学习波浪的几个方面知识要容易得多。在三浪模式中，使用蜡烛图信号可以使交易变得更加有效，三浪模式可以适用于任何一种模式，从一个新的波动或趋势变得明显的点开始。这种方法使波动成为一种模式，而不是预期。

　　蜡烛图信号仍然是识别趋势反转的主要分析工具。三浪模式成为辅助工具，可以用来预测趋势的表现。三浪模式有几个基本形态。如图 11-14 所示，一个趋势可以向上移动，然后向后拉。第三阶段价格回升，超过之前的高点。

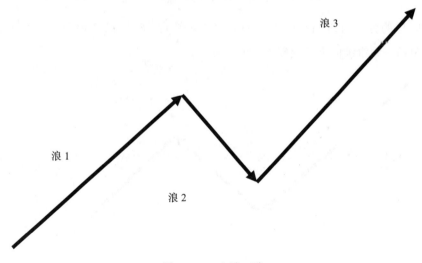

图 11-14　上涨三浪

　　还有一种趋势也是向上移动，但第 2 浪向右平移，直到第 3 浪继续上攻（见图 11-15），发现这种横向移动，需要考虑时间元素。这一时机可以是随机指标的动态或是价格的变动。然后，一个蜡烛图买入信号出现在交易周期的末尾。平仓交易也可能与主要移动平均线的交叉相关。最重要的是，能够在视觉上识别三浪模式，使蜡烛图投资者能够利用合适的时机重新回到交易中。

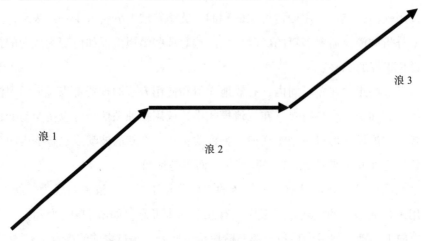

图 11-15　横向整理型上涨三浪

同样的分析可以用在向下的趋势上（见图 11-16）。第 2 浪会向上反弹。然后，最后一浪继续向下，突破最近的低点。

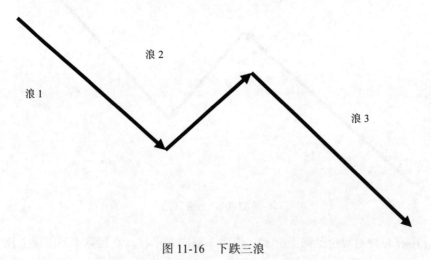

图 11-16　下跌三浪

向下的趋势也可以是向下运动后出现一个平坦的交易区域，接着第 3 浪突破最低点（见图 11-17）。

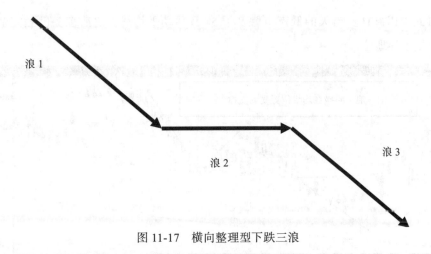

图 11-17　横向整理型下跌三浪

　　预测波浪模式的发展如何为蜡烛图技术投资者提供有价值的信息。在特定的时间内，基于波形从而对蜡烛图信号进行潜在的观察。这看起来很基础，然而，随着不断的累计，价格在波浪中移动，然后等待蜡烛图信号和一个新的波形成共振的绝佳时间点。

　　三浪模式是否总是很清晰？不总是，但通常足以能够判断下一浪的走势。蜡烛图信号的主要作用是进入或退出交易的主要判断依据。波浪模式是为那些信号出现时提供一个大致的框架。蜡烛图信号提供了更明确的反转点。虽然波浪分析师可能希望通过浪 1 到浪 5 来执行交易，但蜡烛图投资者的优势可以帮助投资者在浪 1 的顶部卖出，然后在浪 2 结束时再买回来，依此类推。这可以更好地利用资金，而不是在回撤过程中失去利润。

　　保持你简单的数浪方式。利润不是通过熟练地计算波数而产生的，而是在适当的时候有效地买进并在适当的时候卖出产生的。利用蜡烛图信号，甚至评估波动可能的大小，可以大大提高你的盈利能力。

　　图 11-18 展示了一个三浪模式。6 月初浪 2 回撤，价格有明确的支撑位——50 日移动均线。6 月 2 日形成的空头吞没信号警示投资者抛出，同时价格也进入了超买区域。

　　50 天移动均线成为明显的目标位。这一目标在 6 月中旬构成了明显的支撑。十字 / 孕线，锤头略低于 50 日移动平均线，然后在 50 日移动平均线之上收盘，而倒锤形 / 十字表明空头力量很难将价格压在这一支撑水平之下。第 2 天的开盘

价对此予以确认。当天的低点也触及了 50 日移动平均线，之后多头已经完全占
据市场主导地位。

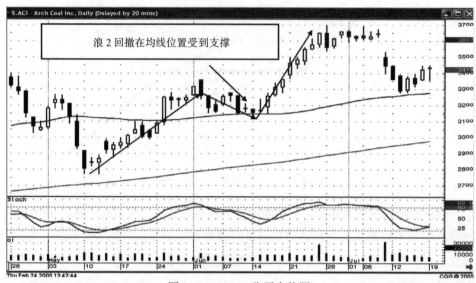

浪 2 回撤在均线位置受到支撑

图 11-18　Arch 公司走势图

　　这些信号出现后接着是一个上涨的交易日，导致随机指标也一同上升，为投
资者的情绪提供了一个良好的视觉图像。构成了一个"买入"区域，当分析最后
一浪时，分析就变成了预期，如果在最近的高点上没有阻力，那么价格可能会有
一个强劲的上升。上行潜力很好，且下行风险最小。从这一点看，50 日移动平均
线可以设为"止损"位。

　　图 11-19 展示了一个横向移动的三浪模式。这一系列的十字说明，尽管买盘
已经停止，但卖出压力并不是势不可挡。投资者可能不愿意在此时撤出资金，因
为价格有潜在的上涨机会。然而，在最后的十字结束后，多头吞没揭示了投资者
的做多情绪。如果在十字频出期间了解多头头寸，那么在看到新的信号情况下再
买回来就会变得更好了，因为预计三浪模式的第 3 个阶段已经开始了。

　　看到一系列十字之后，能够分析价格属于横向移动，可以做出一个明智的决
定。十字的结束要么说明投资者抛出，创造一个顶部，要么是一个看涨信号将形
成一个三浪模式。

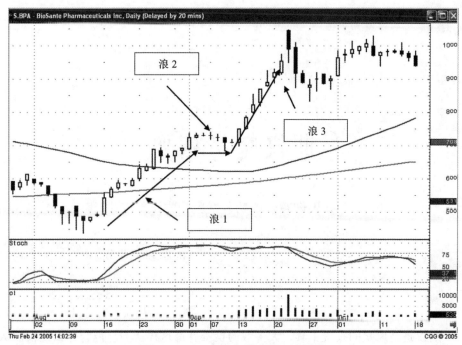

图 11-19 一个横向移动的三浪模式

在这两种情况下，投资决策胜率都很高。这种分析只不过是对可能发生的情况做好心理准备，创造了利用下一个价格变动的机会。下一次交易的执行可以迅速而果断地进行。

小结

两种理论的结合提供了更为有利的投资空间。艾略特波浪理论能够更好地分析一个趋势变动的大小，K 线图分析则能够非常完美地确定反转和变动方向。同时运用这两种分析方法将会极大地提高执行长期成功投资的可能性。我们能够得到两种方法的精华。随着时间的推移，借助电脑，可以使得两种交易方式的结合达到一个新高度。改进方向计算为艾略特波浪理论的使用者提供了一个有价值的工具。通过得知将达到哪个水平以及哪个浪形数量将会发生变化能够很好地提高收益。这两种方法的长处可以很好地提高投资者极大改善投资组合回报的能力。目前为了进一步完善综合使用这两种方法，还使用了一些其他的统计测试。

第 12 章

期权交易精要

如果你想要成功，就应当尝试新的途
径而不是沿着既定的老路走下去。

——约翰 D. 洛克菲勒

期权是高风险的投资工具，大多数的投资者都这样认为。但为什么期权被认
为是高风险呢？答案很简单，大多数投资者在期权交易中亏钱了。统计数据显示
超过 80% 的期权交易是亏本的。为什么会这样呢？因为概率在一开始就站在了阻
止盈利的一边，如果想要获胜，主要由 3 个因素决定。

第一，在所有的投资中，必须正确分析价格变动的方向。仅仅就这一个步骤
就阻止了绝大多数投资者盈利。

第二，需要正确计算价格变动的大小——这是另外一个普通投资者不能做好
的步骤。

第三，也是最重要的，在考虑时间因素的同时保证正确性。

同时达到这 3 个关键因素的要求是非常困难的，而且期权价格上的溢价使损
失加剧。这个溢价反映了市场参与者们的投机的热情。参与市场的高风险方式创
造了期权真实价格的溢价。

K 线图是如何利用概率为投资者提供盈利的机会呢？某一点的信号可以结合
其他指标使用，如随机变量、市场走向等。配以独特的投资程序，面对同样的信

号，其他投资者可能出现亏损，而你却能从中获利。

方向

在研究 K 线图信号时，你会发现提高准确性是十分重要的，在某些情况下，准确率十分高。当所有指标都出现共振时——例如，出现强有力的买入信号、随机指标处于超买或超卖区域及其他进一步的确定信号、趋势反弹和整体市场走向的信号等，我们就可以进行一笔期权交易了。

在所有的考量中，首先要判断的是方向的问题。显然，一个明确的信号是交易的首要要素。对反转信号的认识为利用短期市场变动创造了优势。确定绝对底部信号的能力是极为有力的盈利工具。此时，投资者不仅介入在期权价格的底部，同时也是市场投机情绪的底部。这为投资者创造了双重盈利机会，一方面随着股价上涨，投资者会在期权交易中获利，另一方面市场情绪回升会进一步促进价格上涨。市场会在做多的方向上形成共振。

大小

股票交易分析包含股票价格变动的幅度大小。我们可以简单地复习一下，分析所涉及的阻力位或支撑位在哪里会出现。研究前一个反转走势的速度和大小是一个方面，反转区域之上的密集成交区是另一个方面。趋势线和斐波纳契回撤线也需要考虑。最为重要的是，信号本身就规定了移动的幅度大小。一个主要的反转信号会比一个次级信号更为有力。随机指标的状态也决定了上涨或下降通道可以保持多久。对于上涨运动的分析将会决定最终的交易策略，但是在此之前还需要考虑最后一个因素，即时间因素。

时间因素

大多数期权交易者所进行的分析环节中，最为薄弱的就是对于时间的评估，这也是大多数人最薄弱的环节。运动的方向和大小不仅应当正确，还应当在适当的时间框架中保持正确。交易每天都在发生，时间则和利润成反比，通过两个途径可以实现：第一，一个向上波动的潜在可能性，随着时间的推移而减少；第二，随着时间的推移，投资的热情也会减少，而溢价也会随着时间的推移而减少。

在决定进行何种类型的期权交易时，时间也是一个主要的决定因素。期权到期前剩余三个星期与剩余一个星期的交易策略是不同的，为期两个月的期权和两个星期的期权的交易策略也不同。期权距到期日的时间长短决定了如何定位交易。

在80%的交易中，个人情绪是导致交易亏损的罪魁祸首。大多数投资者都是认为股价会大幅上涨而买入看涨期权的。譬如，我们假设期权到期前两周的时间，交易金额确定之后，价格上涨，但不幸的是，价格没有能抵消期权附带的溢价。方向是正确的，交易就是正确的。但是如果价格移动的大小不足以抵消购买期权所支付的溢价，投资者的情绪就受到了干扰。是否应当清算期权或者价格是否会在期权到期前的时间内进一步大幅、超常规地移动呢？在与交易预期相反的市场变化中，我们所希望的是一个交易的正面的解决方式。

建立可盈利的交易

尽管我们考虑了方向、大小和时间安排，期权交易中仍然含有不利于产生盈利交易的因素——买卖价差。尽管交易费用十分低，但进行交易和退出交易的费用成本还是很大的，这就更进一步要求我们进行盈利可能性高的交易。在期权交易中失败的概率要比其他交易实体的高得多。正如下例所示，失败的交易会迅速造成账面损失。

例如，某股票的买入价是65美元，卖出价为65.30美元，在到期日前有3个星期的时间。目前，行权价为65美元的股票期权价格为：

- 买价4.1美元
- 卖价4.3美元

卖出价格被设定为4.3美元，投资者以4.30美元买入期权，投资者期望股价在未来的3天内能够上涨至少10%，即涨至约71美元的位置，这将会使得期权的价格上涨至 8.5 美元左右；然而，事实没有按照预期的方向变化。股票价格小幅下降至 64.75 美元，本质上来说交易目标没有达到。到了退出的时候，期权的价格为：

- 买价 3.65 美元
- 卖价 3.95 美元

买方退出交易，这笔失败的交易的成本为 0.65 美元。期权的价格反映了股票价值和时间溢价的损失，损失多于 15%。股票价格小幅的变动造成了期权交易账户大幅的恶化，这就进一步要求我们应该在交易建立之前，就在有利于自己的位置上尽可能多地设置止损。

在进行期权交易时，建立股票交易的步骤变得尤为关键。每一步都需要严密考虑，尤其是最后一步，即观察一只股票的开盘价。如果你还额外使用了其他步骤——分析市场走向、评估时段图表、辨别有力的 K 线图反转信号和在适当区域内观察随机指标，无论如何，最后一个评估是整个过程中最为重要的因素：股票如何开盘？这一步骤至关重要的原因在于它对交易时机进行了约束。

K 线图出现的反转信号在距到期日仅有 12 天时至关重要。3 天的价格稳定将会极大地降低期权价格的时间价值。当日开盘应当显现出巨大的买方力量，即小量的上扬或至少在前一交易日收盘价的同样价格范围内开盘。期权到期日离得越远，其重要性也就越低。但通常人们会问："如果第 2 天出现不利信号为什么还要进行交易？"等待几个交易日来观察股价稳定何时结束，以及新的购买机会何时出现，如果这个交易仍然显现出成功的迹象，你就应该在开盘时选择一个机会，此时时间溢价减少了。

如图 12-1 所示，开盘价显示在多头吞没模式信号出现之后，仍然存在买方力量，这就说明尽管买量较少，但价格走势很强。

在时间框架可知，且信号出现后有持续买方力量的情况下，期权交易有更高的成功概率。图 12-2 是 Maxim Integrated Products Inc. 的走势，图表说明买方在弱势开盘的情况下已经退出市场。第 2 天低价开盘之后出现晨星结构，说明购买者已经逐渐退市，这导致了接下来几天的股价稳定，然后买方力量重新进入。对于一个期权交易而言，第2天低价开盘带来了较大风险因素，但晨星结构创造了较大的趋势上升的可能性，随后价格高开说明，信号在震荡之后将会是有效的，但时间价值和期权溢价将会被耗尽。

图 12-1　开盘价确认了期权价格变动的趋势

　　期权交易的特点是高风险高回报。所以提到期权就会吓退大多数的投资者，然而，期权在某些情况下的确有其自身的优势。最为形象的说明是，买 1 000 股 37 美元 / 股的股票，目标是在接下来的 6 个交易日内达到每股 45 美元。买入期权的执行价格为 35 美元，期权成交价为 5.50 美元，21 天以后到期。通过在市场上购买 37 000 美元的股票获得 8 000 美元的收益，这相当于在一周多的时间里获得了 22% 的收益率，这个结果还是不错的。若购买 10 手期权要花费 5 500 美元，并且需要承担市场风险。如果股价在预计的时间内达到了每股 45 美元，那么期权的价格就会在 6 天内上升到 11.50 美元。在 6 天内就能得到 110% 的利润，这明显是更好的。根据市场情况的分析，期权的交易应该是以上两种交易中相对安全的。如果市场总体环境不佳，坏消息导致的价格剧烈波动，那么持有股票就需要承担更大的风险。在某些市场环境下，利空消息可能导致股价的巨幅下跌，股价甚至有可能在第 2 天早上就狂跌至 25 美元，这意味着持有股票将承受 12 000 美元的损失。持有期权的损失就是对它的全部投入，即 5 500 美元。在考虑不同的市场行情时，期权明显要更好。

图 12-2 价格低开说明潜在买方力量已经不在，时间导向的期权交易应当停止

K 线信号降低了在市场突发情况下被套牢的可能性。不幸的是，这种情况还是会发生的，虽然不是经常发生。如果 K 线图信号指示股票价格存在购买压力，那么钱就不容易被骗走了。

战略性期权价差

利用你的优势，使用大量的统计数据创造很高的盈利机会。据悉，80% 的期权交易是赔钱的。在这种情况下，就让我们多学习这方面的知识吧。K 线图信号给我们提供了非常清晰的指导性信息——确立交易机会的关键性因素。交易盈利的大小在于评估标的，时间因素也是一个已知量。如果方向和时间在整个过程中十分确定，那么交易的结果就是唯一未知的。未知的因素如何被求解呢？变化的目标价格可以通过趋势线、集中区域和斐波纳契数列的阻力程度来估测。这种预计的目标价格是基于交易存在利润假设的基础上，预期价格会一直朝着那个方向变化。

另外一个已知的因素是溢价已经被计算在期权价格中了。投机的因杠杆而快速增长。贪婪的因素（通过花小钱赚大利润）使得期权的价格高于其内在真实价值。我们知道投资者在交易中付出了太多，浪费了 80% 的时间在上面。现在期权就是提高效率的最佳方法。

利用和上面相同的例子。一只股票的成交价是每股 37 美元，履约价格为 35 美元的买入期权的价格是 5.50 美元。这个例子的区别在于到期日在 8 个交易日之后，这就完全改变了交易的情况。过去，当价格在 6 天内达到了 45 美元时，在到期日之前仍然有足够的时间让溢价保留在期权的价格当中。但是现在，当价格达到 45 美元的时候，两天之后就是到期日了，溢价已经不可能保留在期权的价格当中。那么这笔交易如何被准确地定位呢？最好的风险／回报公式是什么呢？

以概率的角度分析，即目标价格是 45 美元，期权是这样定价的：

- 5.50 美元——执行价格 35 美元
- 2.50 美元——执行价格 40 美元
- 0.95 美元——执行价格 45 美元

如果置信水平非常高，以至于可以冲击 45 美元，下面的一系列情况就是一般的期权投机者所会做出的判断。以 5.50 美元的价格购买执行价为 35 美元的看涨期权，当股价上涨到 40.50 美元的时候刚好实现盈亏平衡，当股价冲击 45 美元的时候，就会得到 4.50 美元的利润，相当于 82% 的回报率。

以 2.50 美元的价格购买行权价为 40 美元的股票，当价格达到 42.50 美元的时候实现盈亏平衡，当股价达到 45 美元的时候，投资就会翻倍。以 0.95 美元的价格购买行权价为 45 美元的股票是没有意义的，因为预期股价不会超过 45 美元，它的价值为零，0.95 美元也会被最终浪费掉。

现在就是我们应用价差交易的时候了。投资者越激进越会看涨股票，这种投资者会以 2.50 美元买入执行价为 40 美元的看涨期权，再以 0.95 美元卖出执行价为 45 美元的看涨期权。这笔交易的成本是 2.50 美元减去 0.95 美元，净支出 1.55 美元。

$$2.50-0.95=1.55（美元）（净支出）$$

这改变了原有成本，这种情况下的盈亏平衡点就是 41.55 美元，高于执行价 35 美元的看涨期权，但是低于执行价 40 美元的看涨期权，然而上升百分比会剧烈变化。如果股票价格在到期日达到 45 美元或者更高，净回报都将是 5.00 美元。如果股票的价格上涨到了 47 美元，这两个看涨期权的净差价仍将停留在 5.00 美元：

- 到期日价格 – 股票价格＝45 美元或者更高
- 执行价格 45 美元的看涨期权＝0
- 执行价格为 40 美元的看涨期权＝5.00 美元

1.55 美元的投资获得了 5.00 美元的回报，收益率达到了 322%。在这个例子中，各种因素可以被施加不同的权重，包括如果股票未达到 45 美元的损失会是多少。关键的问题在于，如何通过向乐观主义者卖出看涨期权来实现杠杆效应。

一般的问题是"如果股价飙升到了 55 美元该怎么办呢？你将会使你的利润锁定在 5.00 美元。你如何来对待这些你可能完全放弃的利润呢？"这就是在期权交易中创造高额溢价的逻辑：希望股市波动大幅变化，从而碰到好运气的交易。然而，仍然要注意到 80% 的期权投资者是赔钱的。价差投资将股价在某一时间内向某一方向变化的知识整合在一起，它同样计算了这种变化的可能幅度，购入一组看涨期权并卖出更高价格的看涨期权就可以应对这种情况。

你同样可以利用看跌期权获利。在这个例子中，如果我们预期到股票价格会上涨，那么我们就可以卖掉一些看跌期权，以此来增加我们的收入。充分利用 K 线图信号提供的信息可以为我们操作期权提供良好的平台。

卖出期权

当遇到一个好的交易机会的时候，对于一个喜欢冒险的投资者，会利用所有潜在的机会获利。所有告诉我们应该购买股票的理由都可以用来评估期权的买卖——无论是看涨期权还是看跌期权。一个很强的 K 线图买入信号告诉我们应该购买股票，这样的信号也可以用来进一步获得利润。对所有可能因素的分析，包括购买信号的强弱、随机情况、距离到期日的时间，这些因素都可以为我们创造盈利的机会，同时也不需要我们再做任何的研究分析。简单的逻辑分析就可以知道如果股价有可能要攀升，那么看跌期权的价格就非常可能下降。正如看涨期权的溢价会随着到期日缩短和股价下跌而减少一样，时间和股价的正向作用同样可以使溢价上升。

> 将想法变成现实的能力就是成功的秘密。
>
> ——亨利·沃德·比彻

若股价每天都上升，看跌期权的价格就会下降，这不仅因为股价与其背道而驰，还因为看跌期权的时间溢价因为到期日的临近而逐渐衰减。这种情况也适合卖出看涨期权。股票是不会直线上涨的。如果一个投资者的计划是买入并持有，那么与此头寸相反的卖出看涨期权就可以极大地保证投资收益。从图 12-3 中我们可以看出（eBay 公司），2001 年 1 月末股价已经上涨了很多，随机指标显示价格处于超买区域，卖出的信号已经出现。空头吞没信号得以确认。如果市场普遍冲高回落，那么现在就是卖出看涨期权的好机会了。如果存在股价回落的可能性，我们为什么不好好利用这一机会呢？

如图 12-3 所示，随机指标所显示的超买情况更加确定了卖出信号。另外，过去几天的高价保持在 55 美元。由于缺少足够的力量去推动股价超过这一压力位，

我们可以考虑利用这个机会卖出期权。在这种情况下选择执行价格为 55 美元的
看涨期权是很合理的。这一标的最近应该有溢价。距离到期日的时间是重要要
素，它确保了期权不被行权的前提下增加收入。

图 12-3　根据多头购买看涨期权或者在一个重要的卖出信号后购买看跌期权都
　　　　具有较高的获利可能性

　　期权有很多方式可以增加回报，喜欢冒险的交易者可以利用杠杆效应找到回
报率很高的交易。利用股价变化的方向以及距离到期日的时间可以构造一笔期权
交易。使用期权溢价来获利可以通过采用差价策略来实现。我们未必要通过大规
模的期权交易获取暴利，在期权溢价或被持续高估的情况下，同样可以获得巨大
的利润。与一般的投机者做出相反的投资决策会从中持续地获利。获利的持续性
会造成复利效应，这种复利会创造更高的投资回报，比在很长一段时间中进行大
规模期权交易的风险要小得多。

小结

利用 K 线图进行期权交易是一项有利可图的投资方式。基于对价格的判断，可以为我们提供一个很好的获利机会。对关键因素的熟练掌握有利于我们寻找差价。我们可以通过构造时间和交易的大小来利用价格变化方向。为便利起见，除去其中个别因素的可变性会大大提高获利的可能性。更多成功的期权交易可以在www.Candlestickforum.com 中找到。K 线图信号会帮助我们改进我们进行期权交易的方法。论坛中提供了交易期权的视频。这些交易方式并非依据期权的内在价值，而是依据蜡烛图技术衍生出来的交易策略。

自本书第一次出版后，有更多的期权品种上市交易。ETF 就是其中之一，它具有更好的流动性和多元化。这些交易标的都可以使用蜡烛图技术来分析，更多的品种也为蜡烛图技术投资者提供了更多的交易机会。蜡烛图技术囊括了趋势和价格的因素，可以应用于任何具有人性的市场中。经过这十年的验证，蜡烛图技术可以完美地应用于期货标的的趋势分析。

| 第 13 章 |

K 线与商品期货

如果单单通过观察就可以学会技能的
话，那所有的狗都能变成屠夫。

——土耳其谚语

商品和期货都使用了杠杆，将 K 线图和商品期货交易组合起来使用是非常重要的。知道根据不同市场价格变化的情况合理使用杠杆对于进行成功交易至关重要。正确判断价格方向的变化意味着巨大的收益。这可不是花言巧语。K 线图方法是为交易获利而发明的，400 年来这已经是被证实的结果。将 K 线图分析应用于快速变化的市场并不是一件难事。可以说，K 线图分析是投资市场历史上最古老的技术交易方法，它在日本的米行所取得的成果无可争辩。利用本身的优势获得利润，或者是覆盖现有的成功交易程序只是一个理想的方法。K 线图反转信号是对现有交易程序的良好补充。将两种方法结合起来可以作为很好的过滤器。

就其本身而言，K 线图交易传递的结果令人印象深刻。谨记，投资者的情绪最后会演变成交易信号。信号就是情绪变化的结果，这为需要做决定的交易者提供了及时的信息。其他的技术也许会告诉你方向有可能改变，而 K 线信号则告诉你，市场方向的变化正在发生，这样就可以使交易者具有优势。

信号形成所传递的信息告知 K 线图分析员，市场趋势变化已经发生了改变，这个信号也可以当作止损的标准。请大家看图 13-1（Feeder Cattle 8 月份的情况），高位十字显示上涨趋势已经到达尽头，随机指标也确认了"顶点"。第 2 天价格的下降，很清晰地表明调整到来了，那么在哪里做止损呢？

图 13-1 商品交易中高利润交易的 K 线图信号

通过简单的分析可以很容易地推测出，如果第 2 天价格有所振荡或者第 2 天开盘价稍低，那就预示着应该抛出股票，这对空头 Feeder Cattle 来说是个好消息，所有的迹象都显示价格要下降。用同样的逻辑分析，如果十字显示的是一个卖出信号，并且被第 2 天的低价开盘所证实，那么说明价格已经回升到了最高点。这个基本原理可以构建成为止损的标准。十字当天交易的高价是 92.05，止损价格可以定在比 92.05 稍高一点的 92.10。如果十字是最高价格信号，那么价格超过了最高价就可以推断这个信号存在错误。

与股票投资相同，大部分商品期货交易仓位都是基于一些基本原则。日间交易和短期交易更倾向于技术分析。对单个商品期货的基本面分析只与影响价格变动的因素相关。农产品更容易受天气的影响。对农作物报告的预测、饲养场的数量、相关产品价格的变化以及耕种的面积等，都是评估基本要素需要考虑的。幸运的是，需要评估的因素比较少，我们的研究工作可以通过研究影响趋势的因素来完成。这提高了趋势交易方法的价值，你无须考虑太多因素。正如图 13-2 的大豆图所示，这个趋势持续了数周，提供了长期获取巨额利润的机会，我们可以通过良好的头寸管理来增加利润，根据短期 K 线图显示的信号，增加或者减少总的头寸的数量。

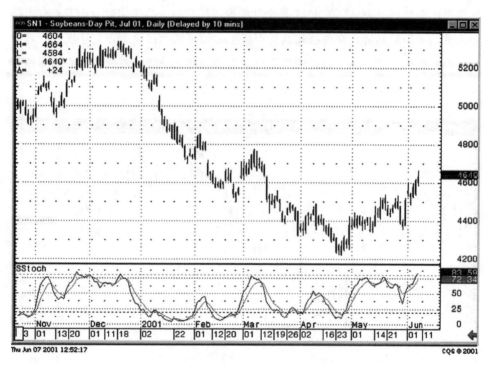

图 13-2 大豆交易趋势延续了数月

以基本面研究作为交易导向的大宗商品期货的交易者，会从 K 线图分析中发现很多特征。基本面研究通过分析所有已知因素如何影响价格运动，来判断价格变化的真正方向，据此做出的交易当然对这种分析深信不疑。然而，不是所有的研究员都能得到与此相关的可靠信息。与研究人员所做分析不同，K 线图所给出的指示和信号可以作为监控系统。如果 K 线图给出了一个卖出信号，而所有的基本面研究都指出要买入，这其中肯定是有问题的。如果卖出的行为赚钱了，那么在基本面分析中肯定存在一些因素没有被考虑到，或者是被错误地评估了。出现信息的不一致时，应该避免用主要头寸进行投资。还有一种可能性就是基本面研究的预测是正确的，但是这些正确的消息没有被其他市场的参与者很好地应用到价格中去。时机也许过早了。

　　无论是交易稻谷、肉类、货币还是金属，只要交易者心怀恐惧或者贪婪，这些信号就会变得很明显。图 13-3 是全球的糖市场交易，孕线信号中止了原有的趋势，开始了新的趋势。在商品和期货市场上必须更加严格地遵守交易规则。对于一个高杠杆的头寸，一个错误的决策可能很快会使你破产。遵循基本的原则和对K 线图常识性的分析，很容易让投资者把握到最好的投资机会。

图 13-3　世界白糖贸易

　　在全面分析性的投资程序中，浏览所有的图表是没有意义的。明天纳斯达克的走向如何？道琼斯指数又将走向何处？知道周围的环境因素和市场情况会对你在特定的交易上很有帮助，它可以帮助你进行快速、解释性的分析，并在你所交易的标的上做出最后的结论。从图 13-4 中 30 年期债券图可以看出空头吞没信号刚刚发生，随机指标显示它们正在下降。

第一眼看上去，应该卖出债券。如果在你的分析中明确什么会影响你的交易，那么这会帮助你确定是要进行交易，还是要继续持有。例如，过去的情况已经证实债券市场在下挫，这很好地证实了资金正在从债券市场流入股票市场。如果债券市场确实是在下挫，就可以比较确定地说纳斯达克和道琼斯指数都有向上攀升的可能性。解读蜡烛图信息的能力为你快速分析股票走势提供了便利。每一个分析要素都将为你的胜率添砖加瓦。

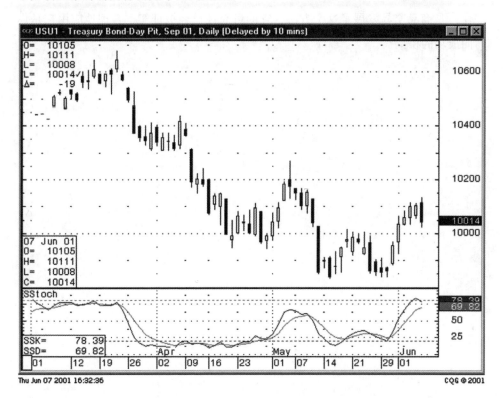

图 13-4　美国 30 年期债券是使用 K 线图信号的良好交易标的。知道债券市场的走势为进一步观察股票市场的走势提供了有力工具

　　使用 K 线图技术交易商品期货，不要忘记保护本金这一基本原则。使用 K 线图信号作为基本的架构，可以将对你有利的交易组合在一起。仔细阅读本章内容，它和 K 线图一样，是商品和期货交易的指示器。信号是一个更单纯的指示，因为它包含很少但复杂的市场分析。对于基本面分析投资者来讲，K 线图分析所带来的精确和方便是不可想象的，因为它描述了价格中基本面所无法解释的内容。当所有的基本面评估都指明价格上升，而 K 线图信号显示价格要下降的时候，你就要彻底地重新考虑了。很显然，价格中有一些很基础的因素，在你的研究中被忽略了。

　　在期货市场上可以发财，K 线图是完善短期交易程序最密切相关的技术工具。记住，是商品交易发展了这个方法，它的可靠性已经被证实，合理地应用它是你通向成功的桥梁。

第14章

趋势分析
提高交易胜率

> 英语中最危险的四个字是:"这次不同。"
>
> ——约翰·邓普顿爵士

蜡烛图信号所提供的信息对于趋势分析具有极其重要的指向意义。我们经常可以听到一些资深的基金管理者说你无法准确预测市场时机。如果你听到有人这么说,离他越远越好。他们是不懂得市场时机的投资者。买入并长期持有的交易策略严重浪费了市场波动带来的获利机会。现如今全天候的新闻播报可以让投资者立刻做出投资的决策。与20年前不一样的是,现在的网络媒介大大地提高了市场的流动性。

蜡烛图分析技术提供了极大的交易优势。图表直接显示了趋势的反转,蜡烛图信号显示了准确的趋势,包括了趋势是在继续还是反转。大多数投资者都会对市场走势的方向感到迷茫。而使用蜡烛图技术分析的投资者可以利用概率的优势对市场趋势进行准确的判断,它们反映了市场趋势最强的方向,也是判断个股走势的利器。这一技能可以帮助投资者大幅提高投资组合的利润。

蜡烛图分析极大地提高了投资者判断市场方向的准确度。很显然,这是正确交易的重要因素之一。个股会在市场整体走弱的情况下上涨吗？当然会！个股会在市场整体走强的情况下走弱吗？显然也会，但是何必逆流而上呢？大的利润通常是在市场走强时做多，在市场走弱时做空。

蜡烛图技术分析趋势并不需要技术分析的基础。准确的趋势分析只要求正确评估图表。蜡烛图信号分析的要素及模式可以通过视觉判断而完成。

简单的趋势分析技术

对信号进一步进行确认可以大幅提高蜡烛图信号的准确性。许多技术分析投资者喜欢使用趋势线、移动平均线、斐波纳契数列和其他一些分析方式。蜡烛图技术分析者相较于使用其他技术分析方法的投资者有绝对的优势，他们可以在市场上关键的位置判断出投资者的情绪状态。蜡烛图的买入信号会出现在价格超卖区域，在 200 日的移动平均线以上，这样的条件可以让投资者立刻进入市场建立仓位。大多数其他交易方法要求更多的确定信号。这可以使蜡烛图技术分析投资者先于其他投资者进入市场。

T 字线

蜡烛图技术论坛提供了投资者训练的空间，投资者可以每天通过与其他更有经验的投资者交流获得交易经验。同时这里也提供了其他合适的交易指标提高了交易的概率。这让更多的投资者精进了自己的投资技艺。新的投资指标在这里会得到更多投资者的测试。每一个细节都可以自信地进行调整，使之效率更大，从而提高交易的盈利比率。即使是细微的调节，亦可以提高盈利的概率，减少交易错误。最终结果会体现在交易利润中。

T 字线是价格走势的特征，也是触发交易的一个信号。瑞基是交易论坛中的一名学生，一般会在训练完毕后回到家将自己一天所学的内容应用于实际交易中。他发现在 8 日加权的平均线之上出现 T 字线是个交易信号。他的研究发现，蜡烛图发出了买入信号后，且价格处于超卖区域，随后价格在 T 字线之上，可以得到一个概率极高的交易机会。上涨趋势会延续下去，直到卖出信号出现（见图 14-1）。

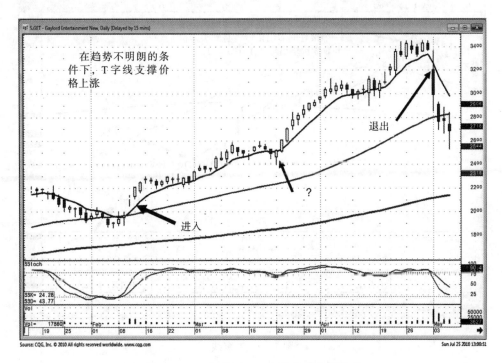

图 14-1　GET 公司，T 字线支撑上涨趋势

很多投资者在持有盈利仓位时都感觉到压力很大。他们担心自己已有的利润被市场吞噬掉，这看上去有点傻。而 T 字线信号大幅缓解了这种心理上的压力。它为投资者提供了心理支持，即使其他的信号显示价格即将反转，只要有 T 字线，投资者就不会太过紧张。注意图 14-2 中的随机指标。价格处于超买区域长达数月时间。尽管在上升趋势中有潜在的下跌信号，但是并没有**同时**出现卖出信号和 T 字线信号。

这样的信号显示出了趋势的中继状态。单一的信号并不能明确指出反转的出现。最差的情况就是，平仓在略低于 T 字线的位置，这就表明上涨趋势已经结束，而此时仓位已经了结。利用 T 字线这样的指标，可以帮助投资者做出更好更理智的决策。

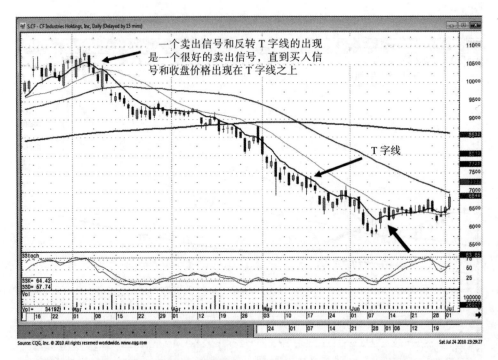

图 14-2　T 字线

　　T 字线的信号在长期趋势中尤为重要。铭记价格是由投资者的情绪状态所决定的。价格在某一趋势方向时间越长，对这一方向的认可越根深蒂固。需要十分长的时间才能扭转这一状态。图 14-3 中出现了一个买入信号，反扑信号在价格出现在 T 字线之上时才得到确认。

没有什么事比领导并制定新的秩序更
艰难，更危险，更不确定了。

——尼古拉·马基雅维利

　　T 字线是一个非常有效的短期趋势指标。其他的诸如 50 日、200 日或 20 日均线也是很好的支撑 / 阻力指标。使用移动平均线指标可以帮助投资者对大盘的走势有更加直观的认识。

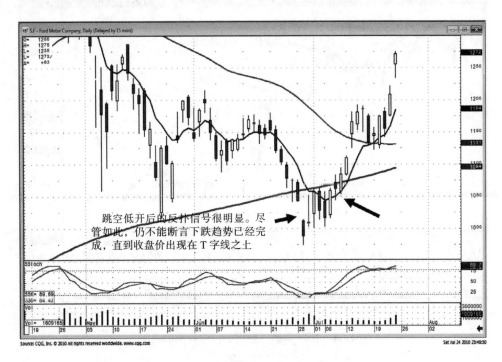

图 14-3　上涨趋势被 T 字线所确认

利用趋势盈利

　　市场从 2007 年第 4 季度开始到 2009 年第 1 季度不断下跌，这是个很好的例子证明买入并长期持有的策略并不总是有效。许多投资者的资产减半。这一策略的结果显而易见。市场仅用 18 个月的时间就将投资者积累了 10 年的资产全部收回去。这就是那些基金管理者所谓的买入那些有价值的股票并长期持有的结果。他们将需要更长的时间来弥补这些亏损。

　　蜡烛图技术可以显示下降趋势。虽然这不像研发火箭科学家那样严谨精密，但这对判断大盘的方向尤为有效，而传统的分析方法在关键位置的判断总是存在问题（见图 14-4）。

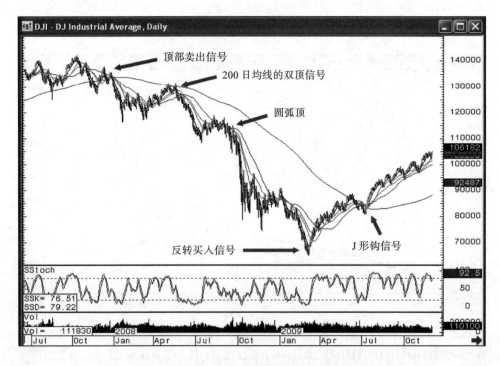

图 14-4　2008 年的下跌趋势很容易判断出来

　　评估每次的交易支撑位置对于制定交易策略有着极大的意义。这些位置要么支撑成功，要么形成破位的走势，比如道琼斯指数的走势图，明显可以看出，价格在涨过 50 日的移动平均线时即是一个卖出信号。

　　如果你还记得那些所谓的专家让你在高价位买入股票的言论，你现在就会理解为什么不能听信他们的。市场自身会告诉你它的走向，而那些所谓的分析师只会盲目期待价格不断上涨，并且还有非比寻常的理由来解释为什么价格会不断上涨。华尔街人士总说自己洞察力非凡，比常人更少受到情绪的影响。当趋势延续足够长的时间时，他们就会自信心爆棚，坚信趋势会延续。而在熊市的时候，他们也会持续自己的绝望情绪，一直看空价格。要想改变这种状态，则需要出现极大的转变（见图 14-5）。

　　趋势的走势各不相同。如果价格在均线附近运动时，那么技术派人士会在均线附近寻找价格的支撑和阻力位置，这是另一个判断价格趋势的方法。如果价格在均线处承受三次压力，那么在第 4 次时则需要非常谨慎（见图 14-6）。

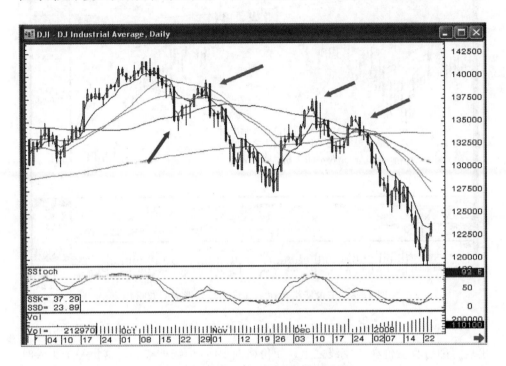

图 14-5　均线一直支持着价值的走势

　　判断重要的价格趋势变化并不需要花费太多的精力。下跌趋势会存在明显的阻力位，上涨趋势也会有明显的支撑位。单边市场的趋势更加容易判断出来，利用蜡烛图所显示出来的信息，可以准确判断出价格接下来的移动方向。当指数在200 日均线处出现明显压力时，价格接下来会往什么方向移动？会回到 50 日均线附近的支撑处。当压力形成时，价格往阻力最小的另一个密集成交区移动。回到50 日均线时观察价格是否能够得到支撑。伴随着下跌的信号及确认信号的出现，支撑失败。下跌趋势将继续延续下去。在图 14-6 中，下跌途中没有出现价格反转的信号，所以趋势仍为下跌。

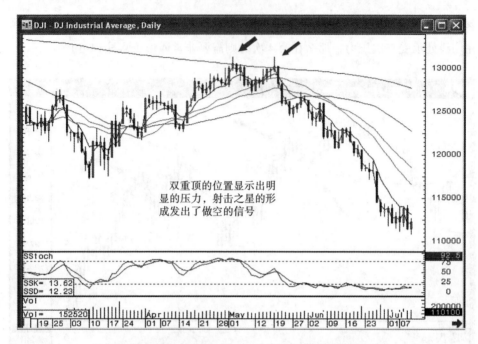

图 14-6　道琼斯指数在 200 日均线处形成的双重顶

　　在 2008 年夏季末，下跌趋势远离 50 日均线。纺锤顶信号及多头吞没信号的出现，随后收盘价在 T 字线之上，使价格向 50 日均线处移动，这是一个买入时机。尽管如此，注意价格接近 50 日均线时候的状态。市场走势十分纠结，从 7 月中旬开始便很难盈利。这样的交易结果是由市场走势决定的，最终价格走势形成了圆弧顶的形态，当这种形态形成时投资者面对着几个选择。要么选择等待短时间内获得小利润，要么直接离场观望。

　　市场有的时候并不值得花费太多的时间和精力在上面。圆弧顶即是一个明确的信号。遗憾的是，有时候交易者需要以交易为生，每月都需要从市场中赚取利润，但是沉浸在市场中的时间久并不意味着能赚取利润。投资者应该适时离开市场，给自己的精神放松一下。就像任何一项任务、爱好或是关系，适当地调剂一下会更有利于发展。

　　幸运的是，根据形态判断方向的确可以赢得相当的利润。圆弧顶会引来下跌趋势。当形态明显时，投资者可以重返市场，参与投资。在 2008 年 10 月开始放空会带来极大的收益。这笔收益很大，因为市场上有足够多的投资者为这次下跌做好了准备。他们无须猜测市场的走势如何，很明显空头市场的趋势仍旧延续（见图 14-7）。

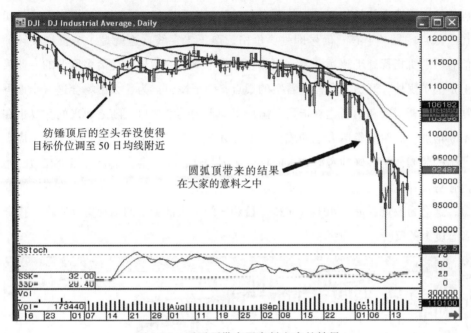

图 14-7　圆弧顶带来了意料之中的结果

对市场价格的预测与盈利直接挂钩。基本面分析只是分析方法中的一个齿轮。盈利最多的公司，在市场中仍旧会走出形态。没有什么股票会直线上涨或直线下跌。了解形态的特征就像了解周期一样。不幸的是，大多数投资者需要明白什么是错误的交易后才能明白何为正确。而对于蜡烛图分析投资者而言，仅需要通过视觉分析，就可以持续不断地赚取利润。

怀疑所有你能看见的，评判所有你能
看见的。但是，如果你能听见你自己内心
的声音，你便超越了怀疑和评判的层次，
会变成一个明智之人。

——南希·洛佩兹

利用蜡烛图分析技术，你无须痛苦地在底部抛出，或是焦虑地在顶部买入。

当底部出现时，会有大量的蜡烛图信号产生。从图 14-8 中可以清晰地看出，当蜡烛图阴线实体的长度变得特别夸张时可以看出市场上有很多投资者忍痛，卖在了低点。另一个有效信号即是，价格远离了 T 字线。这就是一个价格反转的信号。随机指标处于超卖区域。当然还有一个重要的信号就是诸多所谓的专业人士走上了媒体，开始发布极度看空的观点，旁征博引，为什么市场会进一步地下跌。道琼斯指数和纳斯达克指数都出现了向下的跳空缺口，随之而来的卖盘也在不断增加，此时买卖单大笔的成交。此处并非一定是那个最低点，但是当恐慌盘涌出的时候便是最好的考虑介入的机会，因为这意味着多头很有可能会在短时间内强势反扑，甚至可能是一天或是两天。辨别出了反转信号，比如价格下跌的缺口，这会为投资者带来 40%～60% 的盈利区间。底部十字的出现更是确定了投资者态度上的反转。

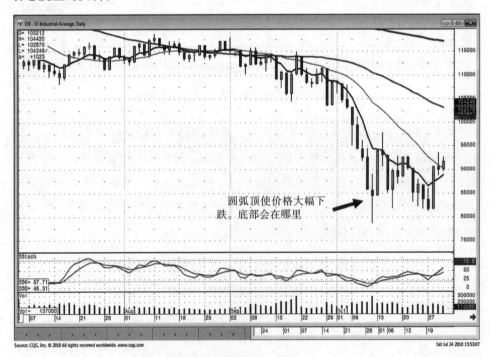

图 14-8　信号显示底部形成

　　最初的信号随着价格在压力位受阻而失败，价格继续下跌，直至投资者的情绪出现了变化。2009 年 3 月，晨星信号得到了确认，可是这就是长期的反转信号吗？没有人知道。但是所有的信息指向是，目前价格运动最大的可能性是向上，目标是 50 日平均线。这次交易是有盈利的。坚持简单的原则，与趋势同行，直到卖出信号加以一个明确的技术指标确认。随后价格冲破了 50 日均线，但未显示出任何弱势的状态（见图 14-9）。

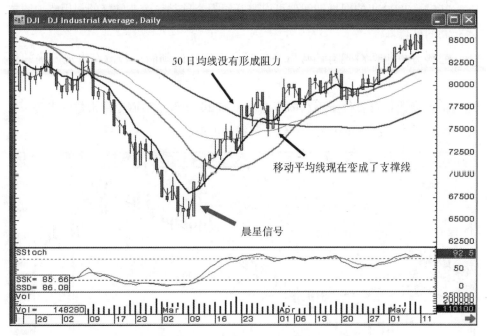

图 14-9　底部——晨星信号

　　趋势出现后价格会持续向着同一个方向运行，直到另一个重要的信号出现。2009 年 3 月，晨星信号出现后，价格出现了一小段的上涨，直至突破 50 日均线的阻力位。尽管如此，价格坚决地突破了阻力位，此时分析趋势可能出现反转。随后一系列的证据证明趋势的变化，价格回到均线获得支撑，牛市的孕线信号等。这使得多头趋势得以延续，同时也说明市场上看空情绪的转变。

　　作为一名投资者，不使用工具判断市场方向是一件很愚蠢的事情。已有的知识已经让投资者认清，判断市场的方向是有迹可循的。日本米商在几百年前已经开始使用了。无论价格上涨或是下跌，均可获利：2009～2010年出现的即是做空的机会。对于那些不愿意做空或是对于做空没有经验的投资者，做空基金是个不错的选择。它能够在价格下跌的时候为你提供优势。

利用趋势赚钱

2007～2009年的回撤期间你可以避开亏损。这是一个非常好的利用蜡烛图技术获利的机会。

趋势分析包括对现有趋势以及何时出现反转的判断。若没有出现明确的信号，上涨趋势和下跌趋势应该保持原有状态。T字线是一个准确的信号。不使用这些信息会让投资者处于不利的境地。正如2010年年初道琼斯指数的走势（见图14-10），趋势持续了很久，直到T字线的出现。

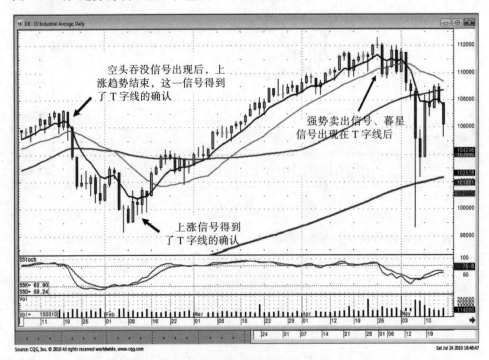

图14-10 指数在底部获得了支撑

趋势市场常常会出现在纳斯达克市场的趋势交易亏损，而用在道琼斯市场上则会出现盈利的结果。但随后的一两天里它们的反向便会趋于一致。尽管如此，在道琼斯指数上出现亏损，而在纳斯达克指数上出现盈利也是可以接受的，至少投资者的情绪不会受到严重的影响。如果哪一天纳斯达克指数和道琼斯指数均出现了大幅的下跌，说明支撑失效，可以假设投资者情绪出现了转变。这并不是什么深奥的分析，只是利用形态和常识进行简单的分析。

蜡烛图技术提高投资者的胜率

每一个 K 线都有内在的深意。无论强度还是确定性，基于连续的蜡烛图进行分析，利用高胜率的信号，可以帮助投资者追随趋势而不断获利。缺少卖出信号的趋势则说明目前市场还没有收到抛盘的压力。超卖的信号可以帮助投资者防止出现价格走势反向的情况。这也不是什么困难的流程。百年前日本米商便可以用视觉判断价格的变化。

当投资者可以准确判断整个市场的走势时，获得高于市场平均水平的收益便不是件难事了。顺势而为可以使利润扩大，仅需要通过常识性的思考即可。利用蜡烛图信号所构成的信息优势，判断趋势是会延续还是会反转将对投资者的交易有极大的帮助。

|第 15 章|

利用蜡烛图分析消除人性缺陷

如果我知道我在焦虑什么，我就不会
那么焦虑了。

——麦克劳林

有很多成功的交易。人们通过正确地操作交易计划而赚了大钱。可是为什么不是每个人都能赚大钱呢？答案很简单。那些正在取得巨大且持续成功的投资者正在正确地实施他们的交易计划！不幸的是，大多数投资者在他们的投资过程中，会不正确地受到自己情绪的影响。

如果没有正确地执行，世界上最好的交易程序也不会产生好的结果。情绪是大多数投资者成功获利的最大障碍。

恐惧和贪婪往往会改变投资者的理性思维状态。在投资中消除情绪是成功的关键。然而，如果这是一个简单的事情，那么每个人都会成功。当投资时，人的头脑工作负荷相当大。所有投资都是如此。在长期投资中可能不会如此明显，但交易周期越短，情绪的影响就越明显。以下内容将主要针对短期交易标的、商品、外汇和交易指数。这种情感上的缺陷可以被清晰地定义。蜡烛图分析将内在信息建立在图像上，极大地消除了情感因素。这可以应用于如大宗商品、外汇或日交易指数等快速交易项目，当然，也可以很容易地应用于股票交易。

成功

　　许多投资者害怕大宗商品交易。他们听说价格波动剧烈；他们听说过有关账户被爆仓的恐怖故事。对于那些不想花时间和精力去正确地投资商品的投资者来说，最好的建议就是远离它们。日内交易也有高风险的传闻。大多数投资者在价格快速波动或高杠杆的交易标的中损失资金的主要原因是，缺乏正确交易的知识，这导致在交易时不知道如何控制自己的情绪。然而，对于那些愿意花时间和精力来研究合适交易程序的投资者来说，商品交易和日间交易是非常有利可图的。在成功交易的道路上，将会有许多令人痛苦的学习过程。很少有投资者会立即拥有成功交易的诀窍，交易指数和大宗商品都需要有良好的心理素质。

成功交易的 3 个要素

　　赚取巨额利润有 3 个要素。首先，投资者需要一个交易平台。这应该是任何交易成功的首要因素。你还需要一些切实可行的交易方法，否则你会茫然失措。必须有一个原因，能够让你预测股票 / 商品 / 货币价格的上或下。许多投资者在研究交易计划之前就开始将资金投入市场。这是贪婪的一种表现。这并不一定是一笔坏交易，但是增加资产的欲望是投资失败的罪魁祸首。在某种程度上，每个人都想提高自己的财务状况。贪婪的因素越大，建立一个减少损失和产生更大收益的交易系统的动机就越大。

　　如果你是那种想要增加资产的人，那么你对成功投资的渴望就会成为你生活中非常重要的一个方面。许多人不能承受风险。这就是他们把钱放在储蓄账户里，或者让其他人来管理的原因。对于有这种天性的人来说，投资是完全可以接受的。如果你正在阅读这本书，你可以假定你的本性就是寻找方法来最大化你的回报。你想把你的钱投入到工作中。每个投资者都需要评估自己的投资标准。寻找"最赚钱的交易项目"通常是那些希望获得超过市场平均投资回报的投资者所做的事情。积极的交易本性绝对没有错。但是，如果没有事先准备好的计划，直接进入交易领域，就会让人的行为变得没有方向，这通常是大多数投资者失败的原因。投资学习过程非常重要。如果交易不当，他们可以很快地减少你的资本。

在熟悉你的交易计划、思维能力和执行系统之前，不要急于投资。

　　幸运的是，蜡烛图分析提供了一个有效的交易程序。这是本书的前提。它不需要被谁来证明，因为在过去的 4 个世纪里，它自己的准确性已经说明了一切。每一个信号中所包含的信息对分析市场走势具有强大的影响，这些信号可以是一种模式，在正确的时间，在适当的交易中创造出更高的胜率。蜡烛图分析提供的主要好处是，它分析了看涨和看跌情绪之间发生了什么变化。一旦你学会了如何成功地利用这一信息，你的交易能力将会显著提高，而无论你想要交易的是什么投资标的或时间框架。蜡烛图信号本身的效果非常好。蜡烛图论坛的 CD 产品提供了简单易学的培训，帮助投资者分析哪些信号最有效，同时也介绍了其他确认指标。人们试图交易股票、商品、货币或任何其他交易实体，都会涉及人类情感（所有的投资），他们应该彻底学习如何使用交易计划。无论投资者使用蜡烛图信号还是其他的交易程序，所有投资者在分析他们的图表时都应该完全理解"概率"这一概念。

> 如果有一点知识是危险的，那么有很
> 多知识的人能否脱离危险？
>
> ——T.H. 赫胥黎

　　理解为什么这些信号能够发挥作用，为投资者创造了巨大的优势。具有依赖视觉识别反转点的能力，可以为投资者创造巨大的利润。了解投资者的心理特征，让投资者参与到理解信号的创造过程中，这让投资者更能理解价格的波动。这样的知识在多年前就已经有人研究了。这种理解可以帮助投资者评估价格应该怎么移动，而不是听从他人的指引。要想成功交易，你需要充分了解你的指标的含义。有一个关于美国土著男孩的故事可以很好地说明这一点。

　　一个年轻的印第安男孩被哈佛大学录取了。毕业时，他在班上名列前茅。他受雇于华尔街一家著名的经纪公司。在接下来的几年里，他变成了一个神童，赚了数百万美元。然后有一天，他接到了部落打来的一个的电话。他们想让他回来当酋长。他对于接管部落的渴望超越了他对财富的所有渴望，于是他回到了那里。

第一天，部落的长老们都来到他的帐篷里，问了一个重要的问题："我们应该为冬天收集多少木材？"因为他没有经验，于是告诉长老们，他会在一个小时内给出答复。所有的老人都从帐篷里走出去后，他打开手机，打电话给当地的气象站，问："你们的指标告诉你们今年的冬天和去年有什么不一样？"他们说和去年差不多。男孩把所有的老人都召集到帐篷里，告诉他们要像去年一样收集同样数量的木材，再加上两周的量，以防万一。几天后，他们收集了木材，男孩给气象站打电话问："现在来看，今年的冬天仍然会与往年相同吗？"气象站回答说，看起来可能比最初预计的要冷一点。年轻的首领把老人叫回来，告诉他们需要再多收集两周木材的量。当长老们从帐篷里出来的时候，有人已经开始在抱怨了。

几天后，这位年轻的酋长又打电话给气象站，询问今年冬天的情况。气象站回答说，它可能比上次的预测还要冷一点。年轻的首领又叫来了老人，说："这次没问题了，再多收集6周的木头。"当长老们从帐篷里走出来的时候，他们的抱怨越来越多了。几天后，为了安全起见，年轻的酋长又打电话给气象站。"现在你的指标告诉你什么情况？"他问道。气象台回答说："哦，天哪，现在看来我们的冬天将是我们经历过的最糟糕的冬天之一。"这位年轻的酋长非常焦虑地问道："你的电脑指标怎么会这么不正常呢？"气象站回答："哦，我们不使用计算机指标。我们看印第安人。他们收集的木材越多，冬天就会越糟糕。"

这是一个典型的例子，说明了为什么投资者应该理解他们所使用的指标。如果你花时间去学习交易系统，你就不会再被所谓的专业人士摆布了。蜡烛图信号已经足够了！如果它们没有意义，早已消失在历史长河中了。投资的最基本原则是，如果某件事不奏效，它就不会持久。蜡烛图分析已经存在了几个世纪。学会正确使用它，你就能掌握自己的命运。

然而，仅有交易平台是无法独立运作的。平台的正确应用需要正确的交易视角。成功交易的第 2 个要素是良好的心理素质。这一要素与有利可图的交易流程同样重要。如果没有适当地实施，世界上最好的交易模式也不会起作用。

正确的心态

这本书的主要部分都旨在建立正确的精神视角。这对于投资来说尤为重要，尤其是短期交易。大多数投资者在交易股票时很难控制自己的情绪。尽管股票与商品或指数交易的波动幅度不同，但股票投资涉及的因素，与导致大多数投资损失金钱的因素一样——人性！大宗商品的波动性和杠杆不允许投资者出现太多的失误。交易决策需要迅速做出，这是普通工作中无法锻炼的。在学习过程中，股票的小波动可能会导致一些精神上的痛苦，而在大宗商品或外汇交易中，一个小幅度的波动会在很短的时间内摧毁一个账户。

幸运的是，使用蜡烛图分析和简单的交易规则可以很快地开始成功交易。此外，如果你能控制交易时候的情绪，股票和期权投资都将变得非常温和。这个类比就像是用时速 105 英里⊖的机器进行击球练习。一旦你习惯了以这样的速度击球，以 85～95 英里的投球手击球就很简单了。

这本书会告诉你，在日内交易和商品交易以及任何其他投资中，控制你的情绪是成功或不成功投资的区别。在这本书中会有很多重复的事情，目的是让你意识到，当情感发生变化时，你需要控制好自己。即使是重复的行为，也不能保证你不犯错误。不管你读了多少遍，你都可能会犯错误。这本书中提供的例子，是为了让你意识到，在一般的投资环境下，即使是最有经验的投资者也会在情绪失控的情况下陷入困境。最自律的投资者将会屈服于偶尔不利的市场波动。本书将阐明一些投资者的常见错误，他们会让你意识到你和许多其他投资者将会经历的事情。

> 事情不按照计划进行的一个原因是从
> 来没有一个计划。
>
> ——阿什利·布里连特

⊖　1 英里 =1 609.344 米。

成为一个成功的交易者，需要经历和解决关于交易的所有方面的事情，包括体验和应对在面对盈利和亏损时，人的头脑的感受。盈利和亏损产生了截然不同的生理心理反应。揭示不同的情绪反应的目的是，教导投资者，当各种价格变动时，你将如何应对。当然，这些信息不会阻止你自己去体验那些错误。这些信息会让你意识到，你曾经经历了一种情况，并让你有能力立即认出它。这就获得了昂贵的学习经验，不用再花时间思考自己到底错在哪里。知道发生了什么，你的大脑如何应对它，这将极大地减少发生同样错误的情况的可能，为成功和失败的交易做好准备，这将大大缩短学习的周期。

成功投资的第 3 个要素是机制：交易执行软件，图表。许多投资者并不认为这些至关重要。然而，在日内交易中，进入和退出交易的平台需要与投资者的交易计划相吻合。这与交易平台和投资者的情绪状态一样重要。简单地说，投资者需要一个执行系统，与他参与的交易市场相匹配。有人交易迷你指数，或是其他指数标的，交易周期以分钟计算，这将需要一个连接速度极快的交易计划和软件，提供可见的交易图表。交易程序的机制和其他两个方面一样重要。在你的执行系统中有轻微的缺陷会对你的精神层面产生巨大的影响，这将在交易过程中得到更详细的解释。

这三个要素对于成功的交易非常重要。这些交易中的任何一个与其他两个不配合时，都将使产生持续利润变得非常困难。本书所传达的信息是基于实际交易而非理论教学。蜡烛图信号支撑着它们。基本的假设是，它们是有效的。如果它们不这样，我们就不会在使用了 400 年后还能看到它们。逻辑上来说，如果某样东西没有意义，那么它就不会被留在投资分析中，铭记这是历史上最古老的技术分析方法。如果你使用蜡烛图信号的过程中出现了亏损，那不是信号不起作用，而是你没有正确地应用信号。

对大多数投资者来说，从市场中获得持续盈利的最大不利因素是他们自己的情绪。不要被动地阅读这些内容。正如在蜡烛图论坛训练课程中经常教授的一样，信号和图表模式是人类情感再现的视觉描绘。大多数投资者在什么时候抛售股票？他们的恐慌情绪会让他们在谷底抛售。什么时候大多数人会购买？他们会在价格暴涨的时候买入。我们很容易就能识别出恐慌性抛售和疯狂购买的图表模式。在股票投资中，这些指标提示投资者在底部买进或在顶部卖出。大宗商品价格不允许有太多犹豫，一旦出现反转信号，就要立刻做出决定。

对每日股票图表上的反转，可能会需要许多分钟甚至几个小时的时间来决定进入或退出交易。对于大宗商品投资者来说，这一时间段可能会缩短至几秒钟。创建适合投资者的交易计划，涉及投资者的时间表和时间周期框架。一个交易员可能会利用 1 分钟、10 分钟和 60 分钟的图表来评估走势，也可能会有不同于这一投资者的交易策略，他们计划持有 2 ~5 天的时间。

显然，商品和股票交易长期投资的巨大区别是由于杠杆和大宗商品价格的波动，大宗商品的盈亏出现在更短的时间里，这与大多数股票交易截然相反。蜡烛图论坛的培训项目用了大量的精力来教人们如何减少损失。"截断亏损，让利润奔跑"是大多数投资顾问为普通投资者提供的明智建议。不幸的是，很少有投资顾问有有效的方法来减少你的损失，让你的利润得以奔跑起来。蜡烛图信号提供了这一可能性。它们在每日图表和一分钟图表上非常有效，在交易大宗商品、外汇指数方面也一样。蜡烛图信号告诉了投资者何时进出市场。如果在你进去 10 秒后，信号显示该退出交易，那么就照做好了。对于大多数投资者来说，这是投资最困难的事情之一。你将学习如何成功地创造高利润交易，以及如何立即从已经被否定的信号的交易中走出来。

你在本书中所得到的大部分信息都是很重要的。我们在交易中会经历一些事情，应该或不应该怎么做，我们会进行总结，但是情绪仍然会使我们在下次交易的时候很难继续遵循正确的程序。正如本书所阐述的，投资需要重复和实践，就像其他成功的努力一样。职业棒球投手每年都参加相同的比赛。你能想象一个专业投手需要多少次练习？他被教导要在球后绕圈，这样他就会面对第一垒手。教导一个球员需要多长时间才能做到这些事情呢？可能在第 1 次或第 2 次的解释之后就明白了。然而，每一次练习，每一次春训，每个棒球赛季，他都可能要练习几百次。为什么？这是为了当某种情况发生时，他不需要花一秒钟的时间去思考正确的事情是什么。那些动作在他的记忆中已经根深蒂固了。

> 如果一个人重复同样的意思，一遍又
> 一遍。如果说他有什么值得做的，那就是
> 他应该去实践！
>
> ——老奥利弗·温德尔·霍姆斯

成功的投资也是如此。不幸的是，成功的投资有一个巨大的障碍，而职业棒球运动员不必忍受。情感！投资我们自己的钱时出现的情绪，与任何理性的思维过程完全不同。投资我们自己的资金比大多数其他事情更难。这不仅是衡量你个人财富增加/减少的标准，也是衡量你智力水平的一个标准，一个棒球运动员可能会输掉一场棒球赛，这只是一场竞技。一个足球运动员可能加入刚刚在上一个赛季中失败的球队，比赛中，一些球队赢了，一些球队输了。这就是体育的本质。但是，如果你在投资中损失了金钱，你就会受到双重打击：减少了你本该增加的财富，暴露了你在精神上被打败的事实。

大多数投资者因为情感负担过重而赔钱。产生积极结果有时候确实需要压力。当你决定购买股票时，一切才刚刚开始。在大多数情况中，决策一旦做出，结果基本也就确定了。当你买车的时候，你从经销商或报纸广告那里得出结果决定买哪辆车。当交易结束时，决策过程就结束了。然而，在投资决策中，根据投资者的持仓时间，最初购买的仓位需要每分钟、每小时、每一个月地持续进行决策。当你决定购买大豆期货时，你已经做出了一个决定，它将改善或减少你的资产价值。从你进入市场的那一刻起，一个持续的决策过程就开始了。在这里了结利润吗？在这里截断损失吗？你要继续坚持吗？当任何投资交易建立时，这些问题就成为一个持续的流动过程。不幸的是，情感成为流动过程中不可分割的一部分。交易决策的所有要素都是随着价格上下波动而发挥作用的。这个过程并不仅仅包括在出现亏损时做出了结的决定。人类的思维带来了所有其他的生活考虑。如果我卖出股票，因而出现亏损，我就会看起来很傻，而且价格可能会立即掉头，向我最初预测的方向发展！本来我有一笔利润，结果却让它变成亏损，我会看起来像个傻瓜吗？

> 人是，而且总是，一个傻瓜和笨蛋。
> 因为相比于思考，人更容易受到情感的
> 支配。
>
> ——托马斯·卡莱尔

许多投资书籍是基于成功的交易方法或基本面方法而写的。如果按照书上的描述，你会赚很多钱。作为投资者，我们在寻找什么呢？我们正在寻找的是能够提高我们投资能力的交易方法或计划。一个经常被问及的问题会包含很多信息。如果你走进一家书店，无论是线上店还是实体店，不止一次地寻找可以提高你投资能力的信息，那么，请问你从上一本书中学到了什么？这个问题可能有很多答案。但这都不是让你感到舒服的交易方式或程序。使用这些方法赚取利润所花费的时间和精力比你预想的多。在不同的市场条件下，结果似乎并不一致。这些只是因为所谓的成功交易计划没有产生你所希望的结果。

大多数投资者继续寻找"下金蛋的鹅"的主要原因是，成功地使用特定的投资程序可以带来不菲的收益，但这在实践中显然较为缺乏。解释投资流程是一个完全不同的领域，在大多数书籍中都没有描述。这些知识应该包括当一个交易程序在所有情况下都不能充分发挥作用时应该怎么办。大多数投资培训项目都解释了应该怎样做才能产生利润。他们充分描述了交易或投资分析的机械结构。然而，对于投资者在逆境中应该做些什么，他们几乎没有给出任何建议。

现实中绝没有一个交易程序能够保证投资者100%成功，这就会涉及一个问题：如何应对所有价格变动的情况？当交易或投资遇到不利或之前我们没有经历过的情况时，情感便会不合时宜地参与进来。通过了解我们自己对价格运动的各个方面的反应，无论是显著的不利还是巨大的成功，都可以帮助我们做出更好的决定。

你是否一直在寻找成功的交易计划？如果一种交易方法在你看来并不适合你，你应该停下来反思。交易程序可能没有错。可能是你缺乏情绪控制或知识来成功实施交易计划。请记住，这并不是一个不可逆转的缺陷。这只是在整个投资学习过程中涉及的心理问题。

成功的高尔夫击球并不包括知道如何将球击到球道中间，或球场上的绿色区域，而是包括知道如何击球才能绕过陷阱。世界上最好的高尔夫球手不会强求每一球都达到他们想要的位置。他们所学到的是如何在不同的位置击球。没有一个职业高尔夫球手每次都能打进洞。没有一个投资项目能够保证每次都会成功。从市场中获取利润需要知道在当时当地该做什么。

蜡烛图分析将信息融入带来极大成功概率的投资信号中。这是否意味着每个使用蜡烛图信号的投资者都将变得富有？除非他们不知道如何控制自己的情绪。本书的目的是为了推广成功的交易方法，如蜡烛图分析，而不是保证投资者每次都赚钱。

理论上来说，如果一个交易程序持续有效，你能够用它赚钱。如果一个成功的交易程序赔钱，那么这一程序还有待改进。现实情况是，当我们开始投资时，我们总是会犯错。人们内心的力量十分强大，成功的投资者会发现，他们在成功之前必定经历了许多心灵上的创伤。他们已经学会了在交易程序中如何应对自如。投资者应利用成功的蜡烛图投资者的经验，它揭示了人类情感的起伏规律，这是成功投资的关键。

|第 16 章|

K 线图交易规则

更好的办法在你无数次的思考之后。

——伊索

长久以来，因为 K 线图信号的不断精进，结合一些基础的交易规则可以帮助投资者最大化利润。这些规则也是以盈利为导向，根据 K 线图技术创建出来的。无视信号交易让投资者受到教训，就像妈妈不让我们把手放在滚烫的火炉上，只有当我们经历过后才会真正明白她对我们的告诫。在投资的时候，交易规则可以通过参与交易的过程得出，也可以从交易的结果中获得经验。这些规则会为 K 线图投资者的投资思想带来巨大的改变。识别价格反转的能力能够为投资者提供极大的益处。当投资者发现了一个大概率的交易机会时，投资规则会为这笔交易保驾护航。而在过程中所产生的贪婪和恐惧是投资首先要克服的心理问题。

投资失败的最大问题就是情绪控制。纸上谈兵的交易模拟与真实交易相差甚远。投资者每一次买进卖出都是经历了心理决策的过程，这都是我们的心理流程！我们会变得急功近利。我们会觉得自己是世界上最聪明的人，这是我们最愿意相信的事情。为了确认这一想法，我们会在每一次交易中变得极为主观。

当我们买进的股票下跌了，伤害的并不仅是我们的钱包，更是我们的心理。如果我们的交易失败了，我们在别人眼中就没有那么聪明了。如果我们正确，账户出现了不菲的盈利，我们可能就会得意忘形了，从而忽视了原来策略中的卖出位置。那么，此时卖出的决策便是依据他人的观点或是自己的心理满足了。

建立交易纪律

蜡烛图信号可以为我们提供高胜率的买入卖出信号。我们需要利用这些信号创造交易纪律。有时交易纪律会与市场的通常看法背道而驰，这是为什么呢？我们总是被所谓专家的评论所淹没，可是他们并不能准确地预测市场。而事实上，日本米商使用的方法数个世纪以来成功地预测了市场的变化。投资者可以用这种成功概率较高的交易方法再辅之以简单的交易策略进行操作。

接下来的交易规则是多年以来投资经验的总结。它们需要与 K 线图信号配合。由于投资在人们的生活中的位置越来越重要，传统的交易规则也同样包含在本章中。情绪化的交易者也可以机械地使用这些交易规则，成就成功交易。

与好的交易流程再配合

与任何一笔生意一样，成功的投资需要良好的商业计划结构。成功的资金管理者会建立起一系列的业务纪律。资金分配、交易环境、交易流程评估和明确的交易计划都有利于维持良好的交易心理状态。蜡烛图信号分析和阅读图表的经验也是成功交易流程的必备要素。当然，良好的工作环境也很重要（无论是在办公室里，或是家庭办公室，还是风景不错的湖边）。切记避开过于封闭压抑的环境，开放的环境可以让我们更好地评估投资机会。

交易胜负的记录

持续做交易记录及复盘反思是个良好的习惯。为自己每日的交易做好交易日记可以帮助投资者释放精神压力，为每天的交易过程留下印象。好记性不如烂笔头。重要的要素需要铭记于心，防止被忘记或是在下次分析大量信息时出错。交易日记可以帮助投资者铭记曾经的交易（无论对错）。在办公处收集这些交易记录。

不要在感觉不好的时候交易

投资要求头脑清醒。大部分人在不同的环境下都会反映出不同的精神状态。感冒、发烧、牙痛、头痛或是其他不适都会严重影响投资者的精神状态。

投资与其他活动一样。在某些特殊阶段，投资者可能感觉自己不在状态，此时不妨休息一下，刷新一下大脑，深呼吸。投资并不意味着需要每日都参与市场。投资者只需要在有优势的前提下参与市场交易。

有些时候市场的表现并不令人满意，在此时交易会消耗投资者的精力。通常，在夏季，市场交易量会大幅下降，因为大部分投资者都去度假了。此时应放松休息一下。

有时候任何交易策略都不管用，即使出现了很明显的高胜率机会，仓位控制也无法帮助投资者盈利。此时休息一下，当你休息结束回到市场后，分析逻辑可能会更加清晰。

犹豫时请离场

投资过程中最困难的莫过于排除个人的情绪因素。对于大部分投资者来说，理智的状态可能会在资金进入市场的一瞬间完全消失。人们依靠智慧和勇气开始了一笔交易，而随后个人的情绪因素会偷偷渗入到这笔交易中。使用电脑分析软件会给投资者提供比其自身所能掌握的更多的操作机会。拥有大量的交易可能性创造了将资金投入多种环境中的机动性。投资的基本功能之一即寻找更多高概率事件，我们将资金投入到那些具有较大盈利可能性的环境中去。K 线图信号使得投资者有较大的获利可能性，但也不是所有的信号都会带来盈利。好消息是，在所有信号中，只要有 3/4 的信号显示出盈利的可能性，就极有可能盈利，有的时候 4/5 也是可能的，但投资者也应当看到，依据 K 线图信号进行交易，还是有20%～25% 的交易可能不会带来利润。

但与之相对的，如果只有 1/4 或 1/5 的信号显示出盈利的可能性，则投资者应及时离场。当这种情况显而易见或是如果分析显示趋势方向并不明确时，投资者就应当退出市场。为什么要继续停留在一个有问题的交易中呢？应该将资金抽出并投放于下一个有明确 K 线信号的交易中。一个有问题的交易不会产生对投资者有利的结果，投资者应当了结这笔投资。在交易结束的时候肯定还有很多的交易机会在等着你，无论你的交易周期是一天或是一周或是其他任何时间框架。当我们心存疑虑的时候，就应当退出。因为还有许多其他明显有利可图的机会。

不要向后看

多少次因为他人的预测或是我们自己的期望，我们在一个股票上停留了过长的时间？尽管所有的迹象都显示此时应该卖出，但如果我们在出现第 1 个弱化信号时就抛出股票，而后价格一路攀升，我们会觉得自己十分愚蠢。当价格卜跌时，我们没有卖出，因为我们要等到价格反弹回升至更高水平时再抛出。往往价格下降的时候，我们又重蹈覆辙。这种情况一直持续，最终我们在整个周期中都持有该股票。股票不但没有回升至原来我们认为是最佳抛出价格的水平，反而还困住了其他资金，而我们本可以将这些资金用于其他投资中以获利。

时间和利润被浪费的唯一原因是投资者的恐惧，他们害怕在卖出信号出现时抛出股票，而后股票价格却一路上升。这是一个令人尴尬的情况，但到底是令谁尴尬呢？大多数情况下都是我们自寻烦恼。做出了买入的决定，然后在卖出信号出现时退出交易，把大笔的利润留给了别人，这样会让我们感到自己很愚蠢。K 线图信号为我们提供了减少这种损失的工具。依据这种信号，我们要说它们至今仍被广泛运用是有充足的理由的。数百年的观察证明了这种信号可以显示出反转的发生。为什么要怀疑呢？如果你的观察和你的最佳投资决策程序告诉你应当清算这个交易，那么就不要冒险了。

投资决策必须在拥有当时所有可能得到的最好信息的情况下做出。如果在你退出该交易后股票价格迅速攀升，你也仍然是在拥有你当时所有信息的情况下做出的最好决策。有规律的交易程序包括遵循该程序的参数做出决策。如果信号显示继续持有头寸的盈利概率较低，那么投资者就应该按照投资程序的规则来做。

如果有很充足的理由使得我们相信价格会升高，那么就没有什么可以阻止投资者去观察价格变化。如果再次出现了一个买入信号，那么投资者就可以再买回这个标的，否则，那些资金就应当集中投资于另外一个更好的有更高上扬可能性的标的。如果最初的标的真的停止下跌而开始上升，那么投资者就失去了这个投资机会，但投资者的资金在另一个好的交易中也会获得利润。

不要向后看。投资者只需要运用当前所有的信息和证明做出最好的决策。每一次投资者品尝到向后看带来的痛苦时，他都有无数次的机会庆幸自己做出了正确的选择。

规划你的交易

辨认反转信号只需占用投资者几分钟的时间。在不受打扰的时间里，分析潜在交易信号中哪个最有潜力对于投资来说是非常重要的。经过认真的分析，第2天需要针对最有潜力的几个投资机会进行排序，在实际操作中，投资者应当坚持这个顺序。但由于第2天开盘时的股票和市场的具体情况可能略有不同，因此需要有针对性地进行一些微调，但这种情况并不多见。如果排在第1位或是第2位的股票开盘的形势没有显示出K线图反转信号所指示的趋势，那么投资者就应该观察排在其后的股票标的。如果市场开盘时所有的潜在投资股票都显示出不好的信号，那么投资者就不应当入市。比如，如果投资者认为5个很好的买入标的是下一个交易日最看好的，但第2天市场开盘显示出了下跌的迹象，那么这些潜在的股票之一开盘时可能显示出买方仍然在参与的证据。所有的股票都以低价开盘，如果投资者之前没有预期到一个强劲的下跌开盘，那么就不要投入资金，不要在形势不利时仓促做出决定。

> 什么也不做有时候是最好的方法。
>
> ——希波克拉底

试图找到好的交易机会并不需要立刻确定所有要素的概率，静心等待次日开盘时候的价格表现。错过潜在的盈利要强于为了弥补亏损而亏损更多。第2天可能会有更好的投资机会。

如果一笔交易不能够盈利，继续前进，不要停留

不是所有的交易都能迅速地给投资者带来收益，应当永远牢记概率的规律。绝大多数的交易应当盈利，但有一些却会不盈利，甚至有一些会给投资者带来损失。当观察到一个信号并且建立一笔交易时，投资者都会期望有一个好的结果。这些结果包括一些主观的期望，交易的结果在每天最后会被分析和解释。如果一只股票的价格并没有确认先前的信号，无论第 2 个或是第 3 个交易日情况如何，实时地做出评估都应该是投资程序的必要条件。"这是否是我投入资金的最佳位置呢？"如果在一个强买入信号之后，市场的上扬趋势并没有像预期的那样强烈，那么就将其与其他的投资机会相比较。开始交易后的 3 天可能还没有显示出任何卖出的压力，但也没有显示出任何重要的买入迹象，这可能是一个失败的交易，投资者应当毫不迟疑地了结这笔交易，并且将资金投资于一个获利可能性较大的交易机会中。然而，如果一个强的买入信号使你做出了这笔交易，就说明当时的买入力量是存在的，投资者应该坚持观察股票价格。在接下来的几天里可能还会出现其他的买入信号，这就进一步证明了多方力量仍然对市场有兴趣。这样的话，尽管此时的进入价格要比初始价格高，投资者也应当将资金再投资于这个标的。

唯一重要的是考虑这一交易信号是否能产生收益，而不是在过去的几个交易日中标的发生了什么变化。坚持将资金投资于最有潜力盈利的交易中是一个规则。如果一笔交易正在按照预期进行，投资者就应当继续投资于该头寸以获得最大化收益。

不要让新闻影响你的交易决策

投资者轻易就能接触到投资消息是对投资的一大影响。CNBC 和 Bloomberg 一天 24 小时持续以各种模式对投资者进行轰炸，但这些新闻都属于特定的一个种类：报道消息。所谓报道消息就是对那些某些人已经知道了很多天、很多个星期或很多个月的信息所进行的正式报道。你基于 K 线图信号做出你自己的投资决

策，你要坚信这种形式是基于对股票或交易进行买卖的所有投资者的积累性认识的。不要基于这些新闻报道做出不是依据自己本心的投资决策，除非某个项目会给公众带来意外，对于各种投资消息的报道仅仅是对股票价格已经显示出来的信息的集合。

如果你过度依赖这些信息，那么你就有可能死于这些信息。如果你基于K线图模式的原则进行决策，那么你就应该相信这种模式将会在绝大多数情况下将你引导至成功的境地。如果投资者偏离以概率为基础的理论，不遵从交易信号的指示，那么投资者会像个没头苍蝇一样没有头绪。你应当相信信号中所蕴含的信息。

K线图特有的规则

能够预见反转的出现，能使你早于其他投资者建立适当的仓位。比如，在一个长期趋势的末尾见到了一个射击之星，当随机指标完全进入到了超买区域时，我们就得到了该趋势可能结束的预警。当看到下一个交易日股票价格低开时，K线投资者知道应当马上了结收益。在这种情况下，投资者不必等待一天结束时再来总体看当天K线形成的情况。

在不同的情况下，规则可能要求投资者等到一天结束时观察K线图形成了什么样的模式。有很多情况下投资是基于K线图信号而建立的。随机指标在一个极端的区域内，进一步确认了信号。在交易建立的第3天或是第4天价格迅速向相反的方向变动会消耗投资者大部分的利润，因此，投资者应当倾向于在交易变得糟糕之前将其结束。如果信号的指示就是如此，那么它就没有考虑到一个反转是否发生（比如说，随机指标仍然在其开始区域的附近），如果没有消息指出该头寸应当被清算，投资者就应当在本交易日继续持有该头寸。原因很简单，该头寸的建立是基于K线图信号，这是一个完整的K线图信号。一个多头上扬趋势中的早期抛压或一个下降趋势中的价格反弹都可能是正常、有效的买入或卖出力量。当前的趋势在反转信号出现之前不会发生变化，反转信号会在一个交易日结束时形成。利润产生于股票价格的运动。在一个K线图构造的时间框架中发生了什么并不重要，只有那个时间段的最终价格才会显示出投资者的累计成果。一个重要的规则是，基于在交易日末尾出现的 K 线模式做出入市或退市的决策。

顶端的十字

任何时候，当你看到顶端的十字信号时都应该抛出股票。这个是成功交易的信号。日本人是通过大量的研究才得出这个关于 K 线图信号的规律的。为什么要逆概率行事呢？日本人曾经经历过多次这样的情况，即价格在顶端持续徘徊，最终形成十字信号，此时应当迅速抛出。当今的一些研究也进一步肯定了这个规则。如果十字并不是价格的顶端（当然这不经常发生），那么十字信号也显示了，在该价格水平存在着空方力量。如果第 2 天或是第 3 天价格真的上涨了，上涨的动力也是很有限的，不足以匹配下跌带来的风险。资金本可以放在没有潜在下跌风险的地方，即使那里没有更好的回报。

坚持原则

一直要记住：一种信号用了几百年，必定有其意义，它们成功的证据是不能被忽视的。利润就是结果。不要期望一笔交易会达到你预期的最佳点。虽然，预测的目的就是要确定一笔交易是否值得做，但预测仍旧仅是一个指导。开始一笔交易的信号在统计上是准确的，在结束时也是准确的。如果交易显示的信号与你的预测相反，那么不要跟信号作对。退出！正如在前面提到的原则中陈述的，当出现犹豫不决、疑虑时，就要退出！价格变动不会以你的意愿为转移，一定要让市场信号来支配你的行动。一个卖出信号总是跟随一个买入信号，如果是这样的，重新进入市场。信号是由投资者的情绪变化形成的，你为什么要和现实作对呢？

最大限度地利用信号。坚持简单的原则会得到令人满意的结果。只要你遵守游戏原则，结果是可以遇见的。坚持基本原则能让投资者把握住交易时的情绪。数据统计是原则的指导力量。一旦你意识到，信号是非常有利于你的交易的，是从利用了这些数据分析的原则中推导出来的，你就能不断精进你的交易策略。K 线图（蜡烛图）是非常有效的交易信号。如果你忽视这些已经得到验证的结果，就别期望好运会来到你的身旁。

|第 17 章|

总　结

　　我们生活的方式体现了我们生活的
原则。

——蒙田

　　撰写本书的唯一目的就是：展示 K 线图分析方法的适用性。这一方法没有被广泛应用的原因主要是投资大众认为它太难了。我写本书就是为了消除大家的这种成见。学习这种方法与学习字母表是一样的。在学习每一个字母（或信号）的基础上，可以用它们来组成一些简单的单词。一旦掌握了这些单词，就可以将它们应用于更为复杂的结构（或句子）。对于信号来说也是一样，将交易信号应用于交易程序，可以使得信号更为有效。

　　2001～2010 年这 10 年里，该方法创造了巨额利润，长期上升的稳定趋势使得信号的辨认十分容易。诸多信号在这段时间里胜率极佳。

　　人们在多年的交易中发现，K 线图技术分析给投资者带来的好处很多，确认反转信号仅是一方面，当然这是投资程序中很重要的一部分，而另一方面它可以为投资者提供足够的交易信心，有效地使用这些信号可以使投资者的心理不受情绪影响，或是外界新闻、小道消息的影响，投资者在接收投资建议时不会再盲目。每个投资者都可以掌握低风险、高成功概率的交易技术，你不再受制于平庸的投资方式。

当你对 K 线图分析技术驾轻就熟时，风险控制的觉悟也会随之提高。深入理解投资的原理可以明确交易应当在何时结束，整个投资过程完全在你的掌控之中。

K 线图分析是优秀投资分析技术的基石，当其与现存的其他投资方法结合使用时，可以获得更多的优势。准确地找出反转点就是优势之一，它可以极大地提高投资者的盈利能力。每一个投资者，不论是新手还是专业的交易者，都能从这些信号中受益。市场有其自身的交易特征，某些特定的信号可能在某个市场运作得比在其他市场更为有效。具体的股票或商品的特点不同，有些可能仅仅用一个信号就能找到极好的反转点，我们可以通过观察来发现这些特点。幸运的是，K 线图提供了这样的机会，并且完善了整个交易程序。

从 2000 年年初到 2001 年年初，科技股暴跌，它将许多投资者带回到了现实中。曾经名噪一时的新经济开始重复旧经济的老路。在之前的 3 年中，基本面学说支撑着整个上涨的逻辑。那些建议投资者在 120 美元买入的分析家们，3 年之后又建议投资者在 10 美元的价位买入。"如果我能预见这个趋势，我将会做空赚大钱。"这是我们在投资者中常常听到的话。2001～2010年，市场历经了 10 年的下跌。许多账户亏损过半。买入并持有策略在过去的 15 年中并没有显示出任何优势，而蜡烛图技术分析却为投资者积累了巨大的财富。

事实上，你可以预见这个趋势。K 线图可以完美地解释市场情绪的状态。公开宣布股票购买建议会得到投资者的关注。投资者期望评估市场潜在的运动方向，但大家公认的投资文化认为：投资者无法战胜市场。听取专家关于买卖的建议，获得 10% 或 15% 的回报率是大家一致期望的模式。但这留下了一个问题："如果我们都被建议获得一般的投资回报，那么人们如何通过投资在股票市场上发财呢？"

这就是你要阅读本书的原因。不要让那些所谓的"专家"左右了你的命运。平均回报率必定是由高于平均水平的回报和低于平均水平的回报组成的。如果巴菲特、索罗斯和罗杰斯的投资回报率不是极大地高出市场的平均期望回报率，他们也不会成为人们推崇的对象。

你也许不想成为名人，但是你绝对有理由从任何人都能进入的投资市场中赚取非凡的利润。这本书将使你意识到系统是怎样发展和实现目标的。使用本书中的知识，从投资决策中去除掉情绪的成分。价格变动是大众情绪变化的过程。K线分析把这些因素归类于可视的变化。利用这些知识，你的财富公式现在已经进入了一个利润导向的方法论当中，这个方法论在一次又一次地自我论证着，它暴露了人类自身的弱点，将其变为可获利的机会。

希望本书中阐释的步骤能帮助你发现自身的弱点。驾驭情绪是投资中最困难的因素，用概率的逻辑来思考问题，坚持下去直到产生所必需的信心。幸运的是，与过去那些年不同，研究这个交易方法不必再自己亲自去验证，查阅以下网址可以帮助你解答一些问题：www.candlestickforum.com，感受交易情形不需要像重新发明车轮一样。利润可以来自其他投资者的经验，利用他人的经验可以使得K线投资新手不必遭受损失就能获得所需的经验。

K线图技术有一个基本的特征：它会持续描述市场上投资者的状态。当这本书在2001年第1次出版的时候，很多投资者对这一技术还比较陌生。好在在这10年里这一技术带来的好处越来越明显，使得更多的投资者愿意践行这个技术，并辅以其他方式对其予以改进。日本米商做出的贡献的确很大，定义和总结了这一套方法。为投资者提供了判断价格反转的信号。不仅如此，他们还为大家留下了该方法的分析逻辑。今天利用计算机的优势，投资者不仅可以轻松找到反转的信号，还能快速找到其他的信息对信号进行确认。这种确认的方式可以用在分钟、日、周等不同周期，这是对原本的蜡烛图技术进行了提升。

新的技术和确认信号不断在更新，左/右联合信号暗示着获利潜力巨大，执带信号的内容也比最初的日本蜡烛图技术的内涵要丰富得多，T字线代表的是价格波动幅度缩小等。现如今的K线信号十分全面，较以前已有很大的进步。

现在，你有了控制自己未来投资的知识了，成功概率也是有利于你的，市场已经为你敞开。创造出非凡的利润吧！祝你好运！

想要继续学习关于K线投资，请使用网站上的专业知识。

术 语 表

西方和日本术语

以下汇总了本书中与蜡烛图分析有关的术语。其中一些源于西方，一些源于日本，这些术语多年来相互融合，共同用于西方和日本的技术分析中。本术语表仅涉及两种方法中常见的词汇及术语，并非对全部词汇的详细描述。

B

bar charts　棒状图　用于描述价格变动。竖线的长短代表价格波动的范围。竖线左边的短横线表示开盘价格，右边的短横线表示收盘价格。横轴代表时间，纵轴代表价格。

belt hold signal　执带　价格顺趋势出现大幅度的缺口，但在交易过程中价格被拉回了前一日的交易范围，通常会出现在阶段性的顶部或底部。

blow-offs　棒反转（逆转）　一种顶部或底部的价格变动，往往发生在一段价格趋势的末期，成交量较大。价格紧接着上一趋势发生反方向变化。

breakaway gap　脱离缺口　价格脱离原来技术分析定义的区间。

breakout　突破　价格突破阻力线向上运动或突破支撑线向下运动。

C

confirmation　确认　指针对趋势或某种指标的预测从别处得到证实。

congestion area　密集成交区　指一段时间成交量主要集中在某一价格范围内。

consolidation　整理　指发生在密集成交区的交易，表明当前趋势会持续一段时间。

continuation patterns　持续模式　一种表示当前趋势会继续的价格运动模式。

cradle patterns　摇篮模式　下跌趋势底部出现大阴线，随后的交易日出现连续的窄幅区间震荡，最后阳线突破该区间。这通常预示着向上趋势的开始。

D

dead cross　死叉　当短期移动平均线从上往下穿过长期移动平均线，往往表示熊市信号。

deliberation pattern　审慎模式　又称为stalling 模式，表示价格正处于临界点即将反转。

divergence　分歧　指标间对于价格趋势的看法正好相反。例如价格处于高位而相对强弱指数处于低位。

doji　十字　一种重要的蜡烛图信号。开盘价与收盘价十分接近。这表明多头与空头状态焦灼。十字信号十分重要，需要特别留意。

double bottoms　双重底　类似于字母 W 形状，价格在几乎相同的底部反转，较易识别。

double tops 双重顶 相对于双重底模式，价格在几乎相同的顶部反转。

downgap 向下缺口 指下一个交易日的价格变动区间低于前一个交易日的所有交易范围。

downtrend 向下趋势 指交易价格逐渐降低的情形。

E

Elliot wave 艾略特波浪 以发明人艾略特命名的预测价格运动的波浪理论。该理论认为一段完整的趋势可视为由5个向上的波浪及3个向下的调整浪组成。

exponential moving average 指数移动平均 根据指数加权计算出的平均值。

F

Fibonacci numbers 斐波纳契数列 将前两个数据相加得出下一个数据的数列。广泛应用于艾略特波浪分析中。

filling the gap 填充缺口 指价格逐步回到交易价格的空白区域，其价格缺口被填满。蜡烛图术语将其描绘成"关闭窗口"。

fry-pan bottom pattern 锅状底部模式 价格缓慢下跌后走平，再慢慢上涨，最后价格回到最初开始下跌的位置，强劲的买盘推升价格，促使价格大幅上涨。

G

gap 缺口 当某日的交易价格区间与次日的价格区间没有发生重叠时，其未重叠部分称为缺口。

golden cross 黄金交叉 短期移动平均线从下往上穿过长期移动平均线，往往代表牛市信号。

H

high-wave 高浪 一组具有较长上影线

或下影线的蜡烛图组合。这种组合通常预示市场转折。

I

implied volatility 隐含波动率 一种预测市场未来价格波动率的方法。

inside session 内市 指本期交易价格上下限位于前期交易价格上下限范围内。

intraday 日间交易 全天交易时间内的某一时间段作为时间基准的交易。

islands 孤岛 在趋势末端形成，脱离当前价格水平并在新水平上交易数日然后再发生反方向变动，如同海面上的孤岛一样。这种形态表示很强的反转信号。

J

J-hook pattern J形钩 强劲上涨后价格回调。调整后价格再次上升，回归原有上升轨迹。

L

locals 场内交易商 交易所里面进行交易的会员或经纪公司，通常只交易某一类型的品种。

lower shadows 下影线 蜡烛图形中低于实体的竖线。

M

momentum 冲量 描述价格变动的快慢程度。用最新收盘价与前一段时间的收盘价进行比较。

morning attack 开盘攻击 日本人对于试图在开盘时通过大量买单或卖单来推动大盘的定义。

moving average convergence-divergenceoscillator, MACD 移动平均趋同趋异振荡法 三个指数移动平均值的组合，使价格波动更加平滑。

N

neckline　颈线　正向头肩顶图形的低点或者反向头肩顶图形的高点。

night attack　收盘攻击　收盘时试图通过大量买单或者卖单来影响大盘。

O

offset　对冲　通过反向操作来结束交易。

on-balance volume，OBV　一种累计交易量数据。如果当天收盘价高于昨天收盘价，就将当天的成交量数据加入到OBV中，反之则从OBV中予以扣除。

open interest　空盘量　一种期货术语。指目前尚未履约的合约数目，等于所有多头及空头头寸的数目。

oscillator　振荡指标　一种基于冲量计算公式得出的衡量超买或超卖状况及正反向偏离状况的指标，单位为（−1，+1）或0~100%。r测量价格变动速度。

overbought　超买　与特定振荡指标相关的术语，指在上升趋势中价格偏离太远或变化太快。

oversold　超卖　与超买定义相同，只是在下降趋势中。

P

paper trading　纸上交易　也叫模拟交易，根据真实的交易环境进行虚拟资金交易。

petrifying pattern　惊恐模式　孕线十字信号的别名。

protective stop　止损指令　根据目前仓位确定的最大可承受损失价格。一旦价格到达该价位立即下达交易指令以清空仓位防止损失进一步扩大。

R

raindrop　雨点　星形信号的别名。

rally　止跌回稳　通常预示着较强的价格上升趋势。

reaction　反向趋势　与当前的价格变动趋势方向正好相反。

real body（or body）　实体　蜡烛图中的长方形区域。当收盘价低于开盘价时，实体为黑色；当收盘价高于开盘价时，实体为白色。

relative strength index，RSI　相对强弱指数　由Welles Wilder发明的振荡指标。如果当天收盘价高于开盘价称为正收盘价，反之称为负收盘价。相对强弱指数测量一段时间内正收盘价与负收盘价的比率。

resistance level　阻力位　表示由于空头持续卖出使得价格上涨遇到阻力，无法继续上升。

retracement　回溯　与当前趋势刚好相反的价格变动。

reversal session　反转市　当价格创新高或新低后，次日的收盘价低于或高于前日的收盘价。

rickshaw man　人力车夫　长脚十字信号，其实体较小，位于信号中央。

S

selling climax　抛售高潮　下降趋势中，伴随着成交量放大价格急剧下降到一个更低水平。当价格在这一水平向上移动，说明抛售高潮已过。

selloff　抛售　价格向下趋势。

shadows　影线　蜡烛图形中实体外的部分，包括上影线和下影线。下影线是指从实体的底部延伸到当日最低价，上影线是指从实体的顶部延伸到当日的最高价。

shaven bottom　光脚底　没有下影线的蜡烛图形。

shaven head　光头顶　没有上影线的蜡烛图形。

simple moving averages　简单移动平均　将价格数据相加再除以数据个数得到的平均值。所谓移动是指数据个数固定，每当新的价格数据加入时就同时去掉最老的价格数据。

spring　弹回　当价格向下突破密集成交区，然后迅速反弹至支撑线之上的价位。这是一种表示牛市的信号。

star　星形　与前面交易日的长实体部分相比具有较小的实体部分，星形图市场力度减弱。紧接着长阴实体的星形又称作雨点。

stochastics　随机指标　一种振荡指标，测量收盘价在特定时间内处于交易价格范围的何种位置。%K 表示快随机指标，%D 表示慢随机指标。

support level　支撑位　一个明显的价格水平，在此附近买盘踊跃使得价格处于该支撑位之上。

T

tee-line　T线　8个单位的移动平均线，结合蜡烛图一同使用，确认价格反转信号。

tick volume　最低交易量　指特定时间间隔内交易合约的数量。

time filter　时间筛选　对价格走势围绕某一价格水平的波动进行一段时间的观察以确认所考察的技术位是否突破。

trend　趋势　指当前处于主导地位的价格运动方向。

trend-line　趋势线　沿着蜡烛图中高点或低点所画的直线。两点成一线，点越多，趋势线所表示的强度越大。

trend reversals（or reversal indicators）趋势反转　表示目前趋势发生逆转的概率极大。

tweezer tops or bottoms　镊子顶和镊子底。

U

upgap　向上缺口　上升趋势中的价格缺口。

upthrust　上冲乏力　指价格虽然突破阻力位，但未能持久，很快又回到原来的阻力位以下。往往是熊市信号。

uptrend　上升趋势　交易价格越来越高。

V

V bottom or top　V形底和V形顶　在趋势的底部或者在趋势的顶部发生明显的反转，有点像V字形或倒V字形。

volume　成交量　在给定交易日所成交的股份或合约总数。

W

weighted moving average　加权移动平均　一种计算移动平均值的方法。每个数据的权重各不相同，越新的数据权重比例越高。

window　窗口　相当于西式缺口。窗口既可以表示一段行情的开始，也可以表示一段行情的结束。西方分析师爱说填充缺口，日本分析师则说关闭窗口。

Y

Yin and Yang　阴和阳　中国哲学术语。阴阳：黑白；好坏；正负；世间万物总是相辅相成。

推荐阅读

序号	中文书号	中文书名	定价
1	69645	敢于梦想：Tiger21创始人写给创业者的40堂必修课	79
2	69262	通向成功的交易心理学	79
3	68534	价值投资的五大关键	80
4	68207	比尔·米勒投资之道	80
5	67245	趋势跟踪（原书第5版）	159
6	67124	巴菲特的嘉年华：伯克希尔股东大会的故事	79
7	66880	巴菲特之道（原书第3版）（典藏版）	79
8	66784	短线交易秘诀（典藏版）	80
9	66522	21条颠扑不破的交易真理	59
10	66445	巴菲特的投资组合（典藏版）	59
11	66382	短线狙击手：高胜率短线交易秘诀	79
12	66200	格雷厄姆成长股投资策略	69
13	66178	行为投资原则	69
14	66022	炒掉你的股票分析师：证券分析从入门到实战（原书第2版）	79
15	65509	悟道格雷厄姆精选集，演说、文章及纽约金融学院讲义实录	69
16	65413	与天为敌：一部人类风险探索史（典藏版）	89
17	65175	驾驭交易（原书第3版）	129
18	65140	大钱细思：优秀投资者如何思考和决断	89
19	64140	投资策略实战分析（原书第4版·典藏版）	159
20	64043	巴菲特的第一桶金	79
21	63530	股市奇才：华尔街50年市场智慧	69
22	63388	交易心理分析2.0：从交易训练到流程设计	99
23	63200	金融交易圣经II：交易心智修炼	49
24	63137	经典技术分析（原书第3版）（下）	89
25	63136	经典技术分析（原书第3版）（上）	89
26	62844	大熊市启示录：百年金融史中的超级恐慌与机会（原书第4版）	80
27	62684	市场永远是对的：顺势投资的十大准则	69
28	62120	行为金融与投资心理学（原书第6版）	59
29	61637	蜡烛图方法：从入门到精通（原书第2版）	60
30	61156	期货狙击手：交易赢家的21周操盘手记	80
31	61155	投资交易心理分析（典藏版）	69
32	61152	有效资产管理（典藏版）	59
33	61148	客户的游艇在哪里：华尔街奇谈（典藏版）	39
34	61075	跨市场交易策略（典藏版）	69
35	61044	对冲基金怪杰（典藏版）	80
36	61008	专业投机原理（典藏版）	99
37	60980	价值投资的秘密：小投资者战胜基金经理的长线方法	49
38	60649	投资思想史（典藏版）	99
39	60644	金融交易圣经：发现你的赚钱天才	69
40	60546	证券混沌操作法：股票、期货及外汇交易的低风险获利指南（典藏版）	59
41	60457	外汇交易的10堂必修课（典藏版）	49
42	60415	击败庄家：21点的有利策略	59
43	60383	超级强势股：如何投资小盘价值成长股（典藏版）	59
44	60332	金融怪杰：华尔街的顶级交易员（典藏版）	80
45	60298	彼得·林奇教你理财（典藏版）	59
46	60234	日本蜡烛图技术新解（典藏版）	60
47	60233	股市长线法宝（典藏版）	80
48	60232	股票投资的24堂必修课（典藏版）	45
49	60213	蜡烛图精解:股票和期货交易的永恒技术（典藏版）	88
50	60070	在股市大崩溃前抛出的人：巴鲁克自传（典藏版）	69
51	60024	约翰·聂夫的成功投资（典藏版）	69
52	59948	投资者的未来（典藏版）	80
53	59832	沃伦·巴菲特如是说	59
54	59766	笑傲股市（原书第4版·典藏版）	99

推荐阅读

序号	中文书号	中文书名	定价
55	59686	金钱传奇：科斯托拉尼的投资哲学	59
56	59592	证券投资课	59
57	59210	巴菲特致股东的信：投资者和公司高管教程（原书第4版）	99
58	59073	彼得·林奇的成功投资（典藏版）	80
59	59022	战胜华尔街(典藏版)	80
60	58971	市场真相：看不见的手与脱缰的马	69
61	58822	积极型资产配置指南：经济周期分析与六阶段投资时钟	69
62	58428	麦克米伦谈期权（原书第2版）	120
63	58427	漫步华尔街（原书第11版）	56
64	58249	股市趋势技术分析（原书第10版）	168
65	57882	赌神数学家：战胜拉斯维加斯和金融市场的财富公式	59
66	57801	华尔街之舞：图解金融市场的周期与趋势	69
67	57535	哈利·布朗的永久投资组合：无惧市场波动的不败投资法	69
68	57133	憨夺型投资者	39
69	57116	高胜算操盘：成功交易员完全教程	69
70	56972	以交易为生（原书第2版）	36
71	56618	证券投资心理学	49
72	55876	技术分析与股市盈利预测：技术分析科学之父沙巴克经典教程	80
73	55569	机械式交易系统：原理、构建与实战	80
74	54670	交易择时技术分析：RSI、波浪理论、斐波纳契预测及复合指标的综合运用（原书第2版）	59
75	54668	交易圣经	89
76	54560	证券投机的艺术	59
77	54332	择时与选股	45
78	52601	技术分析（原书第5版）	100
79	52433	缺口技术分析：让缺口变为股票的盈利	59
80	49893	现代证券分析	80
81	49646	查理·芒格的智慧：投资的格栅理论（原书第2版）	49
82	49259	实证技术分析	75
83	48856	期权投资策略（原书第5版）	169
84	48513	简易期权（原书第3版）	59
85	47906	赢得输家的游戏：精英投资者如何击败市场（原书第6版）	45
86	44995	走进我的交易室	55
87	44711	黄金屋：宏观对冲基金顶尖交易者的掘金之道（增订版）	59
88	44062	马丁·惠特曼的价值投资方法：回归基本面	49
89	44059	期权入门与精通：投机获利与风险管理（原书第2版）	49
90	43956	以交易为生II：卖出的艺术	55
91	42750	投资在第二个失去的十年	49
92	41474	逆向投资策略	59
93	33175	艾略特名著集（珍藏版）	32
94	32872	向格雷厄姆学思考，向巴菲特学投资	38
95	32473	向最伟大的股票作手学习	36
96	31377	解读华尔街（原书第5版）	48
97	31016	艾略特波浪理论:市场行为的关键（珍藏版）	38
98	30978	恐慌与机会：如何把握股市动荡中的风险和机遇	36
99	30633	超级金钱（珍藏版）	36
100	30630	华尔街50年（珍藏版）	38
101	30629	股市心理博弈（珍藏版）	58
102	30628	通向财务自由之路（珍藏版）	69
103	30604	投资新革命（珍藏版）	36
104	30250	江恩华尔街45年（修订版）	36
105	30248	如何从商品期货贸易中获利（修订版）	58
106	30244	股市晴雨表（珍藏版）	38
107	30243	投机与骗局（修订版）	36